14歳の
WORLDLY WISDOM FOR 14 YEARS OLD
世渡り術

いつかあなたに出会ってほしい本

面白すぎて積読《つんどく》できない160冊

田村文

河出書房新社

はじめに――作家の言葉　14

第1章　読み継がれるのには訳がある

いつかあなたに出会ってほしい本

1　人食い虎になった男の物語――『山月記』中島敦　22
2　私は淋しい人間です――『こころ』夏目漱石　24
3　ささやかな生が輝く――『ザボンの花』庄野潤三　26
4　絵を踏むときの痛み――『沈黙』遠藤周作　28
5　没落貴族の悲痛な心情――『斜陽』太宰治　30

●もっと読みたい
『高瀬舟』森鷗外　32／『小泉八雲集』小泉八雲、上田和夫訳　33／『恩讐の彼方に』菊池寛　34／『個人的な体験』大江健三郎　35／『笹まくら』丸谷才一　36／『楢山節考』深沢七郎　37／『誘惑者』高橋たか子　38／『ナラ・レポート』津島佑子　39／『思い出トランプ』向田邦子　40／『新編　銀河鉄道の夜』宮沢賢治　41／『蜘蛛の糸・杜子春・トロッコ』芥川龍之介　42／『パニック・裸の王様』開高健　43／『海炭市叙景』佐藤泰志　44／『乙女の密告』赤染晶子　45／『箱男』安部公房　46

●もっともっと読みたい　47

いつかあなたに出会ってほしい本

第2章 異世界を歩く

1 美しく、残酷な物語――『わたしを離さないで』カズオ・イシグロ、土屋政雄訳 50

2 型破りで自由で痛快で――『日本アパッチ族』小松左京 52

3 読みたい本を読むために――『図書館戦争』有川浩 54

4 唯一の役割は子を産むこと――『侍女の物語』マーガレット・アトウッド、斎藤英治訳 56

5 今、自由を手にしているか――『一九八四年』ジョージ・オーウェル、高橋和久訳 58

●もっと読みたい

『華氏451度』レイ・ブラッドベリ、宇野利泰訳 60／『時をかける少女』筒井康隆 61／『蒲生邸事件』宮部みゆき 62／『ボッコちゃん』星新一 63／『マイナス・ゼロ』広瀬正 64／『スローターハウス5』カート・ヴォネガット・ジュニア、伊藤典夫訳 65／『アンドロイドは電気羊の夢を見るか？』フィリップ・K・ディック、浅倉久志訳 66／『茶色の朝』フランク・パヴロフ、ヴィンセント・ギャロ絵、藤本一勇訳 67／『密やかな結晶』小川洋子 68／『焔』星野智幸 69

●もっともっと読みたい 70

第3章 詩歌の言葉にノックアウト

1 心のシャッター切るように――『サラダ記念日』俵万智 72

2 本当のことだけを決然と――『石垣りん詩集』石垣りん 74

3 心が伸びやかになる――『新川和江詩集』新川和江 76

4 沈黙するための言葉――『石原吉郎詩文集』石原吉郎 78

5 イマジネーションの跳躍――『みすゞと雅輔』松本侑子 80

●もっと読みたい

『寺山修司詩集』寺山修司 82／『智恵子抄』高村光太郎 83／『草野心平詩集』草野心平 84／『自選 谷川俊太郎詩集』谷川俊太郎 85／『山頭火句集』種田山頭火 86／『茨木のり子詩集』茨木のり子、谷川俊太郎選 87／『一握の砂・悲しき玩具』石川啄木 88／『吉野弘詩集』吉野弘 89／『ひねくれ一茶』田辺聖子 90／『みだれ髪』与謝野晶子、今野寿美訳注 91

●もっともっと読みたい 92

いつかあなたに出会ってほしい本

第4章　旅があなたを鍛える

1　解き放たれていく旅——『深夜特急』沢木耕太郎　94
2　小さな声に耳を傾ける——『インパラの朝』中村安希　96
3　真の闇と本物の太陽——『極夜行』角幡唯介　98
4　寂寥感漂う漂泊の文学——『道行きや』伊藤比呂美　100
●もっと読みたい
『どくとるマンボウ航海記』北杜夫　102／『もの食う人びと』辺見庸　103／『ぼくの出会ったアラスカ』星野道夫　104／『ドリトル先生航海記』ヒュー・ロフティング、井伏鱒二訳　105／『それでもわたしは山に登る』田部井淳子　106／『八月の六日間』北村薫　107／『時刻表2万キロ』宮脇俊三　108
●もっともっと読みたい　109
●コラム①　会う前は不安ではち切れそうだった　110

第5章 人も社会も多様性に満ちている

いつかあなたに出会ってほしい本

1 世界中の人たちに伝えたい——『戦争を取材する』山本美香 114

2 ずっと変わった人だった——『世界を、こんなふうに見てごらん』日高敏隆 116

3 命を大切にする憲法をつくる——『1945年のクリスマス』ベアテ・シロタ・ゴードン、平岡磨紀子構成・文 118

4 損な役回り引き受ける——『しんがり』清武英利 120

5 読者のため、闘いに挑む——『紙つなげ！ 彼らが本の紙を造っている』佐々涼子 122

●もっと読みたい

『聞く力』阿川佐和子 124／『天、共に在り』中村哲 125／『辞書になった男』佐々木健一 126／『謝るなら、いつでもおいで』川名壮志 127／『科学は、どこまで進化しているか』池内了 128／『誘拐』本田靖春 129／『こんな夜更けにバナナかよ』渡辺一史 130／『沈黙の春』レイチェル・カーソン、青樹簗一訳 131／『美は乱調にあり』瀬戸内寂聴 132／『ボタニカ』朝井まかて 133

●もっともっと読みたい 135

●ミニコラム① A4の紙に13枚 136

第6章 芸術の深淵に触れる

いつかあなたに出会ってほしい本

1 命の気配、命の予感——『蜜蜂と遠雷』恩田陸 138

2 風景は心の祈り——『日本の美を求めて』東山魁夷 140

3 描かずにはいられない——『月と六ペンス』サマセット・モーム、金原瑞人訳 142

4 のたうち回って生きる——『眩』朝井まかて 144

5 人生が立ち上がる瞬間——『羊と鋼の森』宮下奈都 146

●もっと読みたい

『奇蹟の画家』後藤正治 148／『楽園のカンヴァス』原田マハ 149／『チューバはうたう』瀬川深 150／『手鎖心中』井上ひさし 151／『非道、行ずべからず』松井今朝子 152／『絵のある自伝』安野光雅 153／『渦』大島真寿美 154

●もっともっと読みたい 155

●コラム② 「僕が調べなかったら永遠に埋もれていた」 156

第7章　読み始めたら止まらない

いつかあなたに出会ってほしい本

1　どこからでもやり直せる――『ペテロの葬列』宮部みゆき　160
2　偽りの親子の切ない逃避行――『八日目の蟬』角田光代　162
3　目の前の仕事に誇りを持つ――『64（ロクヨン）』横山秀夫　164
4　いま、ここで、仲間と――『神様からひと言』荻原浩　166
5　驚くべき手口と執念――『破獄』吉村昭　168
●もっと読みたい
『天地明察』冲方丁　170／『夜のピクニック』恩田陸　171／『オリンピックの身代金』奥田英朗　172／『凍える牙』乃南アサ　173／『下町ロケット』池井戸潤　174／『掏摸（スリ）』中村文則　175／『となり町戦争』三崎亜記　176／『蟬しぐれ』藤沢周平　177／『舟を編む』三浦しをん　178／『邂逅の森』熊谷達也　179／『銀河鉄道の父』門井慶喜　180／『明るい夜に出かけて』佐藤多佳子　181／『グロテスク』桐野夏生　182／『夢見る帝国図書館』中島京子　183
●もっともっと読みたい　185
●ミニコラム②　デビュー時に話を聞く　186

いつかあなたに出会ってほしい本

第8章 豊かに流れる子どもの時間

1 本当にいるような気がして――『だれも知らない小さな国』佐藤さとる 188

2 針金のように立ち上がる髪――『マイマイ新子』髙樹のぶ子 190

3 少年の心情を写し取る――『しろばんば』井上靖 192

4 現実と異世界をつなぐ傘――『霧のむこうのふしぎな町』柏葉幸子 194

5 互いを思って勇気をふるう――『点子ちゃんとアントン』エーリヒ・ケストナー、池田香代子訳 196

●もっと読みたい

『ぼくのメジャースプーン』辻村深月 198／『十五少年漂流記』ジュール・ヴェルヌ、波多野完治訳 199／『ペンギン・ハイウェイ』森見登美彦 200／『銀の匙』中勘助 201／『幼ものがたり』石井桃子 202／『Masato』岩城けい 203／『不思議の国のアリス』ルイス・キャロル、河合祥一郎訳 204／『秘密の花園』フランシス・バーネット、土屋京子訳 205／『少年動物誌』河合雅雄 206／『宝島』スティーヴンスン、海保眞夫訳 207／『オズの魔法使い』ライマン・フランク・ボーム、麻生九美訳 208／『クローディアの秘密』E・L・カニグズバーグ、松永ふみ子訳 209

●コラム③ 庭を見に行く 210

第9章 外国の物語に浸る

1 悲しくて、美しい友情――『老人と海』ヘミングウェイ、福田恒存訳 214

2 痛烈な風刺、人間への絶望――『ガリヴァ旅行記』ジョナサン・スウィフト、中野好夫訳 216

3 これは私のことだ――『82年生まれ、キム・ジヨン』チョ・ナムジュ、斎藤真理子訳 218

4 問い突きつける犯罪小説――『罪と罰』ドストエフスキー、亀山郁夫訳 220

●もっと読みたい

『変身』フランツ・カフカ、高橋義孝訳 222／『停電の夜に』ジュンパ・ラヒリ、小川高義訳 223／『虫とけものと家族たち』ジェラルド・ダレル、池澤夏樹訳 224／『若草物語』オルコット、麻生九美訳 225／『星の王子さま』サン＝テグジュペリ、河野万里子訳 226／『なにかが首のまわりに』チママンダ・ンゴズィ・アディーチェ、くぼたのぞみ訳 227／『鉄の時代』J・M・クッツェー、くぼたのぞみ訳 228／『桜の園』アントン・チェーホフ、小野理子訳 229／『忘れられた巨人』カズオ・イシグロ、土屋政雄訳 230／『贖罪』イアン・マキューアン、小山太一訳 231／『外套・鼻』ゴーゴリ、平井肇訳 232／『ペンギンの憂鬱』アンドレイ・クルコフ、沼野恭子訳 233

●もっともっと読みたい 235

●ミニコラム③ 最後の手紙 236

第10章 文学という愉楽

1 優しくて、泣きたくなる――『博士の愛した数式』小川洋子 238
2 生の悲しみが胸を打つ――『雪の練習生』多和田葉子 240
3 別れの痛みを乗り越える――『ひとり日和』青山七恵 242
4 世界の正常な部品になる――『コンビニ人間』村田沙耶香 244
●もっと読みたい
『雪沼とその周辺』堀江敏幸 246／『きことわ』朝吹真理子 247／『冬の旅』辻原登 248／『告白』町田康 249／『呪文』星野智幸 250／『東京自叙伝』奥泉光 251／『マシアス・ギリの失脚』池澤夏樹 252／『離陸』絲山秋子 253／『おらおらでひとりいぐも』若竹千佐子 254／『百年泥』石井遊佳 255／『JR上野駅公園口』柳美里 256／『真鶴』川上弘美 257／『ある男』平野啓一郎 258／『飛族』村田喜代子 259／『高架線』滝口悠生 260／『人質の朗読会』小川洋子 261
●もっともっと読みたい 263
おわりに――「本の虫」というほどではないけれど 264

『いつか君に出会ってほしい本』『いつかあなたに出会ってほしい本』索引　276

はじめに——作家の言葉

私がいわゆる「文芸記者」になったのは今から20年以上前、２００２年12月のことだ。それまでは、ただの本好きだったが、それ以降は本を読むことが「仕事」になった。そして取材の中心は、その本を書いた作家や詩人、文学研究者、翻訳家《ほんやくか》といった人たちに会い、話を聞くことになった。

最初はピンとこなかった。だって、言いたいことは全部、その人が書いた本の中にあるはずだから。絵を描《か》いた人や音楽をつくった人に、創作の意図や作品に込《こ》めた思いを語ってもらうということなら分かる。でも、本は言葉で表現されている。それをまた言葉で説明することに、何か意味があるのだろうか。インタビューされる人も嫌《いや》なんじゃないかな……。最初はそんなふうに考えたのだ。

でも長くやってきて思う。作家のインタビューは難しく、だからこそ面白《おもしろ》い。思いもかけなかったような深い言葉を聞けたときは、記者冥利《みょうり》に尽《つ》きると思う。

もしも誰《だれ》かに「最も印象に残るインタビューは？」と聞かれたら、何と答えればいいだろう。すぐに思い浮《う》かぶのは、山崎豊子《やまさきとよこ》さんへの取材だ。２０１０年2月17日、大阪本社文化部に在籍《ざいせき》していた私は、堺《さかい》市の山崎さんの自宅を訪ねた。

山崎さんは当時、全身に痛みを感じる病気を患《わずら》っていて、日によって病状が変化していた。その日の体調は「最悪」に近かった。しかし事前に質問をファクスしておき、秘書の野《の》上孝子《がみたかこ》さんがその答えを体調が良い時に聞き取ってくれていて、時々補足してくれた。

山崎さんは車椅子《くるまいす》に座《すわ》り、かすれた声で必死に言葉を振《ふ》り絞《しぼ》って話す。それでも、ひどく聞き取りにくい。私は車椅子の近くに寄り、彼女《かのじょ》の口元に耳を寄せたり唇《くちびる》の動きを凝視《ぎょうし》したりして、何を語っているのか理解しようとした。彼女の話を聞くことができるのは、これが最初で最後だろうという予感があった。だから、一言《ひとこと》も聞き漏《も》らすまいと集中した。後にも先にも、あれほどの集中力を発揮《はっき》したことはなかったと思う。

取材が終わり、最寄《もよ》り駅のホームに立ったとき、自然に涙《なみだ》があふれてきた。

記事を出稿《しゅっこう》したのは10年3月9日。見出しは「使命感に突《つ》き動かされ／1行の背後に膨大《ぼうだい》な取材／作家の山崎豊子さん」。記事の導入部分（リード）を引用する。

平明《へいめい》な1行の背後に、膨大な努力が潜《ひそ》む。1作のために何百人もの人々に取材し、苦しみや痛み、慟哭《どうこく》を受け止めてきた。時に泣き、時に怒《いか》りに震《ふる》えてメモを取った。取材によって人物像が膨《ふく》らみ、細部に血が通う。50余年にわたり命を削《けず》って書き続けてきた山崎豊子さんの原動力とは何か。堺市の自宅を訪ねた。

前年末に全3巻の『山崎豊子　自作を語る』が完結していた。インタビューは『自作を語る』についてうかがいたいという理由で申し込んだから、まさに「語ったことについて語る」形式だった。

リードに続けて触《ふ》れたのは『不毛地帯』だ。過酷《かこく》な労働を強《し》いられたシベリア抑留者《よくりゅうしゃ》の悲劇を起点に、戦後日本人の精神的飢餓《きが》を照射《しょうしゃ》した名作である。

シベリアの取材では、ラーゲリ（強制収容所）跡《あと》を探しさまよった。山崎さんは「思い出したくない……。あれは、つらかった」と涙を浮《う》かべる。「シベリア鉄道の枕木《まくらぎ》一本一本が日本人の遺体に見えました」

記事は山崎さんの病苦やインタビュー時の状況《じょうきょう》にも触れた後、次の作品の話に移る。

最も苦労した作品を問うと、間髪《かんはつ》をいれず『大地の子』と返ってきた。激動の中国で運命に翻弄《ほんろう》される日本人孤児《こじ》の姿を描《えが》いた壮大《そうだい》な叙事《じょじ》詩《し》のような小説だ。「中国残留孤児」ではなく「戦争孤児」という言葉を使う。彼《かれ》らは意志的に残ったのでなく、国に捨てられたとみるからだ。約３年間、中国に住み、建設現場に泊《と》まり込み、監獄《かんごく》まで取材した。「石の筆で岩に刻み付けるような思い」で書き上げた。

１９２４年生まれの彼女もまた、戦争によって「青春を奪《うば》われた」人だ。バルザックの小説を読んでいただけで激しく殴《なぐ》られたこともある。だから、次のエピソードは記事から落とすわけにはいかなかった。

59年、皇太子成婚《せいこん》。夫妻《ふさい》の馬車が皇居前の玉砂利《たまじゃり》を踏《ふ》む音が、学徒兵たちの骨の音に聞こえた。「戦争で死んだ人たちを思えば、生ある限り書き続けなければならない。使命感が私を突き動かしてきた」。ある高名な編集者にも言われた。「ペンを持ったままひつぎに入るべき人だ」と。

インタビューの前年には『運命の人』も刊行《かんこう》されていた。沖縄返還《へんかん》の際に日米両政府が結んだ「沖縄密約」に材を得て、沖縄の犠牲《ぎせい》の上に成り立つ日本の繁栄《はんえい》と平和を問い、その欺瞞《ぎまん》に対峙《たいじ》した記者の悲劇に心を寄せた作品だ。その作品に触れた後、記事は次のように結んだ。

権力や組織の強固な壁《かべ》に挑《いど》み続けてきた。「作家にとって最も大切なのは勇気。勇気を失わずに書いてきたことを今、誇《ほこ》りに思っています」

山崎さんは取材の3年半後、13年9月に亡くなった。

本書『いつかあなたに出会ってほしい本』は、23年春に出版した『いつか君に出会ってほしい本』の続編である。この2冊の本は、私が11年間、５６７回書いた新聞用の連《れん》載《さい》「本の世界へようこそ」が基《もと》になっている。

書評を書く多くの人と違《ちが》う部分があるとすれば、その連載を始める前に、たくさんの書き手にインタビューをして、その言葉をじかに受け止めてきたことがあるかもしれない。向き合って取材した経験がある人の作品は、紹介《しょうかい》するときにやはりその場面や言葉を思い出す。「もっと知りたい」にそれを少しだけ書き込んだ回もある。

新聞連載の最終回はドストエフスキーの『罪と罰《ばつ》』だった。５００回を過ぎたあたりで、そうしようと決めていた。

『罪と罰』を最初に読んだのは高校時代。長い小説だが、のめり込んであっという間に読み終えた。殺人に手を染める青年ラスコーリニコフの孤独に、あのころの私はひそかに共鳴した。だからこそ、多くの読者に、ぜひ若いときに読んでほしいと願う。とはいえ、3巻本を1週間で読んで、記事を書くのはなかなか厳しい。それで最後に持ってきたのだ。本書では第9章に収録している。

前作『いつか君に出会ってほしい本』を23年1月に脱稿《だっこう》して以降、大きく変わったことが二つある。一つは文芸の世界のことであり、もう一つは私自身の生活に関わることだ。

前者はノーベル文学賞を受けた作家、大江《おおえ》健三郎《けんざぶろう》さんの死去。なんと大きな喪失《そうしつ》であり、空洞《くうどう》だろう。でも、膨大な作品群が残っている。本書も第1章で『個人的な体験』を取り上げ、前作でも『芽むしり仔《こう》撃ち』を紹介した。今後も丁寧《ていねい》に、一作一作読んでいきたい。

後者は私の母が大病をして入院したことだ。その母に「続編はいつ出るの?」と問われ、焦燥感《しょうそうかん》を抱《いだ》きながら、私はいまこの文章を書いている。本書が仕上がり、無事に母に読んでもらえる日が来ることを願いながら。

田村　文

第1章

読み継がれるのには訳がある

人食い虎になった男の物語

山月記

中島敦

詩人として作品を後世《こうせい》に残したい。そう強く願って努力もしたのに、人食い虎《とら》になってしまった男の悲しい物語である。

舞台《ぶたい》は唐《とう》の時代の中国。李徴《りちょう》は学問に優《すぐ》れ文学の才能もあったが、協調性に欠けた。難しい試験に合格し役人になったが、退官し詩に専念する。

でも、いっこうに芽が出ない。生活のため役人にもどったが、ばかにしていた同僚《どうりょう》が偉《えら》くなっている。夢破れた李徴は行方《ゆくえ》不明になる。

翌年。李徴の友人、袁傪《えんさん》が山中を通ったとき、虎に襲《おそ》われそうになった。この虎こそ、李徴の変わり果てた姿だった。

岩波文庫

（2012年07月27日・18回）

李徴は草むらにかくれたまま袁傪に身の上を語る。そして、自分の作品を後代に伝えないままでは死んでも死に切れないと、自作の詩33編ほどをそらんじる。袁傪は部下に書きとらせた。

李徴はなぜ虎になったのか。「己《おれ》は詩によって名を成そうと思いながら、進んで師に就《つ》いたり、求めて詩友と交《まじわ》って切磋《せっさ》琢磨《たくま》に努めたりすることをしなかった。かといって、また、己は俗物《ぞくぶつ》の間に伍《ご》する（仲間に入る）ことも潔《いさぎよ》しとしなかった。共に、我《わ》が臆病《おくびょう》な自尊心と、尊大な羞恥心《しゅうちしん》との所為《せい》である」

自信を持ちすぎず、かといって自らをおとしめない。自分をありのままの大きさでとらえて謙虚《けんきょ》な気持ちで努力することは、実はとても難しい。

「臆病な自尊心」と「尊大な羞恥心」という獣《けもの》を心の中で飼いふとらせ、苦しんでいるのは李徴だけではない。他人とは違《ちが》う何者かでありたいと望みながら、本当の姿を知られたくなくておびえている。李徴は私であり、あなたでもある。

中島敦《なかじまあつし》（1909〜42年）の小説「山月記《さんげつき》」からは、孤《こ》独《どく》な虎の猛《たけ》り叫《さけ》ぶ声が聞こえてくる。

もっと知りたい

漢学者の家に生まれた中島敦は、10代から小説を書き始めた。1942年2月に初めて「山月記」など2編が文学雑誌にのるが、同年12月、33歳で病死する。作品の数は少ないけれど、名作を残した。「山月記」は唐の時代の物語「人虎伝」をもとに書いたが、虎になった理由が「人虎伝」と異なる。「山月記」の理由にこそ、作家の胸のうちが色濃く表れている。

私は淋しい人間です

こころ

夏目漱石

新潮文庫

（2014年04月04日・106回）

生活習慣も価値観も違《ちが》う１００年前。そのころ書かれた小説が、いまも愛読されているのはなぜだろう。夏目《なつめ》漱石《そうせき》（１８６７〜１９１６年）の「こころ」は、日本近代小説の頂点の一つである。

「私《わたくし》はその人を常に先生と呼んでいた」。物語は、学生の「私」が過去を語る形で始まる。私が慕《した》う「先生」は、世間と距離《きょり》を置いて暮らしている。月１回の友人の墓参りを欠かさないが、くわしい事情は明かさない。妻との仲は良いのに「私は淋《さび》しい人間です」と言う。私は先生に、過去を語ってほしいと迫《せま》る。先生は言う。「私は死ぬ前にたった一人で好《い》いから、他《ひと》を信用して死にたいと思っている。あなたはそのたった一人になれますか」

大学を卒業して実家に帰った私のもとに、先生から長い手紙が届く。物語の後半は先生の遺書だ。

学生時代、先生は親友Kと同じ女性を愛した。先生がKを出しぬき女性との結婚《けっこん》を決めた直後、Kが自ら命を絶《た》つ——。友情か恋愛《れんあい》か。三角関係の苦悩《くのう》、嫉妬《しっと》、友の死による罪悪感……。倫理《りんり》よりエゴを優先させた自分を、先生は許せなかった。

だが先生は徐々《じょじょ》に、Kの自殺の理由は失恋だけではないと思い始める。「世の中にたった一人住んでいる」との思いでいる先生は、Kも淋しさのせいで死を選んだのではないかと気づくのだ。

先生は、かつて私に言った。「自由と独立と己《おの》れとに充《み》ちた現代に生《うま》れた我々は、その犠牲《ぎせい》としてみんなこの淋しみを味わわなくてはならないでしょう」

現代を生きる私たちも、この淋しさと無縁《むえん》ではない。自立した自由な精神を持とうとすれば、その代償《だいしょう》として孤独《こどく》や淋しさと向き合うことになる。だからこの小説は今もなお、生々しく、切実なのだ。

もっと知りたい

「こころ」の先生は、明治天皇の死を追って自殺した陸軍大将の乃木希典に影響されて自殺を決める。主君の死を追う殉死は封建時代のような行為だが、明治時代にはそうした精神が残っていた。夏目漱石は前近代と近代のはざまに生きる人間の苦悩を見つめた。人はみな時代の先端にいる。古い時代と新たな時代精神との葛藤という主題は古びることがない。

ささやかな生が輝く

ザボンの花

庄野潤三

講談社文芸文庫

（2015年01月30日・149回）

大きな出来事があるわけではない。難しい問題を扱《あつか》っているのでもない。でも、読んでいる間、ずっとあたたかい気持ちでいられる。ときどきクスッと笑ってしまう。最後はちょっと泣きたくなる。庄野潤三《しょうのじゅんぞう》（1921〜2006年）の小説「ザボンの花」は、何度も繰《く》り返し読んできた本だ。

サラリーマンの矢牧《やまき》は東京の郊外《こうがい》に暮らす。少し前に大阪から引っこしてきた。妻の千枝《ちえ》は初めて自分が住む家を見たとき心細く感じた。知り合いのいない東京で、野原にぽつんと立つこの殺風景な家に住むのだと思うと不安になったのだ。

子どもは3人。小4の正三《しょうぞう》はやんちゃだが正義感がある。年上の少年がヒバリの子に石を投げつけていると、立ち向かっていく。小2のなつめは近所のユキ子《こ》ちゃんと遊ぶのが大好きなやさしい子だ。幼稚園《ようちえん》に入る前の四郎《しろう》はエビガニ（ザリガニ）にさわれないくせに、なつめがそれをつかむと「ぼくのえびがにー」と泣きそうな声になる。自分の持ち物を愛する気持ちがとりわけ強い。

子どもたちはそれぞれの時間を生きている。それを見守る両親は決して強い大人ではない。心細さもあれば不安もある。暮らしは楽ではないし、日々の仕事は大変だ。

夏休みに大阪の実家に帰った矢牧は遊び回る子どもたちの横で、亡《な》き父や兄、この家に昔あったプラタナスの木を思う。「生命というものは、いつでもプラタナスの葉っぱのようにさかんで、そして絶えず古いものから新しいものへと交替《こうたい》が行われているのだ」。いつか自分も子どもたちに場所をゆずり、後ろに退く日がくると知っている。

そのとき矢牧の心に浮《う》かぶ悲しみ。時が過ぎゆくこと、それ自体のあわい悲しみが底流にあるからこそ、ささやかな生が輝《かがや》く。

もっと知りたい

「ザボンの花」の中で、庭に何を植えるかで矢牧夫婦が話し合う場面がある。クリスマスツリーに必要だからと、ヒマラヤ杉を買おうとする妻に夫が言う。「木を植えるということは、そういうけちな考えのものではない。木を植えるのは、もっと気宇雄大な精神のものだ」。だが実際に植えられた様子を見て夫は認める。「うん。ヒマラヤ杉も、悪い木じゃない」

絵を踏むときの痛み

沈黙

遠藤周作

キリスト教が禁じられていた江戸《えど》時代初期の日本に向けて、ポルトガルの宣教師ロドリゴがリスボンを発《た》った。出発前、恩師フェレイラが長崎《ながさき》で拷問《ごうもん》を受け、信仰《しんこう》を捨てたという情報が入っていた。あれほど立派な神父に何があったのか。

マカオから日本人のキチジローが同行する。海を漂流《ひょうりゅう》していたところをポルトガル船に助けられた漁夫だという。日本に着いたロドリゴはキチジローの案内で信徒が暮らす村に入る。弾圧《だんあつ》の中で生きる人々が神父を待っていた。だが信徒がいることが役所にばれ、村の2人が拷問を受け殺される。ロドリゴは村を去る。

信徒だと疑われた人は、キリストや聖母マリアが描《えが》かれた「踏《ふ》み絵」を踏まされる。

新潮文庫

（2016年08月12日・228回）

拒《こば》めば死が待っている。キチジローは信徒だが、踏み絵を踏んだ弱い人間だった。ロドリゴは放浪《ほうろう》の途上《とじょう》、キチジローと再会するが、彼《かれ》の密告によってつかまってしまう。キリストを裏切ったユダのようなキチジローを、ロドリゴは許せるのか。

ロドリゴは思う。これほどひどい信徒への迫害《はくがい》に、なぜ神は沈黙《ちんもく》しているのか。「万一神がいなかったならば……」。そんな疑いが頭をもたげる。

フェレイラが現れ、転んだ（棄教《ききょう》した）理由を語る。転ぶまで、他の人が拷問でうめく声を聞かされ続けたのだ。そしてロドリゴもフェレイラと同じ苦しみに直面する。

フェレイラが言う。もしキリストが同じ目にあえば、愛のために転んだであろうと。ロドリゴが足を上げたとき、足に鈍《にぶ》く重い痛みを感じた。踏み絵に描かれた「あの人」の声が聞こえた――。

遠藤周作《えんどうしゅうさく》（１９２３～96年）の「沈黙」は、信仰の核心《かくしん》に迫《せま》る小説だ。作中、いくつもの根源的な問いが投げかけられる。その問いの重さにただ、圧倒《あっとう》される。

もっと知りたい

「沈黙」の主人公はロドリゴだが、キチジローも忘れがたい印象を残す。ロドリゴを裏切って彼のことを密告したにもかかわらず、ロドリゴの後を追い、許しを請い続ける。キチジローは泣きながら言う。「俺（おい）のような弱虫あ、どげんしたら良かとでしょうか」。彼の卑屈さやずるさ、弱さから目がはなせないのは、最も身近な存在だからかもしれない。

没落貴族の悲痛な心情

斜陽

太宰治

敗戦を機に日本は大転換《だいてんかん》を迫《せま》られた。民主主義や平等が唱えられる一方、大地主や貴族が没落《ぼつらく》する。太宰治《だざいおさむ》（１９０９〜48年）の「斜陽《しゃよう》」は滅《ほろ》びゆく者たちの心情を切々と描《えが》く。47年に出版されるとベストセラーになり、没落階級を意味する「斜陽族」という言葉も生まれた。今なお読み継《つ》がれている小説である。

貴族の家に生まれた29歳《さい》のかず子《こ》の語りで進む。かず子は1度結婚《けっこん》したが、子どもを死産した末に離婚《りこん》して実家にもどった。父はすでに亡《な》くなり、かず子と母は東京の家に暮らしていた。

生活は叔父《おじ》に支えられていたが、敗戦で「家を売るより他は無い」と告げられ、静

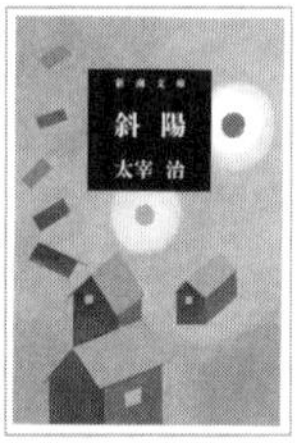

新潮文庫

（2022年11月11日・548回）

岡・伊豆《いず》の山荘《さんそう》に移る。かず子は「お金が無くなるという事は、なんというおそろしい、みじめな、救いの無い地獄《じごく》だろう」と思う。生活はなかなかうまくいかない。そして弟の直治《なおじ》が戦地から帰って来て「本当の地獄」が始まる。

戦争前は麻薬中毒《まやくちゅうどく》になり、戦地でアヘン中毒になった直治は、かつて世話になった上《うえ》原《はら》という小説家に再び接近していく。叔父からの経済的な援助《えんじょ》もなくなり、母の体力が衰《おとろ》えてゆく。

実はかず子は上原に恋《こい》をしていた。「人間は恋と革命のために生《うま》れて来た」と信じて上原に手紙を書く。「あなたの赤ちゃんを生みたい」と。
やがて「日本で最後の貴婦人」だった母が亡くなる。さらに直治が自殺する。「僕《ぼく》は自分がなぜ生きていなければならないのか、それが全然わからないのです」「姉さん。僕は、貴族です」。そんな悲痛な言葉を残して。

時代の変化に適応できない者の叫《さけ》びが、時代をこえて響《ひび》いてくる。だが、かず子は強い。上原の子を宿したかず子は彼《かれ》に書く。「古い道徳とどこまでも争い、太陽のように生きるつもりです」

もっと知りたい

太宰治の「斜陽」は、チェーホフの戯曲「桜の園」の影響を感じさせる小説である。「桜の園」は農奴解放令が出た後のロシアを舞台にした作品で、大地主の女性、ラネーフスカヤが落ちぶれていく。かず子の母は、まさにラネーフスカヤを思わせる存在だ。太宰自身、青森県の大地主の家に生まれた。そして、そのことに罪の意識を抱いていた。

「それが罪であろうか」

高瀬舟

森鷗外

集英社文庫

（2013年03月15日・51回）

森鷗外《もりおうがい》（1862〜1922年）の短編小説「高瀬舟《たかせぶね》」は安楽死という現代的な問題につながる。淡々《たんたん》とした語りだが、重い余情がある。

　高瀬舟とは、京都の高瀬川を行き来する小舟のこと。江《え》戸《ど》時代、罪人が島に流される罰《ばつ》を言いわたされると、親類のひとりが大阪までいっしょに乗ることが許された。罪人が親類に夜どおし語る話は、護送する役人の耳にも自然に入ってくる。

　あるとき高瀬舟に喜助《きすけ》という罪人が乗った。同乗の親類はいない。護送役の庄兵衛《しょうべえ》は、喜助が弟を殺す罪を犯《おか》したということだけは聞いていた。でも喜助の態度はなんとなく罪人らしくない。月を見上げる横顔は晴れやかだ。庄兵衛は気になって事情をたずねる。

　幼いころ両親を亡《な》くした喜助と弟は、助け合って育った。同じ職場に仕事を得たが、弟が病気で働けなくなる。ある日、喜助が帰ると、弟が布団《ふとん》の上に血だらけでたおれていた。「どうせなおりそうにもない病気だから、早く死んで少しでも兄きに楽がさせたいと思ったのだ」と言う。

　かみそりでのどを切ったが死ねない。刃《は》をおしこむと横にすべった。この刃を抜《ぬ》いてくれたら死ねるだろうから抜いてほしいという。「ああ苦しい、早く抜いてくれ、頼《たの》む」。喜助がかみそりを抜くと、弟は死ぬ。

　庄兵衛は思う。「それが罪であろうか」

　医療《いりょう》が発達した現代でも痛みに苦しむ患者《かんじゃ》が「早く楽にして」と訴《うった》えることがある。治るみこみがなく、かさむ医療費が家族の生活を圧迫《あっぱく》していたとしたら、患者は本当につらいだろう。言われる家族や医師もつらい。

　安楽死の問題には、命は誰《だれ》のものかという問いが含《ふく》まれる。正解があるわけではない。一人一人が考え続けるべきテーマである。

目に見えない世界を恐れる

小泉八雲集

小泉八雲、上田和夫訳

新潮文庫

（2013年08月23日・74回）

山口県下関市《しものせき》に赤間《あかま》神宮《じんぐう》という神社がある。まつられているのは安徳天皇《あんとくてんのう》。平安時代末期、源氏と平家の最後の合戦「壇ノ浦《だんのうら》の戦い」で幼くして海に沈んだとされる帝《みかど》だ。滅亡《めつぼう》した平家一門の墓もある。ここが「耳なし芳一《ほういち》」の舞《ぶ》台《たい》である。

阿弥陀寺《あみだじ》（今の赤間神宮）に芳一という名の盲目《もうもく》の男が住んでいた。琵琶《びわ》をひきながら物語を語る琵琶法師だ。平家と源氏の物語、特に「壇ノ浦の戦い」のくだりが得意。

住職が留守のある夏の夜、縁側《えんがわ》で琵琶をひいていると、誰《だれ》かに呼ばれた。大広間のような場所に連れて行かれ、おおぜいの前でそのくだりを語った。

しかし、本当は安徳天皇の墓の前にいたのだ。このままでは平家の怨霊《おんりょう》に殺されると心配した住職は、小僧《こぞう》といっしょに芳一の体のすみずみにお経《きょう》を書く。でも耳だけは書き忘れてしまう。芳一は耳を引きちぎられる――。

怖《こわ》い。理性では「ない」と思っている死後の世界を、意識の底で感じているからだろうか。「壇ノ浦の戦い」という史実があり、死者の恨《うら》みや悲しみはさぞ深かったろうと思う。だからこそ、平家の怨霊が真に迫《せま》る。

小泉八雲《こいずみやくも》（ラフカディオ・ハーン、１８５０〜１９０４年）は日本各地で聞き取った怪談《かいだん》や昔話、古典をもとに英語で物語を書き、海外に日本を紹介《しょうかい》した。「小泉八雲集」はその中から代表的な話を訳した一冊。「耳なし芳一」以外にも「雪おんな」「ろくろ首」といった有名な話が数多く収《おさ》められている。

そこには現代人が忘れている昔の日本人の精神や考え方が息づいている。例えば、木や虫にも魂《たましい》が宿っていること。無念な思いで死んだ人の霊《れい》はさまよっているかもしれないこと。目に見えない世界を感じ、恐《おそ》れる気持ち。小泉八雲の作品はそれを伝えている。

怒りから解き放たれるとき

恩讐の彼方に

菊池寛

岩波文庫

（2013年10月11日・81回）

残忍《ざんにん》な行為《こうい》を重ねた悪人が改心することはありえるのか。本当に心を入れかえたとしたら、そのとき復讐《ふくしゅう》や罰《ばつ》に意味はあるか。菊池《きくち》寛《かん》（１８８８〜１９４８年）の「恩讐《おんしゅう》の彼方《かなた》に」は人間存在そのものにかかわる主題をあつかった短編小説だ。

江戸《えど》時代、武士の市九郎《いちくろう》は、主人の愛人お弓《ゆみ》と恋仲《こいなか》になったことで主人に斬《き》りつけられ、逆に殺してしまう。市九郎はお弓と逃《に》げる。峠《とうげ》で茶店を開き、旅人を殺して金品を奪《うば》うことを繰《く》り返す。だがあるとき、お弓の強欲《ごうよく》さにいやけがさし、自分の罪深さにも気づく。

僧侶《そうりょ》に告白すると、出家して人のために生きよと諭《さと》される。了海《りょうかい》という名の僧侶となって旅に出るが、自分が生きながらえていることを心苦しく思う。年に10人も足をすべらせて死ぬという絶壁《ぜっぺき》にさしかかり、この壁《かべ》を掘《ほ》りぬき、道を通そうと決心する。

そんなことはできっこないと、あざけり笑われるが、黙々《もくもく》と槌《つち》をふるう。18年が過ぎ、了海の姿は人々の心を動かし、ほかの石工《いしく》たちが加わる。

そこへ、殺した主人の息子《むすこ》、実之助《じつのすけ》があだうちにやって来る。石工が、あだうちはこの大事業が終わってからにしてはどうかと提案する。実之助も作業に参加し、了海と並んで槌をふるう。

21年目。ついに壁に穴があく。了海が実之助に言う。

「約束の日じゃ。お斬りなされい」

実之助は了海を殺すのか。あなたが実之助なら、どうするだろうか。

復讐は新たな憎《にく》しみを生む。悲劇が繰り返されるかもしれない。

だが、人は変わることができる。悪人が良心を取りもどし、心の底から悪行を悔《く》いることもある。

本当に人を許せたとき、許した人自身が救われる。恨《うら》みや怒《いか》り、憎しみなどの負の感情から解き放たれるのだ。

青春が終わる瞬間

個人的な体験

大江健三郎

新潮文庫

（2014年05月16日・112回）

ノーベル賞作家の大江《おおえ》健三郎《けんざぶろう》（1935〜2023年）の小説「個人的な体験」は、「鳥《バード》」と呼ばれている27歳《さい》の予備校教師が主人公。物語は、バードが書店でアフリカの地図を買おうとしている場面から始まる。まさにこのとき、バードの妻は出産の苦しみのただ中にある。

バードにとってアフリカは自由の象徴《しょうちょう》だ。アフリカを旅して冒険記《ぼうけんき》を出版するという夢を持っている。でもバードは思う。「おれは、いま、この瞬間《しゅんかん》にもアフリカへ出発する可能性を決定的にうしないつつあるのではないか？」。バードはこのまま「家族の檻《おり》」に閉じこめられてしまうことを予感し、恐《おそ》れる。

生まれたのは、頭部に異常がある男の子だった。医師に「植物的な存在」だと言われ、バードは息子《むすこ》の死を願う。

一方、事情を知らされていない妻は、バードに鋭《するど》い問いを投げかける。「あなたは、誰《だれ》か弱い者を、その人にとっていちばん大切な時に見棄《みす》ててしまうタイプじゃない？」

困難な現実から逃《のが》れようと、火見子《ひみこ》という女性のもとへ行くバード。息子の衰弱死《すいじゃくし》を待ちながら、性の快楽と後ろめたさが同居する暗い穴へと落ちていく。

「いまぼくの個人的に体験している苦役《くえき》ときたら、他のあらゆる人間の世界から孤立《こりつ》している自分ひとりの竪穴《たてあな》を、絶望的に深く掘《ほ》り進んでいることにすぎない」

自らの運命を受けとめることができるか。障害のある息子をあるがままに迎《むか》え入れ、愛することができるか。主人公がその覚悟《かくご》と勇気を持つまでの心の遍歴《へんれき》を描《えが》く。

「ぼくはもう逃《に》げまわることをやめた」。そう決心したバードは初めて、本当の意味で大人になる。青春が終わる瞬間をとらえた作品といえるのかもしれない。

反逆者の危険な旅

笹まくら

丸谷才一

新潮文庫

（2014年12月05日・141回）

かつて日本にも徴兵制《ちょうへいせい》があった。国民に兵役《へいえき》の義務があったのだ。それまでの暮らし、大切な人との関係、夢。すべてをなげうち、死を覚悟する。軍隊では暴力が横行していた。戦場では人を殺さなければならない。

「そんなのいやだ」と逃《に》げたらどうなるか。丸谷《まるや》才一《さいいち》（１９２５～２０１２年）の「笹《ささ》まくら」は、１９４０年から５年間、兵役を拒《こば》んで逃亡《とうぼう》生活を送った過去を持つ男の物語。笹まくらとは旅先で寝《ね》ることをいう。

戦後20年が過ぎ、45歳《さい》の大学職員の浜田《はまだ》は、阿貴子《あきこ》という女性の死の知らせを受け取る。以来、浜田はしきりに過去を振《ふ》り返るようになる。

阿貴子は、逃亡の旅の道連れだった。この旅で浜田は「杉浦《すぎうら》」と名乗り、年齢《ねんれい》や経歴を偽《いつわ》って、砂で絵を描《か》く仕事をしながら各地を転々とした。

浜田が兵士になるのを拒否《きょひ》したのは、人を殺したくなかったからだ。だが「徴兵忌《き》避《ひ》」は重罪だ。いつも脅《おび》えていた。あの男は自分を追っている刑事《けいじ》ではないか。今の言葉でうそがばれたのでは……。同時に後ろめたさも抱《かか》える。戦死者に対して。本当のことを打ち明けなかった友に対して。

日本の敗戦で、徴兵忌避は非難の対象ではなくなるはずだった。しかし敗戦から20年が過ぎ、反戦ムードは薄《うす》れていく。徴兵忌避の過去が、浜田の生活に暗い影《かげ》を落とし始める。反逆者としての危険な旅は終わっていなかったのだ。

逃亡中の「杉浦」と大学職員の「浜田」の意識が交錯《こうさく》しながら物語が進む。戦前と戦後で、国家と個人の関係は、本当に変わったのか。

「ぼくにはね、国家というものの目的が戦争以外にはないような気がするんだよ」。意に反して軍隊に入った浜田の友人の言葉が今、重くのしかかる。

残酷さと情愛と

楢山節考

深沢七郎

新潮文庫

（2015年02月06日・150回）

「山と山が連《つらな》っていて、どこまでも山ばかりである。この信州の山々の間にある村――向《むこ》う村のはずれにおりんの家はあった」。深沢七郎《ふかざわしちろう》（1914～87年）の「楢山節考《ならやまぶしこう》」は静かに幕を開ける。老人を山に捨てる「うば捨て伝説」をもとにした小説だ。

おりんの住む村では、70歳《さい》になると「楢山まいり」に行くことになっている。貧しい村なので、老人は口減らしのために楢山に捨てられるのだ。おりんはいま、69歳。山に行く前にみんなにふるまう酒の準備はしたし、山で座《すわ》るためのむしろも用意した。息子《むすこ》の辰平《たつへい》の後妻をどうするのか心配だったが、それもなんとかなりそうだ。

気がかりなのは、歯がじょうぶなこと。食料のとぼしいこの村で、年寄りなのに歯がそろっているのは恥《は》ずかしいことだ。おりんは火打ち石で自分の歯をガッガッとたたく。がまんしてたたき続ければ、歯が欠けると思ったからだ。おりんは早く山に行きたいと願う。

クライマックスは、おりんが捨てられる場面。心やさしい息子の辰平は、はりさけるような気持ちでおりんを背板に乗せ、楢山に向かう。山には死体があふれている。カラスもたくさんいる。

やがて、おりんが背板から降りるときがくる。おりんは息子の手を握《にぎ》り、それから、その背中をどーんと押《お》した。

山ではしゃべってはならない。老いた親を捨てて帰るときには、振《ふ》り返ってはならない。だが辰平はそうしたおきてを破ってしまう。一度捨てた母のところに戻《もど》り、こう言うのだ。「おっかあ、雪が降ってきたよう」

人間の残酷《ざんこく》さと親子の情愛とがあらわになる。人間の素《す》の姿を、つきはなして見つめたこの作品の迫力《はくりょく》は、他に類がない。衝撃《しょうげき》の一冊である。

火口をのぞき込むような

誘惑者

高橋たか子

講談社文芸文庫

（2016年03月25日・208回）

「あなたが誘惑《ゆうわく》したんだわ。（略）あなたにむけて死にたいなどと言ったが最後、私はもう死なないわけにはいかないところまで追いつめられた」。高橋《たかはし》たか子《こ》（1932～2013年）の小説「誘惑者」は京都の大学生、鳥居《とりい》哲代《てつよ》と、女友達の砂川宮子《すながわみやこ》、織田薫《おだかおる》による濃密《のうみつ》な心理劇。時代設定は1950年である。

物語は、哲代が東京・伊豆大島の三原山を1人で下山してくるところから始まる。2人で登って行くのを見ていた大学生の証言で、哲代は警察に呼ばれる。哲代は言う。

「あの人は死にました」

友達が三原山の火口に投身自殺をするのを見届けて下山したというのだ。さらに1カ月前にも同じことがあったと分かる。哲代は2人の自殺を手助けしたらしい。3人に何があったのか――。

哲代は荒涼《こうりょう》とした内面を抱《かか》えていた。「暗い重い波濤《はとう》」のようなものがおし寄せてくるという不安。自分の中に「無辺際《むへんざい》の未知なるもの」が広がっているという思い。

そんな哲代に、母との関係がうまくいかない宮子と、2度も自殺未遂《みすい》をしたことがある薫が、競《きそ》い合うように自殺の相談を持ちかけてくる。3人の関係の中で、事態は徐々《じょじょ》に取り返しのつかない方向へと進んでゆく。

2人の死への旅路に同伴《どうはん》する哲代が、この予想外の成り行きを「罪のようなもの」と感じるシーンが印象的だ。人は他者と関わらなければ生きていけない。しかし関われば必ず影響《えいきょう》を与《あた》えてしまう。生きているだけでいやおうなく、何かを刻印してしまうのだ。それこそが「原罪」と呼ばれるものなのかもしれない。

最後まで息をつめるように読み進め、思わぬ結末に立ちすくむ。物語の持つ意味の深遠さと多義性に、燃えさかる火口をのぞきこむような底知れぬ恐怖《きょうふ》を感じた。

時空を超える母と子の物語

ナラ・レポート

津島佑子

文春文庫

（2016年04月15日・211回）

12歳《さい》の少年モリオは古都ナラで暮らす。２歳のときに母が亡《な》くなり、父方の祖母に育てられた。

母の記憶《きおく》はわずかしかない。母の占《し》めるべき場所が大きな穴として投げ与《あた》えられたと感じていた。そしてそれを、ひどく不当なことだと思っていた。だから、モリオの世界そのものであるナラを憎《にく》んでいる。「古い、古い時間」が流れるナラには、いやな臭《にお》いを放つアオミドロがはびこっている。モリオは今にアオミドロにやられてしまうと恐《おそ》れてもいる。

ある夜、モリオはナラの象徴《しょうちょう》であるシカを殺し、両耳を切り取る。すると母の霊《れい》がハトの体を借りてモリオに話しかけてくる。「モリオ！　ねえ、どうして、シカを殺したの？」。モリオは答える。「ナラがいけないんだ。そうとしか言えない。ナラはぼくを認めないし、ぼくもナラを認めない」。そして母に頼《たの》む。「お母さん、あの大仏をこわしてよ！」

母は息子のために大仏を破壊《はかい》する。すると中から黒や白や青の声が散らばる。それらは遠い昔に死んでいった人々の苦しみや悲しみの声だった。正史では語られない民《たみ》の記憶だった――。

津島佑子《つしまゆうこ》（１９４７～２０１６年）の小説「ナラ・レポート」。物語の時間はこの後、中世に飛ぶ。わが子を生きたまま土に埋《う》めようとする母、母の霊が宿ったイタチを助けようとさまよい歩く子、僧《そう》になった子をコウモリの姿になって見守る母……。時空を超《こ》え、形を変えながら、「母と子の物語」が次々とつむぎだされる。それらはみな切なく、いとおしい。

津島は、歴史に記録されなかった死者たちの声に耳をすます。そしてそれをあざやかに物語ってみせる。歌うように、祈《いの》るように。言葉とは、そのためにあるのだというように。

日常の細部を切り取る

思い出トランプ

向田邦子

新潮文庫

（2016年06月03日・218回）

「寺内貫太郎《てらうちかんたろう》一家《いっか》」や「阿修羅《あしゅら》のごとく」などのテレビドラマで知られる脚本家《きゃくほんか》の向田邦子《むこうだくにこ》（1929〜81年）は、小説も抜群《ばつぐん》に面白《おもしろ》い。短編集「思い出トランプ」の13編はどれも、日常の細部を切り取りながら、心の深淵《しんえん》を照らし出す。

「あのことがあって、かれこれ一年になるというのに、英子は指という字が怖《こわ》かった」

　印象深い一文で始まる「大根の月」。主婦の英子は、きちょうめんな夫、小1の息子、保険の外交員として働くしゅうとめと暮らす。祖母の教え通り、10円玉を使って3日に1度は包丁を研《と》ぐ。ある日、台所でハムを切っていると、息子が急に手を出してきて、その人さし指の先を切り落としてしまう。切れた指はつながらなかった。しゅうとめにののしられる。夫はかばってくれない。英子は2人目の子どもを流産して入院する。1週間後に帰宅すると、息子はおばあさん子になっていた。3人との心の距離《きょり》はその後も広がり、英子は家を出る——。

　閑職《かんしょく》に回された勤め人の江口《えぐち》が主人公の短編「はめ殺し窓」。異動して帰宅が早くなり、夕方の光の中でわが家を見るようになって気づく。「鉄平石の門もモルタルの壁《かべ》も、白く粉《こ》を吹《ふ》いていた。能筆が自慢《じまん》の重役が贈《おく》ってくれた大きな表札は、雨風に晒《さら》されささくれて、履《は》き古しの下駄《げた》に見えた。（略）家の貌《かお》はそのまま江口のくたびれた貌に違《ちが》いなかった」

「大根の月」では10円玉や包丁、指という字。「はめ殺し窓」では古びた門や壁、下駄のような表札。身近にある物の描写《びょうしゃ》から、ずんずん心のひだに分け入ってゆく。

　弱くて、ずるくて、ひねくれている。自分の顔が13編の中のあちこちで見つかる。愚《おろ》かな人間たちがふと、いとおしく思えてくる。

百ぺん灼いてもかまわない

新編　銀河鉄道の夜

宮沢賢治

新潮文庫

（2017年09月01日・282回）

なんて豊饒《ほうじょう》な物語なのだろう。ガラス細工のように繊細《せんさい》で、美しく、そして悲しい。宮沢賢治《みやざわけんじ》（１８９６〜１９３３年）の「銀河鉄道の夜」は、何度読み返しても、新たな感動を呼び覚ます。

主人公は少年ジョバンニ。父は不在、母は体が弱いため、学校に通いながら活版所で働く。ある日、仕事の後、パンと角砂糖《かくざとう》を買って帰ると牛乳《ぎゅうにゅう》が配達されていない。「銀河のお祭」の夜だった。ジョバンニは母のために牛乳屋に行くが、牛乳を手に入れることができない。すれちがった子どもたちにからかわれてつらい思いをするが、カムパネルラだけは気の毒そうに見ている。

丘《おか》へ向かったジョバンニは「銀河ステーション、銀河ステーション」という声を聞く。目の前が明るくなり、いつのまにか列車に乗っている。前の席にカムパネルラがいる。「天の川」の水は「ガラスよりも水素よりもすきとおって」いる。

停車場で降りて歩いたり、乗客たちと話したり。車掌《しゃしょう》が検札に来て、自分が天上でもどこでも行ける切符《きっぷ》を持っていると知る。ある少女が印象的なエピソードを語る。神に「みんなの幸《さいわい》のために私のからだをおつかい下さい」と祈《いの》り、赤い火になったさそりの話だ。

他の乗客が降りてゆき、2人が残される。ジョバンニが言う。「あのさそりのようにほんとうにみんなの幸のためならば僕《ぼく》のからだなんか百ぺん灼《や》いてもかまわない」

丘の上で目覚めたジョバンニは、カムパネルラが川に落ちた同級生を救った後、おぼれて行方《ゆくえ》不明になったことを知る。

生と死のあわいを走る列車を舞台《ぶたい》に、真の友情や犠牲《ぎせい》の精神の尊さを静かに歌い上げた不朽《ふきゅう》の名作。作中のこんな言葉が心に刻《きざ》まれる。「けれどもほんとうのさいわいは一体なんだろう」

鬼から見た桃太郎とは

蜘蛛の糸・杜子春・トロッコ

芥川龍之介

岩波文庫

（2019年06月14日・373回）

クモを助けたことがある男を地獄《じごく》から救い出そうと、お釈迦《しゃか》さまがクモの糸を垂らす「蜘蛛《くも》の糸」。仙人《せんにん》になるには何があっても口をきいてはならないのに、苦しむ母を見捨てられなくなる「杜子春《とししゅん》」。トロッコを夢中で押《お》して遠くまで来てしまい、不安でたまらなくなる少年を描《えが》いた「トロッコ」……。芥川龍之介《あくたがわりゅうのすけ》（1892～1927年）の珠玉《しゅぎょく》の短編20作が収められている。

「桃太郎《ももたろう》」は有名な昔話を下敷《したじ》きに、人間社会の真理を鋭《するど》く突《つ》く。昔話の方は桃から生まれた桃太郎がイヌとサル、キジを連れて「鬼《おに》が島」へ鬼退治にいく話で、桃太郎はヒーローだ。だが、鬼からはどう見えるか。

桃太郎が鬼退治を思い立ったのは「山だの川だの畑だのへ仕事に出るのがいやだった」から。鬼が島は「美しい天然の楽土」。鬼たちは平和を愛し安穏《あんのん》に暮らしていた。

桃太郎は「鬼という鬼は見つけ次第《しだい》、一匹《いっぴき》も残らず殺してしまえ！」とイヌ、サル、キジに号令し、暴力の限りをつくす。そして最後に、鬼の首長の子どもを「人質《ひとじち》」に取って帰って行った。

その子は一人前になると、見張りのキジを殺して鬼が島へ逃《に》げた。島に生き残った鬼は時々、海をわたって来ては桃太郎の家に火をつけたり、寝首《ねくび》をかこうとしたり。桃太郎はため息をつく。「鬼というものの執念《しゅうねん》の深いのには困ったものだ」

視点が変われば、風景は一変する。土地を追われた先住民や植民地支配された国の人々にとって、ここに描かれた桃太郎は自分たちを支配する者の姿そのものだろう。

侵略《しんりゃく》された側の憎《にく》しみや恨《うら》みは簡単には消えず、テロリストの道を選ぶ人もいるかもしれない。1924年に書かれた芥川の「桃太郎」は、今の国際社会の闇《やみ》と病理さえも言い当てている。

暗く巨大な集団のエネルギー

パニック・裸の王様

開高健

新潮文庫

（2020年09月25日・439回）

「これほど臆病《おくびょう》で神経質《しんけいしつ》なネズミでも、いったん集団に編入されたとなると、性質はまったく変《かわ》ってしまうのである。集団のエネルギーは暗く巨大《きょだい》で、狂的《きょうてき》でもあれば発作的でもある」

　開高健《かいこうたけし》（1930～89年）の「パニック」は、大繁殖《だいはんしょく》して山や野、町にまであふれたネズミの行動に人間のふるまいを重ね合わせ、痛烈《つうれつ》に風刺《ふうし》する。本書「パニック・裸《はだか》の王様」には4編の小説が収められているが、いずれの作品も虚栄《きょえい》や偽善《ぎぜん》に満ちた組織の中で、人間の尊厳が押《お》しつぶされていくさまを描《えが》く。

「パニック」の主人公、県庁山林課に勤める俊介《しゅんすけ》は、学者たちから警告を受ける。この地方で120年ぶりにササが実を結んだことから、ネズミが異常繁殖し、山が被害《ひがい》を受けるおそれがあるというのだ。俊介はササ原を焼く計画を立てるが、上司に相手にされない。

　役所は事なかれ主義で前例踏襲《とうしゅう》を好み、みな保身に汲々《きゅうきゅう》としている。はたして学者の予言通り、春になるとネズミが大発生。俊介は対策に乗り出すが、ネズミをおさえることができない。人々はパニックに陥《おちい》る。そして政治への不信感、コレラやチフスといった感染症《かんせんしょう》への恐怖《きょうふ》をつのらせてゆく。

　増えすぎたネズミは集団で湖に向かい、次々に飛びこむ。自ら死を選んだのだ。それをながめながら俊介は「巨大《きょだい》で新鮮《しんせん》な無力感」を覚え、こうつぶやく。「やっぱり人間の群れにもどるよりしかたないじゃないか」

　学校も会社も役所も、あるいは国家も、個人に対しては圧倒的《あっとうてき》な力を持つ。私たち個人はどうあらがい、自分らしさを保ち、発揮できるのか。

　戦争の記憶《きおく》が強く残る50年代に書かれた4作品だが、きわめて現代的だ。それはいま、私たちが戦争の近くにいるからなのかもしれない。

淡い光で照らす人生の断片

海炭市叙景

佐藤泰志

小学館文庫

（2021年08月27日・486回）

舞台《ぶたい》は1980年代後半の架空《かくう》の地方都市、海炭市《かいたんし》。人口約35万人。「元々、海と炭鉱しかない街だ。それに造船所と国鉄だった。そのどれもが、将来性を失っている」「観光客のおこぼれに頼《たよ》る他ない」。佐《さ》藤《とう》泰志《やすし》（1949～90年）の小説「海炭市叙景《じょけい》」は、さびれゆく街の人々のささやかな営みを淡《あわ》い光で照らす。

18の掌編《しょうへん》から成る。18人の主人公が織り成す人生の断片《だんぺん》が活写される。ある話の主人公が別の話の背景になる。有機的につながっていき、街そのものの姿が立ち上がる。

冒頭《ぼうとう》の話には兄の下山を待ち続ける妹が登場する。夜景が美しいことで有名な山に、兄と妹は初日の出を見るためロープウエーで上る。下りる段になって、兄が歩いて下りると言いだす。妹は先にロープウエーで下りて待っているが、兄は6時間たっても現れない。

兄と妹2人で生きてきた。前年の春、兄が勤めていた炭鉱が閉山し、兄は仕事を失った。そんな暮らしが語られる。

2話目の「僕《ぼく》」は、この兄と妹のことを新聞記事で知る。2人とも失業して「正月に文無《もんな》し」だった。兄は遭難《そうなん》して死亡した。「僕」は彼女《かのじょ》を連れて海炭市の実家に帰省したが、この兄のことが気になって仕方がない。

3話目の満夫は、妻と娘《むすめ》と3人で故郷の海炭市に戻《もど》った。両親は反対したが、妻は「そこに住みついて三人で愉快《ゆかい》に暮《くら》せばいいんだわ」と言う。でも、引っこしの荷物がなかなか届かない――。

プロパンガスを配達する燃料店の若社長、パチンコ店に勤める前科者、もうすぐ孫が生まれる路面電車の運転手……。さまざまな場で働く人の日常が語られ、地道な仕事こそが街を形づくっていることが伝わってくる。日々の仕事を丁寧《ていねい》にこつこつとこなす人たちが無性《むしょう》にいとおしくなる。

日記の中で一番大事な言葉

乙女の密告

赤染晶子

新潮文庫

（2023年01月20日・557回）

京都の外国語大学でドイツ語のスピーチを担当するバッハマン教授のゼミ生は全員女性で、教授は彼女《かのじょ》たちを「乙《おと》女《め》」と呼ぶ。教授はやることが突飛《とっぴ》だ。この日も別の教授の授業に乱入し「乙女の皆《みな》さーん！」と呼びかけた。「アンネの日記」の1944年4月9日夜の記述を暗記するよう命じ「血を吐《は》いてください」と言う。死ぬ気の努力を要求しているのだ。

赤染晶子《あかぞめあきこ》（1974〜2017年）の「乙女の密告」は「アンネの日記」と深い所で響《ひび》き合う小説だ。ユダヤ人のアンネ・フランクは第2次世界大戦中、ドイツ占領下《せんりょうか》のオランダの隠《かく》れ家で約2年間暮らして日々の思いを書いたが、最後は密告され、強制収容所で死んだ。

ゼミ生のみか子《こ》は家で4月9日の記述を読む。「わたし達《たち》は鎖《くさり》につながれたユダヤ人なのです」「ユダヤ人はオランダ人だけになることも、イギリス人だけになることも、決してできません」

翌日のゼミで教授に指名される。暗唱を始めるが途中《とちゅう》で止まり、どうしても思い出せない。その後も何度も同じ所でつまずく。先輩《せんぱい》の麗子《れいこ》が言う。「それがみか子の一番大事な言葉なんやよ」

麗子と教授の黒いうわさが流れ、動揺《どうよう》するみか子。真相を知ろうと教授の部屋に行き、今度は自分がうわさされる。密告を恐《おそ》れる。だからこそ改めて思う。一体、誰《だれ》がアンネを密告したのか。

暗唱では最後に必ずアンネの名前を言う。教授は常々、「日記」の中で一番大事なのはアンネの名前だと言っている。奪《うば》われたのは「人の命や財産だけではありません。名前です」。アンネは自らの日記によって名前を取り戻《もど》した。私たちは決して忘れないだろう。

みか子はスピーチコンテストの会場で大きく息を吸う。そして、彼女の名前を口にする。

奇抜な設定で度肝を抜く

箱男

安部公房

新潮文庫

（2023年02月10日・560回）

頭から段ボール箱をすっぽりかぶって町をさまよい、のぞき窓から外をじっと見つめる。箱男はどうやら全国各地にいるらしい――。安部公房《あべこうぼう》（1924～93年）の小説「箱男」は、そんな奇抜《きばつ》な設定で度肝《どぎも》を抜《ぬ》く。

短い章が連なり、ストーリーらしきものはあるが、章と章との関係はあいまいだ。散文の他に、モノクロの写真と言葉、新聞記事めいた文章、詩も交じる。これほどぶっ飛んだ作品も珍《めずら》しい。前衛的で難解だが、どんどん読み進めることができる。とにかく面白《おもしろ》いのだ。

まず、こう提示する。

「これは箱男についての記録である。ぼくは今、この記録を箱のなかで書きはじめている。（中略）つまり、今のところ、箱男はこのぼく自身だということでもある」

「今のところ」という留保に「語り手」の揺《ゆ》らぎを予感させる。

元カメラマンの箱男「ぼく」がある日、男に空気銃《くうきじゅう》で撃《う》たれる。痛みをこらえていると自転車に乗って女が現れ「坂の上に病院があるわ」と言う。

翌日、病院に行くと、医者である空気銃の男と看護師である自転車の女が待っていた。女に手当てされながら「ぼく」は箱を5万円で売る約束をする。やがて橋の下にいた「ぼく」のもとに5万円が届く。そして医者が「贋《にせ》箱男」となる――。

匿名《とくめい》で在ることの安らぎとあやうさ、「見る・見られる」という関係の非対称性《ひたいしょうせい》……。人間社会が抱《かか》えるいくつかの問題も示される。

「たとえばAの場合」という章に登場するAは、家のそばに住みついた箱男を空気銃で襲《おそ》った後、自分も箱男になる。

もし「好きな時に、無名の人ごみにまぎれ込《こ》むことが出来る」町を夢見たことがあるのなら、あなたも「箱男」になる可能性があるかもしれない。

もっともっと読みたい

■人間という底知れぬ闇『地獄変』『羅生門』（芥川龍之介）
2012年08月31日・23回

■根源的問いに満ちた傑作『砂の女』（安部公房） 2012年11月02日・32回

■周囲巻きこむ父子の不和『和解』（志賀直哉） 2014年09月19日・130回

■古き良き日本文化の結晶『細雪』（谷崎潤一郎） 2014年10月24日・135回

■匂いたつ文章、深い余韻『古都』（川端康成） 2014年12月19日・143回

■死にゆく母への複雑な思い『海辺の光景』（安岡章太郎）
2015年09月18日・182回

■「日常に亀裂が入る」『檸檬』（梶井基次郎） 2016年05月13日・215回

■冗舌な語りが楽しい名作『吾輩は猫である』（夏目漱石）
2016年07月29日・226回

■奔放に語る芸術観『草枕』（夏目漱石） 2017年03月24日・259回

■自分自身であるために『阿部一族』（森鷗外） 2017年03月31日・260回

■占領期の日本人の卑屈『アメリカン・スクール』（小島信夫）
2017年08月18日・280回

■滑稽な生への愛着『たった一人の反乱』（丸谷才一） 2017年08月25日・281回

■迫りくる現実からの逃避『ガラスの靴・悪い仲間』（安岡章太郎）
2017年10月13日・288回

■自分で自分を決定する力『君たちはどう生きるか』（吉野源三郎）
2017年11月03日・291回

■「今日、昭和が終った」『時の潮』（高井有一） 2018年01月12日・300回

■落葉樹林に見いだした美『武蔵野』（国木田独歩） 2018年02月02日・303回

■せつない嘆きに寄りそう『にごりえ・たけくらべ』（樋口一葉）
2018年02月16日・305回

■同じ日は二度とない『夕べの雲』（庄野潤三） 2018年09月21日・336回

もっともっと読みたい

■屈託抱える男の再生の物語『万延元年のフットボール』（大江健三郎）
2019年01月18日・352回

■ここちよい音楽のように『走れメロス』（太宰治） 2019年05月03日・367回

■青年の心の揺れと孤独『三四郎』（夏目漱石） 2021年03月05日・461回

■死ぬまでもがき続ける『漂流物・武蔵丸』（車谷長吉） 2022年01月07日・504回

■未来に広がる可能性と不安『青年』（森鷗外） 2022年12月02日・551回

■「隠せ」の教えに葛藤する『破戒』（島崎藤村） 2023年01月13日・556回

第2章

異世界を歩く

美しく、残酷な物語

わたしを離さないで

カズオ・イシグロ、土屋政雄訳

ハヤカワepi文庫

（2017年10月20日・289回）

「わたしの名前はキャシー・H。いま三十一歳《さい》で、介護《かいご》人《にん》をもう十一年以上やっています」

主人公が静かに、謙虚《けんきょ》に、語り始める。

「提供者」と呼ばれる人たちを介護している「わたし」はヘールシャムという施設《しせつ》の出身で、そこでいっしょに育った仲間、トミーとルースの介護人も務めた。「わたし」にとってヘールシャムでの思い出は甘《あま》く、切ない。あのころ自分は幸福だったと思う。

ゆっくりと語られていくヘールシャムでの日々は、ふつうの子ども時代の思い出とは異なり、奇妙《きみょう》にゆがんでいる。毎週のように行われる健康診断《しんだん》。図画工作や詩作に異様に力を入れた教育。保護官たちのぎこちない態度。そして外の大人が自分たちを見るときの表情に浮《う》かぶ嫌悪《けんお》と恐《おそ》れ。

「わたし」たちは少しずつ、自分が誰《だれ》であるのかを知る。自分たちが外の人間とは違《ちが》うということ。将来「提供」なるものが待っていること——。

かんしゃく持ちの少年トミーを最初に理解し、受け止めたのは「わたし」だが、トミーの恋人《こいびと》となったのはルースだ。「わたしを離《はな》さないで」という曲を聞いていた時の「わたし」の悲しみ、その思いに寄りそうトミーとルース。３人は時に助け合い、時に傷つけ合いながら成長する。微妙《びみょう》な人間関係と過酷《かこく》な運命が淡々《たんたん》と描《えが》かれる。

ノーベル文学賞を受けたカズオ・イシグロ（１９５４年〜）のＳＦ小説「わたしを離さないで」は誰《だれ》もが認める傑作《けっさく》だ。自分とは何者か、生きるとはどういうことか。科学技術は人を幸せにするか。そんな普遍的《ふへんてき》な問いがある。

こんなにも端正《たんせい》な文章で、こんなにも美しい情景描写《びょうしゃ》を交えながら、これほどまでに残酷《ざんこく》な物語を作るとは。文学の力に打ちのめされる。

もっと知りたい

カズオ・イシグロは長崎市生まれ。両親は日本人だ。海洋学者だった父親の仕事の都合で5歳のときに家族で渡英、英国で教育を受け大人になった。ノーベル文学賞に決まった直後、記者に「あなたは英国人作家か、日本人作家か」と問われて「はっきりした答えは見つけられていない」。そして「私はいつも、ただの作家であると考えている」と話した。

型破りで自由で痛快で

日本アパッチ族

小松左京

ハルキ文庫

（2012年12月07日・37回）

なにやら、ものすごいエネルギーを発散している。型破りで、ムチャクチャで、とほうもなく自由。１９６４年出版の「日本アパッチ族」はＳＦ小説の名手、小松左京《こまつさきょう》（31～２０１１年）が初めて書いた長編小説だ。

主人公の「私」は気まぐれで上司の鼻をぐいとひっぱったことから、会社をやめさせられる。そして、３カ月の間に新しい職を見つけることができず、「失業罪」に問われる。憲法改正で失業は重罪となっていたのだ。

市中ひきまわしの後、大阪城近くの「追放地」に出される。もとの社会へは絶対に戻《もど》れず、餓死《がし》するか、野犬に食われるかしかない。

だが、そこには先住民がいた。鉄を食って生きる「アパッチ」だ。

くず鉄しかない場所。閉じこめられた彼《かれ》らは自らを変えることで、廃墟《はいきょ》を豊かな土地に変えた。「私」も鉄を食べる。アパッチの一員となったのだ。

同じような現象が各地で起き、アパッチが増えていく。アパッチは化け物か、それとも人間が進化した姿なのか――。

アパッチは陸軍との局地戦で勝つ。政府は驚《おどろ》き、警戒《けいかい》する。問題にする国会、ひともうけをたくらむ人たち……。

鉄を食べ始めて、体がある程度アパッチ化すると、もう人間には戻れない。人間でいるか、アパッチになるか、誰《だれ》もが選択《せんたく》を迫《せま》られる。「人間的な喜びや悲しみや生活を失うことが、どんなにつらいことか」と涙《なみだ》を流す人もいる。

荒唐無《こうとうむ》稽《けい》な物語の中に、戦後日本の歩みに対する批判の目がある。この国は多くのことを切り捨て、大勢の人たちを踏《ふ》みつけてきたのではなかったか。

アパッチとは何者か。国家とは何なのか。痛快な作品世界にひたった後で、そんな問いが残される。

もっと知りたい

小松左京の代表作、1973年出版の「日本沈没」は400万部以上のベストセラーとなった。他にも「首都消失」や「復活の日」といった壮大なスケールのSF小説で文明社会を見すえた。日本や地球の危機を作品化してきた小松だが、亡くなる直前に東日本大震災について「この危機は必ず乗りこえられる。日本と日本人を信じている」と話した。

読みたい本を読むために

図書館戦争

有川浩

角川文庫

（2013年05月10日・59回）

新聞や雑誌、本や映画の内容を国がチェックし、取りしまることを検閲《けんえつ》という。日本でも戦前は広く行われていた。反戦の思想や天皇を尊敬しない気持ち、政府の方針と違《ちが》う考え方が広まらないようにするのが目的だ。検閲は国にとって不都合な表現を排除《はいじょ》するために使われる。

戦後つくられた日本の憲法は検閲を禁じた。私たちは、自由に考えたり、発言したり、書いたりする権利を持っている。

有川浩《ありかわひろ》（現在は有川ひろ、1972年〜）の小説「図書館戦争」の舞台《ぶたい》は近未来の日本。社会の秩序《ちつじょ》や道徳を守るための「メディア良化法」が成立し、「良化特務機関」が検閲や取りしまりをしている社会だ。

良化法がおよばない唯一《ゆいいつ》の場所が図書館で、根拠《こんきょ》は「図書館の自由法」。検閲に反対し、資料収集・提供の自由をかかげ、利用者の秘密を守るとうたう。そして「図書館の自由が侵《おか》される時、我々は団結して、あくまで自由を守る」と宣言する。良化特務機関と図書館の対立は激化し、両組織ともに武装している。

笠原郁《かさはらいく》は、図書館の本を守る「図書隊」に入隊したばかり。体が大きく、身体能力にすぐれ、男性にもひけを取らない。「本を守りたい」という情熱も人一倍だ。だが訓練はきつい。特に教官の堂上篤《どうじょうあつし》は厳しく、郁は自分が目のかたきにされているように感じる。

郁は同期の手塚光《てづかひかる》とともにエリート集団の「図書特殊《とくしゅ》部隊」に配属される。堂上にも評価されていたのだ。さらなる訓練、そして実戦。郁や手塚はぐんぐん成長する。やがて図書館にとって最悪の日が訪《おとず》れる――。

恋愛《れんあい》あり、アクションありのエンターテインメント。物語の根幹には「読みたい本が自由に読める世の中であってほしい」という作者の思いがこめられている。

もっと知りたい

「図書館戦争」は、作者が近所の図書館に掲げてあった「図書館の自由に関する宣言」を読んだことから生まれた。「あとがき」によると「この宣言ってかなり勇ましかないかい」と妙に気になったのだという。宣言は「知る自由」を保障するという図書館の最も大切な使命を果たすための原則であり、図書館員の精神的な支柱となっている。

唯一の役割は子を産むこと

侍女の物語

マーガレット・アトウッド、斎藤英治訳

ハヤカワepi文庫

（2020年11月13日・446回）

カナダの作家、マーガレット・アトウッド（1939年〜）が85年に出した「侍女《じじょ》の物語」は近未来が舞台《ぶたい》のディストピア小説。読んでいくうちに国の全体像が見えてくる。戦慄《せんりつ》の暗黒世界である。

主人公はギレアデ共和国に「侍女」として生きるオブフレッド。唯一《ゆいいつ》の役割は家の主である「司令官」の子を産むことだ。

彼女《かのじょ》はかつて米国で夫と幼い娘《むすめ》と3人で暮らし、図書館で働いていた。

だが国は出生率の低下にあえいでいた。そんな中で原理主義的な宗教勢力がクーデターを起こす。大統領が暗殺され、新聞は発行禁止になる。全体主義国家が生まれる。

女性は仕事もお金も奪《うば》われる。オブフレッドは逃《に》げようとして失敗し、家族はバラバラに。侍女を養成する施設《しせつ》に送られた後、この家に来た。

名前も変えられた。赤い服をまとい、司令官の子を妊娠《にんしん》するためのセックスを強要される。文字の読み書きも許されず、常に監視《かんし》されている。逆らえば「コロニー」に隔離《かくり》されるか処刑《しょけい》されるかだ。

親友でレズビアンのモイラは養成施設から脱走《だっそう》した。いま、どうしているのか。オブフレッドにも脱出する道はあるのか。

恐怖《きょうふ》と屈辱《くつじょく》に満ちた生活に一筋の光が差す。侍女仲間がひそかにかけてきた言葉を信じていいのか。司令官の接し方の変化は突破《とっぱ》口《こう》になるのか――。

小説の世界が、現実社会の過去にも現在にも思えてくる。日本では昔、子どもを産めない女性が差別されていた。米国をはじめ多くの国で今も中絶の自由をめぐる議論が続く。性の商品化という問題もなくなっていない。

オブフレッドは昔を思い出す。「あんなにたくさんの女性たちが仕事を持っていたなんて想像できない」。絶望的な日々の中で、それでも自由を求め続ける。

もっと知りたい

オブフレッド、オブグレン……。侍女の名前は本名ではない。所有を意味する前置詞「オブ」と侍女が仕える主のファーストネームを組み合わせたもので、侍女が主人に所有されていることを表す。現在の日本も制度上、結婚すれば夫婦は同じ姓になり、女性が姓を変えるケースがほとんど。抵抗感を覚える人も多く、選択的夫婦別姓制度を求める声が高まっている。

今、自由を手にしているか

一九八四年

ジョージ・オーウェル、高橋和久訳

口ひげを生やした男の顔のポスターがあちこちに張られている。顔の下に「ビッグ・ブラザーがあなたを見ている」という文字。屋内外に双方向《そうほうこう》の映像装置「テレスクリーン」や隠《かく》しマイクがあり、常に監視《かんし》されている。

英国の作家、ジョージ・オーウェル（1903～50年）が49年に発表した「一九八四年」は、当時から見れば近未来だった84年を舞台《ぶたい》に、「ビッグ・ブラザー」の党が支配する全体主義社会を描《えが》く。

39歳《さい》のウィンストンは「真理省」に勤務し、日々歴史を書きかえている。だが、彼《かれ》はひそかにビッグ・ブラザーを嫌悪《けんお》し、自由を求めている。

ハヤカワepi文庫

（2021年03月26日・464回）

日記をつけ始めた。露見《ろけん》すれば死刑《しけい》になるかもしれない。いや、日記を書こうが書くまいが同じだ。どちらにしろ「思考警察」に逮捕《たいほ》される。「思考犯罪」と呼ばれる罪を犯《おか》しているのだから。

当局は、おそろしく簡略化した言語「ニュースピーク」を市民に押《お》しつけ、思考の範《はん》囲《い》を狭《せば》めようとしている。歴史を大幅《おおはば》に改ざんし、非科学的な情報をたれ流す。人々に要求されるのは、矛盾《むじゅん》する二つのことを同時に信じる「二重思考」だ。

ウィンストンは奔放《ほんぽう》な女性、ジュリアと恋《こい》に落ち、逢瀬《おうせ》を重ねる。伝説の地下組織にいるという男に誘《さそ》われ、組織に加わることを決意する。危険な日々だ。そして、思考警察が来る。

厳しい尋問《じんもん》と激しい拷問《ごうもん》。最後は信念を打ちくだかれ、思考を乗っ取られる。戦慄《せんりつ》の結末だ。だが、これに似た国は過去にあったし、今もある。

ウィンストンは捕《つか》まる前、日記にこう書いた。「自由とは二足す二が四であると言える自由である。その自由が認められるならば、他の自由はすべて後からついてくる」

私たちは今、自由を手にしているか。

もっと知りたい

本書で描かれる世界は、ユーラシア、オセアニア、イースタシアという三つの超大国に分裂、敵味方の組み合わせを変えながら戦争状態にある。ウィンストンはオセアニアに暮らす。党が支配する国家で、公用語は「ニュースピーク」だが、この言葉はまだ完成していない。党員ではない「プロール」が人口の85％を占める。希望はプロールにあると、彼は思っている。

未来社会からの警告

華氏451度

レイ・ブラッドベリ、宇野利泰訳

ハヤカワ文庫SF

（2012年07月06日・15回）

「華氏《かし》451度」は私たち一人一人への警告の書である。華氏451度は紙が自然に燃え上がる温度。この作品は、本を焼くことを仕事にしているモンターグという男を主人公とするSF小説だ。

本を焼くことを「焚書《ふんしょ》」という。紀元前3世紀、秦《しん》の時代の中国では「焚書坑儒《こうじゅ》」が行われた。体制を批判するたくさんの本を焼き、儒教《じゅきょう》という思想を説く学者を生き埋《う》めにしたのだ。

20世紀前半のドイツや日本は、本などの表現をチェックし、国の方針に反するものを禁じる「検閲《けんえつ》」をした。焚書や禁書、検閲によって支配者は言論を統制しようとする。「華氏451度」は、アメリカ人作家のレイ・ブラッドベリ（1920〜2012年）が考えた未来社会での焚書だ。

モンターグの仕事はこの世の本を焼きつくすことだ。密告が寄せられると現場に急行し、石油をまき、本を焼く。人々は耳にはめた超《ちょう》小型ラジオや、家の壁《かべ》に設置された大型テレビから娯楽《ごらく》を提供されている。何かを深く考えることはない。

だがモンターグは、自分の仕事に疑問を感じ始める。焼くはずの本を持ち帰り、読んでしまう。

モンターグは元大学教授のフェイバーを訪ねる。フェイバーは言う。「なぜ書物は重要であるか、その理由をご存じかな？　そこには、ものの本質がしめされておるのです」。さらにテレビの害を説く。「テレビジョンは、こう考えろと命令してくる。あまりにもすばやく、あまりに強引に結論をおしつけてくるので、だれもがそれに、抗議《こうぎ》しておる余裕《よゆう》がない」。そしてモンターグの闘《たたか》いが幕を開ける――。

本は人間の知性と創造力の結晶《けっしょう》だ。しかし、いま、本を読む人が減ってきている。ブラッドベリが描《えが》いた未来社会は、もう始まっているのかもしれない。

ラベンダーの香りの記憶

時をかける少女

筒井康隆

角川文庫

（2012年08月17日・21回）

ふだん隣《となり》にいる人が、実は未来から来たのだと想像してみてほしい。現代人のふりをして、ちゃっかり今の時代にまぎれこんでいるのだ。

ある日、その人が「西暦《せいれき》３０００年から来た」とあなたに打ち明ける。そのころ地球はどうなっているのか。人類はどんな科学技術を手にして、時間の旅ができるようになったのだろう——。

こうした科学的な想像を膨《ふく》らませて物語にするのがＳＦだ。サイエンスフィクションの略語で、日本語では空想科学小説とか幻想《げんそう》科学小説と呼ばれる。代表的なのが、冒頭《ぼうとう》にあげたようなタイムトラベルもの。登場人物が過去や未来に行く話が核《かく》にある。

古今東西、タイムトラベルものには名作が多いが、日本で最も有名なのは「時をかける少女」だろう。筒井《つつい》康隆《やすたか》（１９３４年～）の小説で、何度も映像化されてきた。

物語は放課後の理科教室から始まる。中３の和子《かずこ》は隣の実験室で物音がするのに気づく。入っていくと、今度はガラスが割れる音。机に試験管が並び、一つが落ちて液体がこぼれている。

誰《だれ》かが何かの実験をしていたのだ。部屋にラベンダーの香りがたちこめている。なつかしい香りだと思った直後、和子は意識を失った。

数日後、道路でトラックにひかれそうになった瞬間《しゅんかん》、前日の自宅に戻《もど》っていた。実験室での出来事で、和子は時間と空間をとびこえる力を身につけていたのだ。

なぜ時間を跳躍《ちょうやく》できたのか。タイムトラベルをすると、別の時間の自分と対面するのか、しないのか。やがて登場する未来人は何を語るのか。

時間と記《き》憶《おく》をめぐる物語の結末はちょっと切ない。「ねえ、お願い。わたしの記憶を消さないで！」。和子の叫《さけ》びが胸を打つ。

この時代を生き抜く

蒲生邸事件（上下巻）

宮部みゆき

文春文庫

（2013年02月15日・47回）

歴史は必然か、それとも偶然《ぐうぜん》の積み重ねなのか。たとえば、もしヒトラーがこの世に生まれていなかったら、ユダヤ人への虐殺《ぎゃくさつ》は起こらなかったのか。あるいは、ほかの誰《だれ》かが同じようなことをしたのだろうか。

宮部《みやべ》みゆき（１９６０年～）の「蒲生邸事件《がもうていじけん》」は、歴史に「ｉｆ（もし）」を持ちこむことに挑《いど》んだＳＦ小説だ。

大学受験に失敗した孝史《たかし》は、予備校の試験を受けるために上京し、ホテルに泊《と》まる。そのホテルで火事が発生、逃《に》げおくれた孝史は、「死ぬんだな」と思ったとき、男に助けられる。平田《ひらた》と名乗る男は時間旅行者で、孝史を１９３６年に緊急避難《きんきゅうひなん》させる。2月26日未明。近くで「二・二六事件」が起きる。

ホテルがあった場所は当時、陸軍大将の蒲生憲之《のりゆき》の邸宅《ていたく》だった。やがて、その家で憲之が死ぬ。自殺か他殺か。孝史は真相を探《さぐ》りながら、蒲生邸で暮らす人たちと気持ちを通わせていく——。

二・二六事件とは、陸軍の青年将校らが国家の変革を目指して約１５００人の部隊で首相官邸《しゅしょうかんてい》などを襲撃《しゅうげき》、政府の要人を殺し、一帯を占拠《せんきょ》したクーデターだ。くわだては失敗に終わるが、事件後に陸軍が発言権を強め、日本は戦争への道をつき進む。もし事件が違《ちが》う結末を迎《むか》えていたら、日本はどうなっていたか……。

平田は言う。「我々人間は、歴史の流れにとってはただの部品だ」「歴史は自分の目指すところへ流れる」。孝史は言い返す。「歴史をつくるのは人間じゃないか」

蒲生憲之の息子《むすこ》、貴之《たかゆき》の言葉もすばらしい。「僕《ぼく》はこの時代の人間だ。この時代をつくっている臆病者《おくびょうもの》のひとりだ。そして、臆病者としてこの時代を生き抜《ぬ》く義務がある。これから先何が起ころうと、僕は必ず生き抜いてみせる」

奇抜で自由な発想

ボッコちゃん

星新一

新潮文庫

（2015年05月08日・163回）

日本SFの草分け的な存在で、「ショートショート」と呼ばれる短編の名手、星新一《ほししんいち》（1926〜97年）。奇抜《きばつ》で自由な発想を持ち続け、生涯《しょうがい》に千以上の小説を書いた。本書「ボッコちゃん」には50編が収められている。

鏡の中の小さな悪魔《あくま》をつかまえ、つぼにおしこめることに成功した夫婦が登場する「鏡」。2人は悪魔をいじめることでストレスを解消する。いじめはエスカレート、夫はハンマーで頭をくだき、妻ははさみでしっぽを切る。やがて悪魔が鏡の中に逃《に》げ去る。残された夫婦は、育ってしまった加虐性《かぎゃくせい》を互《たが》いにぶつけ合うしかなくなる――。

「妖精《ようせい》」は、演劇の道を歩き始めたケイが主人公。ケイにはアイというライバルがいて、アイより全てで劣《おと》っている気がしている。そんなケイの前に妖精が現れる。どんな願いでもかなえてくれると知り一度は喜ぶが、同時にその2倍のことがライバルにもたらされると聞き、何を願えばいいのか迷う――。

「鏡」は人間の中にある残虐さを、「妖精」は嫉妬《しっと》という感情のやっかいさを、クールにあぶりだす。そこには人間への深い共感と理解がある。

異星人に出会ういくつかの物語は、私たちの固定観念や常識を軽《かろ》やかにひっくり返す。例えば「親善キッス」。宇宙船でチル星に着いた地球人は、そこの住人たちと親善のキスをして喜ぶ。だが後で、チル星人の口は、地球人のおしり付近にあると気づく。では口と思ったその器官は？

肩《かた》に乗ったインコ型のロボットが主人の気持ちを代弁する「肩の上の秘書」。人口爆発《ばくはつ》後の人口減少を描《えが》いた「最後の地球人」。鋭《するど》い文明批評がユーモアにくるまれ、差し出される。はまるとなかなかぬけ出せない星ワールドに、一度つかってみてほしい。

一緒に生きているような気持ちに

マイナス・ゼロ

広瀬正

集英社文庫

（2015年07月24日・174回）

物語は終戦の年、１９４５年5月25日夜の東京を舞台《ぶたい》に幕を開ける。中学2年の俊夫《としお》は空襲《くうしゅう》のさなか、隣家《りんか》で炎《ほのお》が上がっていることに気づく。英語や物理を教えてもらっている大学の先生と、その娘《むすめ》で、俊夫より三つ年上の啓子《けいこ》が暮らす家だ。

かけつけると、先生が倒《たお》れていた。虫の息の先生が俊夫に言う。「きみにたのみがある」。先生は亡《な》くなり、啓子は行方《ゆくえ》不明になった。

次の舞台は18年後。32歳の俊夫が先生の家があった場所を訪ねる。先生の「たのみ」とは18年後の同日同時刻に、ここへ来てくれという内容だったのだ。同時刻、現れたのは17歳《さい》のままの啓子だった。啓子はタイムマシンに乗り18年後に来たのだ。やがて先生が残したノートから、先生が未来人であること、タイムマシンで戦前の東京に来て、孤児院《こじいん》で育った啓子と暮らしていたことが分かる。

俊夫は先生に会おうとタイムマシンに乗る。先生が戦前の日本に来た1年後、34年に戻《もど》るつもりが、なぜか32年に着いてしまう。先生はいない。俊夫はひとりで生き抜《ぬ》かなければならない――。

広瀬正《ひろせただし》（１９２４～72年）のＳＦ「マイナス・ゼロ」はタイムトラベル小説の金字塔《きんじとう》だ。時間旅行によって生まれるなぞが、あちこちに隠《かく》れている。最後はそれらのなぞがすべて解ける。

面白《おもしろ》さはそれだけではない。物語の中盤《ちゅうばん》、俊夫が32年の東京でサバイバルする様子がスリルとユーモアたっぷりに描《えが》かれる。俊夫を助けるタバコ屋の一家が親切で、でもちゃっかりしていて、魅力的《みりょくてき》だ。東京の風景や当時の出来事が細密に再現され、一緒《いっしょ》に生きているような気持ちになる。

読み終わると、最初に戻りたくなるはずだ。読み直して「そうだったのか……」と思う。それがまた楽しい。

地球人の残虐性描く

スローターハウス5

カート・ヴォネガット・ジュニア、伊藤典夫訳

ハヤカワ文庫SF

（2016年08月26日・230回）

米国人作家のカート・ヴォネガット・ジュニア（1922〜2007年）の「スローターハウス　5《ファイブ》」は、著者が第2次世界大戦で捕虜《ほりょ》として経験したドイツ・ドレスデンへの無差別爆撃《ばくげき》を軸《じく》に、戦争の悲惨《ひさん》さを描《えが》く半自伝的な小説である。

最初の章で著者自身を思わせる作家が登場し、ドレスデン爆撃の作品を書いたが「ごたごたした、調子っぱずれの本になってしまった」と記す。理由は「大量殺戮《さつりく》を語る理性的な言葉など何ひとつないからなのだ」。

2章以降の主人公ビリー・ピルグリムは「自分の誕生と死を何回見たかわからない」時間旅行者。戦中と戦後を行き来しながら人生を語る。

ビリーが最初に時間の中に解き放たれたのは戦争中。ドレスデンで、母国を含《ふく》む連合国の爆撃という理不尽《りふじん》な運命にさらされるが生還《せいかん》する。戦後は富豪《ふごう》の娘《むすめ》と結婚《けっこん》して幸せに暮らすが、ある夜、空飛ぶ円盤《えんばん》に誘拐《ゆうかい》され、トラルファマドール星の動物園に収容される。

この星の住民が平和に暮らしていることを知ったビリーは人間の残虐性《ざんぎゃくせい》を説明し「地球人は、この宇宙の恐怖《きょうふ》のみなもとにちがいありません！」と言う。すると過去、現在、未来の全てを見ることができるトラルファマドール星人が教えてくれる。「われわれは宇宙がどのように滅《ほろ》びるか知っている。（略）地球は何の関わりあいもない」。著者は戦争をやめることができない人間の愚《おろ》かさを宇宙の視点から示す。

人の死など逃《のが》れることができない運命に触《ふ》れるとき、繰《く》り返される言葉は「そういうものだ（So it goes）」。そのリフレインに出合うたび、むなしさが積み重なっていく。奇《き》想天外《そうてんがい》な構造の小説にこめた反戦のメッセージは、絶望や虚無《きょむ》と背中合わせで発せられている。

人間らしさとは何か

アンドロイドは電気羊の夢を見るか？

フィリップ・K・ディック、浅倉久志訳

ハヤカワ文庫SF

（2017年11月24日・294回）

フィリップ・K・ディック（1928〜82年）のSF小説「アンドロイドは電気羊の夢を見るか？」の舞《ぶ》台《たい》は、最終世界大戦後の地球。放射性物質から成る「死の灰」に汚《お》染《せん》されて多くの動物が絶滅《ぜつめつ》、人間も大勢死んだ。生き残った人の多くは、火星など別の惑星《わくせい》に移住していった。

　地球に残って妻と暮らすリックは警察に勤め、他の惑星から逃《に》げてきたアンドロイドを殺すことで懸賞金《けんしょうきん》を得ている。ビルの屋上で電気羊を飼っているが、本当は生きている動物が欲しい。だがそれはとても高価で、なかなか手に入らない。

　ある日リックが出勤すると、上司から呼ばれる。同僚《どうりょう》のデイヴが撃《う》たれたというのだ。デイヴは新型のアンドロイド8人を追い、2人までは殺したが、3人目に逆にやられた。リックはデイヴの仕事を引き継《つ》ぎ、残り6人を追うことになる。

　やっかいなのは、新型アンドロイドが従来に増して、人間と区別しにくいことだ。見分けるためにこれまで使っていた検査法は、新型に通用するのか。不安を抱《かか》えつつ、リックは狩《か》りに出る——。

　作者の設定によれば、アンドロイドと人間を見分けるときの鍵《かぎ》は、感情移入や共感。両者を判別する検査法も、これを指標とする。しかし人間の側の共感力が強ければ、アンドロイドに同情したり愛情を持ったりする可能性もある。そんな人間が、相手を無慈悲《むじひ》に殺せるのだろうか。

　登場人物が人間なのかアンドロイドなのか、判断に迷う場面も出てくる。さらに、アンドロイドが今の社会で差別されている人たちと重なって見えてきて、誰《だれ》に味方をすればいいのか、だんだん分からなくなってくる。

　人間とは何か。人間らしさとはどんなものか。示される問いは人間存在の根源に迫《せま》る。

戦慄の日は近づいているか

茶色の朝

フランク・パヴロフ、ヴィンセント・ギャロ絵、藤本一勇訳

大月書店

（2019年07月26日・379回）

最初は猫《ねこ》が処分された。次は犬だった。茶色でない猫や犬が殺されていく。「俺《おれ》」の胸は痛んだが「人間ってやつは『のどもと過ぎれば熱さを忘れる』ものだ」と思う。

新しい法律を批判していた新聞「街の日常」が廃刊《はいかん》し、「茶色新報」が残る。図書館や書店からは「街の日常」系列の出版社の本が消えてゆく。

「俺」は茶色の猫を飼い、友人のシャルリーは茶色の犬を飼う。「茶色に守られた安心、それも悪くない」

シャルリーが前に黒の犬を飼っていたとして、逮捕《たいほ》される。以前、白と黒のぶちの猫を飼っていた「俺」は焦《あせ》る。

いつのまに、こんなことになってしまったのか。もっと前に抵抗《ていこう》すべきだった。「でも、どうやって？　政府の動きはすばやかったし、俺には仕事があるし、毎日やらなきゃならないこまごましたことも多い」

そしてある朝、誰《だれ》かが「俺」の家のドアをノックする――。

フランスとブルガリアの国籍《こくせき》を持つ心理学者、フランク・パヴロフ（1940年～）が書いた本書は、ファシズムや全体主義の恐怖《きょうふ》を伝える寓話《ぐうわ》である。「茶色」とは何を指すのか。

フランスの読者にとっては戦前、ヨーロッパ中を震《ふる》え上がらせたナチスを連想させる色だ。そして近年も各国で極右運動が台頭し、人種差別や排外《はいがい》主義が目立ってきた。著者はそうした動きへの抗議《こうぎ》の意思表示として1998年、本書を出版した。

日本での出版は2003年。日本における「茶色」は、戦前の軍国主義や天皇制だろうか。

現代でも存在するのではないか。「茶色に守られた安心」にひたり、深く考えず、警戒《けいかい》を怠《おこた》っていると、ある日とんでもないことになる。戦慄《せんりつ》の「茶色の朝」はすぐ近くまで来ているかもしれない。

記憶狩りはびこる不穏の島

密やかな結晶

小川洋子

講談社文庫

（2020年10月02日・440回）

舞台《ぶたい》は閉ざされた島。リボン、鈴《すず》、エメラルド、切手、香水《こうすい》、鳥……。何かが一種類ずつ消えていく。実体としてなくなるのではなく、人々の記憶《きおく》から消滅《しょうめつ》するのだ。もしそれが手元にあれば、捨てたり燃やしたりしなければならない。

消えたもののことを覚えている人たちがいる。彼《かれ》らは秘密警察による「記憶狩《が》り」で捕《と》らえられ、連れ去られる。かくまう組織もあるが、秘密警察の力は圧倒的《あっとうてき》で、逃《に》げのびるのは難しい。島は不穏《ふおん》な空気に満ちている。

父母を亡《な》くし、ひとりで暮らす小説家の「わたし」は、フェリーの整備士だった旧知のおじいさんと助け合い、はげまし合って生活している。担当編集者のR氏も記憶を失わない人だとわかる。

「わたし」はおじいさんと力を合わせ、R氏を自宅の隠《かく》し部屋にかくまう。「わたし」とR氏の交流はひそやかに続く。

やがて「小説」が消滅する日がくる。本が焼かれるが、それでも「わたし」は物語をつむごうとする。それは、声を失ったタイプライターの話だった――。

小川洋子《おがわようこ》（１９６２年〜）の「密《ひそ》やかな結晶《けっしょう》」は寓話《ぐうわ》的な小説である。そしてアンネ・フランクの「アンネの日記」も想起させる。ナチスの理不尽《りふじん》な迫害《はくがい》を逃《のが》れ、隠れ家で書き続けた日記は、記憶をつなぎとめ、時空をこえて未来へつながる営為《えいい》だった。

秘密警察に引きずられてゆく女性が叫《さけ》ぶ。「物語の記憶は、誰《だれ》にも消せないわ」。原稿用紙《げんこう》の束を前にしてR氏が言う。「ますめの一つ一つに言葉が存在しています。そして書いたのは、君だ」

結末を破滅ととらえるか、解放とみなすかは読者にゆだねられる。そして記憶とは何か、物語は誰のために存在するのかという問いもまた、読者に残される。

この世は生き地獄なのか

焰

星野智幸

新潮文庫

（2022年08月05日・534回）

　この世の「惨《みじ》めな生き残り」である「私たち」は火を囲んで座《すわ》っている。話を一つ語り終えた人はその場から消える。九つの物語がつむがれる――。星野《ほしの》智幸《ともゆき》（1965年～）の小説「焰《ほのお》」は短編集にも見えるし、長編として読むこともできる。

「ピンク」は酷暑《こくしょ》の夏、人々がぐるぐる回転する「つむじ踊《おど》り」をするようになる話。「この世は生き地獄《じごく》で、誰《だれ》もが自分を抜《ぬ》け出したい、他の動物に成り代わりたいと渇望《かつぼう》して、まるで回れば生まれ変われるとでもいうように回っている」

　社会は分断や排外主義《はいがいしゅぎ》が強まり、いがみ合いや憎《にく》しみ合いが広がっている。そんな中「クエルボ」という作品で「私」はカラスになり、「地球になりたかった男」では男が土と同化していく。

「何が俺《おれ》をそうさせたか」に震撼《しんかん》した。父の介護《かいご》に疲《つか》れたジャーナリストが「お年寄り、引き取ります」と書かれたちらしを見て、あやしい施設《しせつ》だと気づきながら父を預ける。そして隠《かく》されていた現実を直視せざるを得なくなる。こんな会話が出てくる。「産児数義務化には、婚姻《こんいん》の義務化も盛り込《こ》まれてるんだよ」「失業してアブれている男の雇用《こよう》創出で、徴兵制《ちょうへいせい》を敷《し》こうって話もある」

　暗黒の未来を描《えが》くディストピア小説といえるだろう。でも絶望だけではない何かが見えてくる。

「乗り換《か》え」では、作家本人に似た星野幸智と、人生の分《ぶん》岐点《きてん》で異なる道に進み政治家になろうとしている別の星野幸智が出会う。立場や考え方が違《ちが》う人も、パラレルワールドの自分かもしれないと想像すれば、理解に向けた一歩をふみ出せるかもしれない。

　最後は「世界大角力《おおずもう》共和国杯《はい》」。相撲《すもう》が国際化し、多様なルーツや特性のある力士たちが活躍《かつやく》する。かすかな光が差し込んでくる。

もっともっと読みたい

■信頼が未来を切りひらく『夏への扉』
（ロバート・A・ハインライン、福島正実訳）2013年09月20日・78回

■人間より無垢で優秀『われはロボット』
（アイザック・アシモフ、小尾芙佐訳）2014年01月31日・97回

■猛スピードで走り始める『精霊の守り人』（上橋菜穂子）2014年04月18日・108回

■価値観がぐらぐら揺らぎだす『献灯使』（多和田葉子）2015年11月27日・192回

■恐怖の色が濃くなっていく『ボラード病』（吉村萬壱）2018年01月26日・302回

■「いま」に対する危機感『東京零年』（赤川次郎）2019年08月09日・381回

■諦念に満ちた祈り『大きな鳥にさらわれないよう』（川上弘美）
2020年05月08日・419回

■優れた洞察による予言の書『復活の日』（小松左京）2020年07月03日・427回

■異世界にまよいこむ冒険譚『「悪」と戦う』（高橋源一郎）
2022年10月21日・545回

第3章

詩歌の言葉にノックアウト

心のシャッター切るように

サラダ記念日

俵万智

1987年、24歳《さい》の女性がつむいだ歌集が爆発的《ばくはつてき》にヒットした。俵万智《たわらまち》（1962年〜）の「サラダ記念日」。短歌を古くさいと感じていた人たちも、彼女《かのじょ》の歌の新鮮《しんせん》さに触《ふ》れてハッとした。

〈愛人でいいのとうたう歌手がいて言ってくれるじゃないのと思う〉

〈「この味がいいね」と君が言ったから七月六日はサラダ記念日〉

日常に散乱する言葉の中から何かを拾い、短歌という器《うつわ》に入れると、きらきら輝《かがや》くことがある。「愛人でいいの」は流行歌が聞こえたとき、さっとよぎった思いを瞬間冷凍《しゅんかんれいとう》したような作品だ。「サラダ記念日」は歌集の題になった一首。付き合い始めて間もな

河出文庫

（2012年06月08日・11回）

いころのデートを想像させる。手作りサラダの味を好きな男の子がほめてくれた。その喜びが歌につまっている。

〈思い出の一つのようでそのままにしておく麦わら帽子《ぼうし》のへこみ〉

〈自転車のカゴからわんとはみ出してなにか嬉《うれ》しいセロリの葉っぱ〉

時間は止まることなく流れる。目の前の情景もいま抱《いだ》いた感情も、移ろい、消える。でも、このいとおしい一瞬を刻み、とどめたい。それをかなえるのが短歌だ。俵は麦わら帽子のへこみやセロリの葉に焦点《しょうてん》を絞《しぼ》り、心のシャッターを切った。

〈吾《あ》をさらいエンジンかけた八月の朝をあなたは覚えているか〉

〈最後かもしれず横浜中華街《よこはまちゅうかがい》笑った形の揚《あ》げ菓子《がし》を買う〉

〈さよならに向かって朝がくることの涙《なみだ》の味でオムレツを焼く〉

短歌という詩型《しけい》は恋《こい》をのせるのに適している。恋には喜びだけでなく、悲しみも伴《ともな》う。

〈君を抱《だ》くティンカーベルになりたくてパールピンクのフラットシューズ〉。ティンカーベルとは妖精《ようせい》の名。誰《だれ》かを思うまっすぐな気持ちが伝わってくる。

もっと知りたい

31は日本人にとって特別な数字だ。「三十一文字」と書いて「みそひともじ」と読む。日本人が最も長く付き合ってきた詩の形、つまり短歌（和歌）のことだ。「五七五七七」にのせた言葉はリズミカルで覚えやすいし、耳に心地よい。昔の人たちはこの短い詩型に心をたくして伝え合い、日々目にする風景を切り取ってきた。それは、いまも脈々と続いている。

本当のことだけを決然と

石垣りん詩集

石垣りん

ハルキ文庫

（2012年09月21日・26回）

詩人とは、言葉以外のものは何も持たず、ひっそり孤独《こどく》に立つ者のことをいう。恥《は》ずかしいくらい無防備に、本当のことだけを決然と述べる。石垣《いしがき》りん（１９２０～２００４年）もそうだ。

「夜中に目をさました。／ゆうべ買ったシジミたちが／台所のすみで／口をあけて生きていた。／／『夜が明けたら／ドレモコレモ／ミンナクッテヤル』／／鬼《おに》ババの笑いを／私は笑った。／それから先は／うっすら口をあけて／寝《ね》るよりほかに私の夜はなかった。」（詩「シジミ」）

ユーモラスな言葉の中に、小さな命を食《く》らって生きるあさましい自分を見つめる

「目」がある。でも、自分もまた「うっすら口をあけて」寝る。シジミと同じなのだ。

家庭や家族についての詩が多い。長い間、一家を経済的に支えていたことがつらく、重荷だったようだ。「家出のすすめ」にも、そんな本音がのぞく。

「家は地面のかさぶた／子供はおできができると／それをはがしたがる。」「家は夢のゆりかご／ゆりかごの中で／相手を食い殺すかまきりもいる。」

太平洋戦争が始まったとき、21歳《さい》だった。戦争で死んでいった人たちに寄りそう詩も目立つ。「崖《がけ》」を読んでみよう。

「戦争の終《おわ》り、／サイパン島の崖の上から／次々に身を投げた女たち。／／美徳やら義理やら体裁《ていさい》やら／何やら。／火だの男だのに追いつめられて。／／とばなければならないからとびこんだ。／ゆき場のないゆき場所。／（崖はいつも女をまっさかさまにする）」

「表札」は、彼女《かのじょ》の心の気高さを象徴《しょうちょう》している詩だ。

「自分の住むところには／自分で表札を出すにかぎる。」「精神の在《あ》り場所も／ハタから表札をかけられてはならない／石垣りん／それでよい。」

もっと知りたい

石垣りんは14歳のときに銀行に就職し、定年の55歳まで勤めた。組合活動の中で、盛んに詩を書いた。「挨拶」は、職場の壁新聞に原爆被災の写真をのせるから、そこにそえる詩を書いてほしいと言われて応じた。「一九四五年八月六日の朝／一瞬にして死んだ二五万人の人すべて／いま在る／あなたの如く私の如く／やすらかに　美しく　油断していた。」

心が伸びやかになる

新川和江詩集

新川和江

ハルキ文庫

（2015年08月14日・177回）

「わたしを束ねないで／あらせいとうの花のように／白い葱《ねぎ》のように／束ねないでください　わたしは稲穂《いなほ》／秋　大地が胸を焦《こ》がす／見渡《みわた》すかぎりの金色《こんじき》の稲穂」

詩人、新川和江《しんかわかずえ》の代表作「わたしを束ねないで」は、そんなふうに始まる。「束ねられること」への拒絶《きょぜつ》である。さらに「わたしを止めないで」「わたしを注《つ》がないで」という言葉が冒頭《ぼうとう》にくる連の後、こう続く。

「わたしを名付けないで／娘《むすめ》という名　妻という名／重々しい母という名でしつらえた座に／坐《すわ》りきりにさせないでください　わたしは風／りんごの木と／泉のありかを知っている風」

作者は何を拒《こば》んでいるのだろう。性別や年齢《ねんれい》、社会的な役割で枠《わく》にはめられてしまうこと。一人一人違《ちが》うのに、一緒《いっしょ》くたにされてしまうこと。「ここまで」と限界を決められてしまうこと。そんなことはまっぴらごめんだと思っている。

だが、かたくななイメージはない。拒絶した後ですぐに自分を「稲穂」や「風」にたとえているからだろうか。おおらかに自己肯定《じここうてい》しながら、自らの足ですっくと立っている感じがする。

１９２９年生まれ。高等女学校に入る前年に太平洋戦争が始まり、勤労奉仕《きんろうほうし》に明け暮れた。詩を書いていることが学校にばれて「自由主義にかぶれる気か」としかられた。

それでも新川は詩を書き続けた。詩を書くことで生きる力を得たのだ。

「わたしを束ねないで」は戦後の66年、37歳《さい》のときの作品。新川の詩を読んでいると、その明るさや向日性《こうじつせい》に心が伸《の》びやかになっていく。

「億年啼《な》きつづけて／鳥はまだその歌を完成しない」（詩「地球よ」）。鳥を自分に重ねているのか。本質を突《つ》く言葉に、詩の力を見る。

もっと知りたい

新川和江に話を聞いたことがある。「わたしを束ねないで」について「こういう気持ちは少女のころからあった」と語った。「女は、娘時代は親の、結婚すれば夫の、年をとれば子どもの言うことを聞かねばならないが、そんな生き方って悲しい。大人になったら一人の人間として、広々と生きてみたかった」。まさに広々とした精神が詩に息づいている。

沈黙するための言葉

石原吉郎詩文集

石原吉郎

詩は何のために書くのか。詩の言葉とは、沈黙《ちんもく》を語るための言葉であり、沈黙するための言葉だ。そう記した詩人、石原吉郎《いしはらよしろう》（１９１５～77年）は、こうもつづっている。

「詩は、『書くまい』とする衝動《しょうどう》なのだ」

敗戦後の45年冬にシベリアに抑留《よくりゅう》され、49年に重労働25年の判決を受けた。「石原吉郎詩文集」所収の散文「望郷と海」（71年発表）に、この判決の衝撃《しょうげき》を書いている。

「私たちのあいだから、悲鳴とも怒号《どごう》ともつかぬ喚声《かんせい》がわきあがった。私は頭から汗《あせ》でびっしょりになっていた。（略）故国へ手繰《たぐ》られつつあると信じた一条のものが、この瞬間《しゅんかん》にはっきり断《た》ちきられたと私は感じた。それはあきらかに肉体的な感覚であった」

講談社文芸文庫

（2016年06月10日・219回）

恩赦《おんしゃ》により帰国したのは53年。抑留は実に、8年におよんだ。過酷《かこく》な労働と飢《う》え、そして孤独《こどく》。本当に耐《た》えがたい経験をしたとき、あるいは深く絶望したとき、人は言葉を失う。

帰国後、この8年間をたどり直す中で、つまり言葉を回復する過程で、石原は沈黙するしかなかった。その重苦しい沈黙を語る言葉が、彼《かれ》にとっての詩だ。抑留時の失語状態に再び自覚的に関わり、それを把握《はあく》し直すために、詩が必要だった。

「なんという駅を出発して来たのか／もう誰《だれ》もおぼえていない／ただ　いつも右側は真昼で／左側は真夜中のふしぎな国を／汽車ははしりつづけている」（詩「葬式《そうしき》列車」）

第1詩集「サンチョ・パンサの帰郷」は帰国から10年後の63年出版。詩人の魂《たましい》は屹立《きつりつ》し、その言葉の強度に圧倒《あっとう》される。

「そこにあるものは／そこにそうして／あるものだ／見ろ／手がある／足がある／うすらわらいさえしている／見たものは／見たといえ」（詩「事実」）

もっと知りたい

散文「望郷と海」によると、石原吉郎は1949年、重労働25年の判決を受けた翌日に、刑務所で背すじが凍るような恐怖におそわれる。忘れられる恐怖だ。「ここにおれがいることを、日に一度、かならず思い出してくれ。おれがここで死んだら、おれが死んだ地点を、はっきりと地図に書きしるしてくれ」。それは「地をかきむしるほどの希求」だった。

イマジネーションの跳躍

みすゞと雅輔

松本侑子

「海の魚はかわいそう」と歌い「みんなちがって、みんないい」と書いた。大正期から昭和初期にかけて活躍《かつやく》した童謡詩《どうようし》人《じん》、金子《かねこ》みすゞ（1903〜30年）。故郷の山口県長《なが》門《と》市には記念館が立ち、ファンが足を運ぶ。だが、生きている間に詩集は一冊も出ていない。光が当たるようになったのは、亡《な》くなって半世紀以上たってからだ。

松本侑子《まつもとゆうこ》（63年〜）の伝記小説「みすゞと雅輔《がすけ》」は、文学の友であった弟の上山《かみやま》雅輔の視点からこの希有《けう》な詩人に迫《せま》る。

山口県下関《しものせき》市で書店を営む家に育った雅輔は、みすゞを姉とは知らされず、いとこだと信じていた。大切な人の死の寂《さび》しさを紛《まぎ》らわすために親しむようになった童謡を、

新潮文庫

（2022年07月22日・532回）

みすゞも好んで読んでいると知り身近に感じる。そして下関の家でいっしょに住むようになる。

童謡とは、大人が子どものために創作した芸術色豊かな詩や歌のこと。18年に雑誌「赤い鳥」が創刊され、一種の芸術運動として広がった。みすゞは童謡を作り始め、夢中になる。数多くの雑誌に自作が掲載《けいさい》される。詩「大漁」に雅輔は脱帽《だつぼう》する。この作品は「アッと云《い》わせるようなイマジネーションの跳躍《ちょうやく》がある」と絶賛された。

雅輔は書店を継《つ》ぐことを受け入れられず苦悩《くのう》する。やがて上京して出版社で働き、映画評や脚本《きゃくほん》を書くようになる。

雅輔が生き生きと動き始めたころ、みすゞは低迷する。夫からうつされた病気や夫の浮気《うわき》に苦しみ、文学にいきづまる。そして26歳《さい》の若さで自ら命を絶つ。雅輔は長い間、自責の念に苦しむ――。

みすゞの死後、雅輔は自分の感情にあらためて気づく。「あれは友情であり、崇敬《すうけい》であり、嫉妬《しっと》であり、憧憬《しょうけい》であり、そして愛だった」。彼《かれ》こそが、みすゞの文学の本質を見ぬいていた。

もっと知りたい

「朝焼小焼だ／大漁だ／大羽鰮（おおばいわし）の／大漁だ。／／浜は祭りの／ようだけど／海のなかでは／何万の／鰮のとむらい／するだろう」。詩「大漁」は魚の死がテーマ。1連目の視点は海辺にあるが、2連目は海の中へもぐる。イワシがまばらに泳いでいるさまを弔いと見た。松本侑子はこう記す。「熱気溢れる地上の動から、冷涼な海中の静へ、明暗がドラマチックに逆転する」

僕は五月に誕生した
寺山修司詩集
寺山修司

ハルキ文庫

（2013年01月04日・41回）

〈マッチ擦《す》るつかのま海に霧《きり》ふかし身捨つるほどの祖国はありや〉

暗がりの中、海のそばでマッチを擦ると、そのわずかな明かりで霧が深くたちこめていることが分かった。白い霧に浮《う》かぶ小さな赤い火。この火のような、ほんのつかのまの、はかない命。わが身を捧《ささ》げるにあたいする祖国はあるのだろうか——。寺山修司《てらやましゅうじ》（1935〜83年）の代表歌だ。

寺山が「身捨つるほどの祖国はありや」と詠《よ》んだ背景には、第2次世界大戦で「国のため」と信じて戦い、死んでいった世代への思いがある。同時に、戦後の復興と繁栄《はんえい》の中で感じているむなしさのようなものもにじむ。「霧が深い」のは、戦後社会そのものなのかもしれない。

青森県に生まれた寺山は、45年7月の青森大空襲《だいくうしゅう》で焼け出される。さらに戦地に行っていた父が病死する。「父探し」「父恋《こ》い」は寺山短歌の主要なテーマの一つとなる。

〈わが通る果樹園の小屋いつも暗く父と呼びたき番人が棲《す》む〉

〈すでに亡《な》き父への葉書一枚もち冬田を越《こ》えて来し郵便夫〉

寺山は詩、短歌、俳句、戯曲《ぎきょく》など多くの分野で驚《おどろ》くべき才能を開花させた。青春をみずみずしい感性でうたい、あっという間に去っていった。

〈吊《つる》されて玉葱《たまねぎ》芽ぐむ納屋《なや》ふかくツルゲエネフをはじめて読みき〉

〈煙草《たばこ》くさき国語教師が言うときに明日という語は最もかなし〉

57年、21歳《さい》のときに出版した「われに五月を」の中の代表作「五月の詩」はこう結ばれる。

「二十才　僕《ぼく》は五月に誕生した／僕は木の葉をふみ若い樹木たちをよんでみる／いまこそ時　僕は僕の季節の入口で／はにかみながら鳥たちへ／手をあげてみる／二十才　僕は五月に誕生した」

純粋な悲しみをうたう

智恵子抄

高村光太郎

新潮文庫

（2013年07月05日・67回）

純粋《じゅんすい》な悲しみ、悲しみの原形というものがあるなら、それは「レモン哀歌《あいか》」のようなものだと思う。彫刻家《ちょうこくか》で詩人の高村光太郎《たかむらこうたろう》（1883～1956年）の詩集「智恵子《ちえこ》抄《しょう》」に収められている。

「そんなにもあなたはレモンを待つてゐた／かなしく白くあかるい死の床《とこ》で／わたしの手からとつた一つのレモンを／あなたのきれいな歯ががりりと嚙《か》んだ／トパアズいろの香気《こうき》が立つ／その数滴《すうてき》の天のものなるレモンの汁《しる》は／ぱつとあなたの意識を正常にした」

死の床に、生の象徴《しょうちょう》であるレモンが置かれ、死生の対比が鮮《あざ》やかに浮《う》き上がる。愛する人を失うことの深い悲しみ。そして詩はこう結ばれる。

「それからひと時／昔　山巓《さんてん》でしたやうな深呼吸を一つして／あなたの機関はそれなり止まつた／写真の前に挿《さ》した桜の花かげに／すずしく光るレモンを今日も置かう」

「智恵子抄」は愛の結晶《けっしょう》だ。2人は明治末期に出会い、東京で暮らし始めるが、福島県出身の智恵子には東京が合わなかったようだ。「あどけない話」には、そのすれ違《ちが》いがうたわれる。「智恵子は東京に空が無《な》いといふ、／ほんとの空が見たいといふ。／私は驚《おどろ》いて空を見る。／桜若葉の間に在るのは、／切つても切れない／むかしなじみのきれいな空だ」

智恵子は心を患《わずら》い、52歳《さい》で病死。だが、その後も光太郎は智恵子をうたい続ける。「あなたは万物《ばんぶつ》となつて私に満ちる」「智恵子の裸形《らぎょう》をわたくしは恋《こ》ふ」と。

すべてがむなしいという思いを乗り越えた後、こう書いた。「一日の仕事を終《おわ》って製作を眺《なが》める時『どうだろう』といって後ろをふりむけば智恵子はきっと其処《そこ》に居る。彼《かの》女《じょ》は何処《どこ》にでも居るのである」

死さえも、2人を引き裂《さ》くことはできなかった。

孤独をうたった蛙の詩人

草野心平詩集

草野心平

ハルキ文庫

（2013年10月18日・82回）

　詩人の草野《くさの》心平《しんぺい》（1903〜88年）は「蛙《かえる》の詩人」と呼ばれる。蛙の視点で、ときには蛙になりきって、生きることの喜びや苦しみを、孤独《こどく》や切なさをつづった。

「りーりー　りりる　りりる　りっふっふっふ」と鳴き、最後は「ぎやわろっぎやわろっぎやわろろろろりっ」のリフレインで蛙の大合唱を表現する「誕生祭」は、タイトル通り、生命の歓喜《かんき》に満ちた詩だ。

　蛙の会話をきっとどこかで聞いていたに違《ちが》いない。そう思わせる「秋の夜の会話」を読んでみよう。

「さむいね。／ああさむいね。／虫がないてるね。／ああ虫がないてるね。／もうすぐ土の中だね。／土の中はいやだね。／痩《や》せたね。／君もずいぶん痩せたね。／どこがこんなに切ないんだろうね。／腹だろうかね。／腹とったら死ぬだろうね。／死にたかあないね。／さむいね。／ああ虫がないてるね。」

　怒《いか》りや喪失《そうしつ》の悲しみにふるえる夜は「デンシンバシラのうた」がいい。

「そんなときには。いいか。／デンシンバシラとしゃべるんだ。／／稲妻《いなずま》が内部をかけめぐり。／丸い蜜柑《みかん》がのけぞりかえる。／そんな事態になったなら。／白ちゃけて。唸《うな》るようにさびしくなったら。／人じゃない。相棒になるのは。／夜中の三時のデンシンバシラだ。」

　孤独なのは私だけではない。誰《だれ》もが孤独なのだと意識することで、人はうっすらと、つながることができる。そう教えてくれるのは「ごびらっふの独白」だ。

「みんな孤独で。／みんなの孤独が通じあうたしかな存在をほのぼの意識し。／うつらうつらの日をすごすことは幸福である。」

　人は一人で生まれてきて、一人で死んでいく。生きている間もずっと、さびしい。だから人は言葉を欲《ほっ》する。詩を作り、詩を読む。

悲しみはむきかけのりんご

自選　谷川俊太郎詩集

谷川俊太郎

岩波文庫

（2014年01月10日・94回）

「悲しみは／むきかけのりんご／比喩《ひゆ》ではなく／詩ではなく／ただそこに在る／むきかけのりんご」（詩「悲しみは」）
「私が生まれた時／私の重さだけ地が泣いた」（詩「帰郷」）

言葉がキリリと立っている。読むうちに言葉の海におぼれて、戻《もど》れなくなるかもしれない。谷川俊太郎《たにかわしゅんたろう》の「自選谷川俊太郎詩集」。本物の詩人の書く言葉は強く、しなやかだ。宇宙の中にたった一人で立ちつくす孤独《こどく》な心にまっすぐ届く。

1931年、哲学者《てつがくしゃ》の谷川徹三《たにかわてつぞう》の長男として生まれた。学校には、なじめなかった。10代後半で詩を書き始めた。52年に初めて出版した詩集の表題作「二十億光年の孤独」は、こう始まる。

「人類は小さな球の上で／眠《ねむ》り起きそして働き／ときどき火星に仲間を欲しがったりする／／火星人は小さな球の上で／何をしてるか　僕《ぼく》は知らない／（或《あるい》はネリリし　キルルし　ハララしているか）／しかしときどき地球に仲間を欲しがったりする／それはまったくたしかなことだ／／万《ばん》有引力《ゆういんりょく》とは／ひき合う孤独の力である」

詩人の言葉の射程は、はるか20億光年に及《およ》ぶ。万有引力を「ひき合う孤独の力」と定義し、「ネリリし　キルルし　ハララしているか」と火星語までくり出すほど自由だ。

こんなにも長い間、詩人であり続けている。でも自分を疑うこともある。「本当の事を言おうか／詩人のふりはしてるが／私は詩人ではない」（詩「鳥羽1」）

詩「朝」は日常の中にうもれた真実を提示する。「隣《となり》のベッドで寝息《ねいき》をたてているのは誰《だれ》？／よく知っている人なのに／まるで見たこともない人のようだ」と始まり、こう結ばれる。「インクの匂《にお》う新聞の見出しに／変らぬ人間のむごさを読みとるとしても／朝はいま一行の詩」

一人を見つめ続けた俳人

山頭火句集

種田山頭火

ちくま文庫

（2014年03月14日・103回）

俳句は季語を用い「五七五」のリズムにのせて詠《よ》むのが基本だが、定型にしばられない「自由律俳句」も存在する。最も有名なのは種田《たねだ》山頭火《さんとうか》（1882〜1940年）だろう。おおらかに、大胆《だいたん》に、定型を破った。

「山頭火句集」を開くと、こんな句がある。〈まっすぐな道でさみしい〉。えっ、これだけ？

こんなのもある。〈石に腰《こし》を、墓であつたか〉。石の上に腰をおろそうとして、見ると墓だった。ユーモアがあり、ひやっとする感じもあって、おもしろい。

独特なのは俳句だけではない。人生も壮絶《そうぜつ》だ。

今の山口県防府《ほうふ》市の大地主の家に生まれた。9歳《さい》のとき、母が井戸に身を投げて自殺する。引き上げられた母の遺体を見てショックを受ける。

東京の学校に進学したが、体調をくずして退学し、帰郷。酒造業を営み、結婚《けっこん》して子どもも生まれたが、酒を飲み過ぎ、仕事もうまくいかなくなり、破産した。25年に出家し、翌年旅に出る。旅で最初に詠んだ句は〈分け入《い》つても分け入つても青い山〉。以後、放浪《ほうろう》の日々を生きた。

〈捨てきれない荷物のおもさまへうしろ〉。家も家族も捨てたが、捨てられない何かがあったのか。

〈うしろすがたのしぐれてゆくか〉。自分の姿を、うしろから見ているもう一人の自分がいる。句の前には「自嘲《じちょう》」という前書きがある。落ち着こうと思っても落ち着けない。そんなどうしようもない自分を恥《は》じた。

とぼとぼ歩いていると、虫や花に目がいく。自分を重ねる。〈ふくろうはふくろうでわたしはわたしでねむれない〉〈蜘蛛《くも》は網《あみ》張る私は私を肯定《こうてい》する〉〈いつまで生きる曼《まん》珠沙華《じゅしゃげ》咲《さ》きだした〉

旅も、人生も、一人で歩くものだ。一人であることを見つめ続けた俳人だった。

心に静かな湖を持て

茨木のり子詩集

茨木のり子、谷川俊太郎選

岩波文庫

（2014年03月28日・105回）

茨木《いばらぎ》のり子《こ》（1926〜2006年）の詩の中から、詩人の谷川俊太郎《たにかわしゆんたろう》が選んだ「茨木のり子詩集」。初めは寝転《ねころ》がって読んでいたが、いつのまにか座《すわ》り直し、背筋を伸《の》ばしていた。しっかりしなさい、としかられているような気分になる。それが心地よい。

「ぱさぱさに乾《かわ》いてゆく心を／ひとのせいにはするな／みずから水やりを怠《おこた》っておいて」と始まる詩「自分の感受性くらい」。いつも何かのせいにしたがる弱さを自省《じせい》する言葉が、誰《だれ》の心にもまっすぐ届く。その結びで自らをこう励《はげ》ます。「駄目《だめ》なことの一切《いっさい》を／時代のせいにはするな／わずかに光る尊厳の放棄《ほうき》／／自分の感受性くらい／自分で守れ／ばかものよ」

10代は戦争の日々だった。「わたしが一番きれいだったとき」は、その悔《くや》しさをつづる。「わたしが一番きれいだったとき／街々はがらがら崩《くず》れていって／とんでもないところから／青空なんかが見えたりした」

戦争を憎《にく》み、世界で繰《く》り返されるあやまちに怒《いか》りを持ち続けた。「内部からいつもくさってくる桃《もも》、平和／／日々に失格し／日々に脱落《だつらく》する悪たれによって／世界は／壊滅《かいめつ》の夢にさらされてやまない」（詩「内部からくさる桃」）

隣国《りんごく》を侵略《しんりやく》した日本の加害の歴史を恥《は》じていた。50歳《さい》を過ぎてハングルを学び、韓国《かんこく》の詩を訳した。国と国より、人と人の結びつきが大切であることを知っていた。

人や自然への愛にあふれた詩を読んでいるとゆったりとした気持ちになる。

「人間は誰でも心の底に／しいんと静かな湖を持つべきなのだ」（詩「みずうみ」）

そう、茨木は心に湖を持っていた。「倚《よ》りかからず」という詩の題そのままに、できあいの思想や権威《けんい》によりかからず、りんと立っている人だった。

泣き虫で、自分が大好き

一握の砂・悲しき玩具

石川啄木

新潮文庫

（2014年11月21日・139回）

これほど愛唱される作品が多い歌人はいないだろう。〈はたらけど／はたらけど猶《なお》わが生活《くらし》楽にならざり／ぢつと手を見る〉とか〈ふるさとの訛《なまり》なつかし／停車場《ていしゃば》の人ごみの中に／そを聴《き》きにゆく〉とか。石川啄木《いしかわたくぼく》（1886〜1912年）の歌はなぜ愛されるのか。

岩手県生まれ。歌集「一握《いちあく》の砂」を出版したのは24歳《さい》のときだ。ふつう1首を1行で書く短歌を、3行に分けたこと。日常使うやさしい言葉で書いたこと。今も新鮮《しんせん》で親しみやすく、魅力《みりょく》にあふれる。何よりリズムがあって覚えやすい。だから何かの折にふと、口をついて出る。

でも「一握の砂」を頭から読んでいくと、なんだかむずむずしてくる。泣き虫で、感傷的で、自分が大好き。そんな人間が浮《う》かび上がってくる。

〈東海の小島の磯《いそ》の白砂《しらすな》に／われ泣きぬれて／蟹《かに》とたはむる〉

〈大《だい》といふ字を百あまり／砂に書き／死ぬことをやめて帰り来《きた》れり〉

意気地《いくじ》がないというか、情けないというか。「何かあったの？」と聞きたいような、聞くのもめんどくさいような。

解説によると、啄木は「一握の砂」にのせた551首の8割以上を、歌集を出した1910年に作った。小説を書いたが認められず、自信を失っていたころだ。

〈大いなる彼《かれ》の身体《からだ》が／憎《にく》かりき／その前にゆきて物を言ふ時〉

〈友がみなわれよりえらく見ゆる日よ／花を買ひ来て／妻としたしむ〉

大きい「彼」を憎んだり、友だちが偉《えら》く見えたり。そんなふうに卑屈《ひくつ》な気持ちになることは、たぶん誰《だれ》にでもある。

啄木は「一握の砂」を出した2年後、26歳の若さで亡《な》くなる。第2歌集「悲しき玩具《がんぐ》」は死後の出版。苦労の多い短い人生だったが、人の心に響《ひび》く数多くの歌が残った。

受難者への共感の視線

吉野弘詩集

吉野弘

ハルキ文庫

（2015年02月20日・152回）

詩人の吉野弘《よしのひろし》（1926〜2014年）は、なにげない光景、ささやかな出来事から核心《かくしん》をそっと取り出す。手のひらに包んで温めている小さな命を、こっそり見せてくれるような手つきで。

「吉野弘詩集」に収められている「夕焼け」という詩もそうだ。「いつものことだが／電車は満員だった」と書き起こし、気づく人のいないようなささいな動き、こまやかな感情がつづられる。

お年よりに2度席をゆずった若い女性が、3度目はゆずらない。お年よりが前に立っているのに、体をこわばらせ、うつむいてすわっている。「僕《ぼく》」は女性を気にしながら電車を降りる。

「やさしい心の持主は／いつでもどこでも／われにもあらず受難者となる。／何故《なぜ》って／やさしい心の持主は／他人のつらさを自分のつらさのように／感じるから」

そしてこう結ぶ。「やさしい心に責められながら／娘《むすめ》はどこまでゆけるだろう。／下唇《したくちびる》を噛《か》んで／つらい気持で／美しい夕焼けも見ないで」

自分を責める娘が受難者なら、見ている「僕」も受難者である。娘のつらさが痛いほど分かるから。だからこの美しい夕焼けを見せたいと願う。顔を上げさえすれば、誰《だれ》にでも公平に天からあたえられている美にふれることができるのに……。

弱き者、小さき者に対して吉野は共感の視線を注ぐ。詩「父」で描《えが》かれている父も弱く、小さな存在だ。

「何故　生まれねばならなかったか。／／子供が　それを父に問うことをせず／ひとり耐《た》えつづけている間／父はきびしく無視されるだろう。／そうして　父は／耐えねばならないだろう」

父ができることなど、それくらいだと知っている。しかし、耐える覚悟《かくご》はある。それは、強さなのかもしれない。

面白えと、目を凝らす

ひねくれ一茶

田辺聖子

講談社文庫

（2016年09月30日・235回）

〈我と来て遊べや親のない雀《すずめ》〉
〈痩蛙《やせがえる》まけるな一茶是《これ》に有《あり》〉
〈名月を取《とつ》てくれろと泣《なく》子哉《かな》〉

江戸《えど》時代後期の俳人、小林一茶《こばやしいっさ》の句が今も多くの人に好まれているのはなぜか。田辺聖子《たなべせいこ》（１９２８〜２０１９年）の評伝小説「ひねくれ一茶」を読み、理由がわかった気がした。

１７６３年、信濃《しなの》の国（長野県）の農家に生まれた。幼いころ実母と死別、父が再婚《さいこん》して迎《むか》えた継母《ままはは》になじめず、江戸に奉公《ほうこう》に出された。20代で俳句の道を目指して以来、俳句ざんまいだ。

物語は一茶が41歳《さい》のときから始まる。いまだに江戸に自分の家が持てず、家族もいない。江戸に反発し、劣等感《れっとうかん》を持ちながらもひかれている。故郷は嫌《きら》いだけれど、恋《こい》しい。俳句は大好きだが、俳諧師《はいかいし》として大成できるか自信はない。複雑な屈託《くったく》を抱《かか》えているのだ。

だが俳句はすごい。「吐《は》く息、吸う息に作る」と言われるほど多作で、破格な詠《よ》み方は「反吐《へど》も小便も俳諧にしちまう」。かしこまって「借り物くさかった」俳句を「裸《はだ》かのまんま」に変えた。

一茶は思う。「田舎者《いなかもの》、無学者が俳諧師を志せばいばらの道だ。しかしいいたいもの、よみたいことは胸の奥《おく》で燃えている。（略）江戸者にゃわかるめえ。けっ」。〈名月や江戸のやつらが何知って〉

やがて継母や義弟と対決して父の遺産を分け合い、故郷に家を持つ。〈是がまあ終《つい》の栖《すみか》か雪五尺〉。晩年も波瀾万丈《はらんばんじょう》だ。50歳を過ぎて結婚、子どもや妻が次々と亡《な》くなる。でも、どんなときも俳句から離《はな》れなかった。

動物や子どもを好んで詠む。人の醜《みにく》さや愚《おろ》かさも見つめる。視線は平らかだ。風雅《ふうが》の心とは「あわれみの心」と「びっくりする心だ」と語る場面がある。「こりゃ、面白《おもしれ》えと、目を凝《こ》らす……」。それが、一茶だ。

恋する女の心の脈動

みだれ髪

与謝野晶子、今野寿美訳注

角川文庫

（2018年06月01日・320回）

率直さ、奔放《ほんぽう》さに圧倒《あっとう》される。与謝野晶子《よさのあきこ》（1878〜1942年）の歌集「みだれ髪《がみ》」は、恋《こい》する女の心の脈動をありありと伝える。この歌人には歌いたいことがたくさんあったのだ。

〈その子二十櫛《はたちくし》にながるる黒髪のおごりの春のうつくしきかな〉

〈春みじかし何に不滅《ふめつ》の命ぞとちからある乳《ち》を手にさぐらせぬ〉

ためらうことなく髪や乳房《ちぶさ》、唇《くちびる》を題材に詠《よ》む。若さを誇《ほこ》り、恋をしている自分を認めて胸を張る。そして今をいとおしむ。青春があっという間に過ぎゆくことを知っているかのように。

晶子は大阪・堺《さかい》の和菓子商《わがししょう》の家に生まれた。古典に親しみ、当初は伝統を重んじる歌を作っていた。だが19歳《さい》だった1898年、与謝野鉄幹《てっかん》の歌に心を動かされる。

当時、鉄幹は短歌革新運動の旗手《きしゅ》だった。新しい表現に目覚めた晶子は、鉄幹が1900年に創刊した「明星《みょうじょう》」で歌を発表し始める。それらを収めたのが「みだれ髪」だ。晶子の恋の相手は師である鉄幹。〈やは肌《はだ》のあつき血汐《ちしお》にふれも見でさびしからずや道を説く君〉と歌う晶子は自信にあふれているようだ。

鉄幹には妻子《さいし》があった。晶子と同様、鉄幹の弟子である山川登美子《やまかわとみこ》というライバルもいた。だから晶子は罪の意識や嫉妬《しっと》に苦しんでもいた。世間からの批判もあった。

〈むねの清水あふれてつひに濁《にご》りけり君も罪の子我も罪の子〉

〈狂《くる》ひの子われに焔《ほのお》の翅《はね》かろき百三十里あわただしの旅〉

晶子は自身を「罪の子」と自覚した上で、それでもおのれの信じる道を突《つ》き進んでいった。

01年に鉄幹と結婚《けっこん》。鉄幹への愛を貫《つらぬ》いたこの情熱こそが、近代短歌を切り開くエネルギーとなった。

もっともっと読みたい

■ナイフのような言葉『腐敗性物質』（田村隆一）2015年01月16日・147回

■心が揺れた瞬間『うたうとは小さないのちひろいあげ』（村上しいこ）
2015年12月25日・196回

■孤独な歌人の誇り高き生『白き瓶』（藤沢周平）2016年12月02日・244回

■かけがえのない生『はじめての短歌』（穂村弘）2016年12月16日・246回

■底辺から、宇宙から『山之口貘詩集』（山之口貘）
2017年01月06日・248回

■旅人から生活者に『オレがマリオ』（俵万智）2017年11月17日・293回

■詩人が生きた時間への共感『清冽』（後藤正治）2021年10月08日・492回

第4章

旅があなたを鍛える

解き放たれていく旅

深夜特急（1〜6巻）

沢木耕太郎

新潮文庫

（2012年04月27日・5回）

最初に旅といえるような遠出を一人でしたのは、中学1年の冬休みだった。そのころ埼玉県の団地に住んでいた私は、冬の海が見たいと思った。ひとけのない砂浜《すなはま》を歩きたいと、熱に浮《う》かされたように考えた。誰《だれ》にも言わずに、茨城県の海岸に向かった。

大学生になるとバックパックを背負い、海外まで旅するようになった。沢木《さわき》耕太郎《こうたろう》（1947年〜）の紀行文「深夜特急」を初めて読んだのは、そんな旅に少しは慣れてきたころだ。私は沢木の旅に強く魅《み》せられた。

インドのデリーから出発してロンドンまでバスを乗り継《つ》いで行く。これが彼《かれ》のプランだ。だがデリーへ向かう途中《とちゅう》、香港《ホンコン》の街をうろつき、マカオでサイコロとばくに夢中になる。マレー半島も通って出発地と決めたデリーに着くまでに、なんと半年もかかってしまう。さらにシルクロードへ進み、ヨーロッパへ。全行程1年余り、文庫本で6冊にもなる旅行記だ。

路上で物乞《ものご》いの老人に足首をつかまれたり、ガンジス川沿いの死体焼き場で人が焼かれるのを見たり。7、8歳《さい》と思われる少女から自分の体を買ってくれと頼《たの》まれ、打ちのめされたこともある。

沢木が「またひとつ自由になれた」と感じる場面が何度か出てくる。街を歩き、さまざまな人たちと出会いながら、自らをしばっていた価値観や常識から徐々《じょじょ》に解き放たれていく。

人はなぜ、旅をするのだろう。

沢木は26歳のとき旅に出た。旅の途上、繰《く》り返し問う。どうして自分は日本を出てきたのか。いったいなんだって自分はこんなところにいるのか。本当に帰れるのか……。

1行目を目で追いだした瞬間《しゅんかん》から、あなたは沢木の旅に同行することになる。長く、スリリングな旅に。

もっと知りたい

沢木耕太郎は「深夜特急」の中で、中学生のときに読んだ「何でも見てやろう」に影響を受けたことを明かしている。作家の小田実（1932〜2007年）が1961年に出版した本だ。沢木が2008年に出したエッセー「旅する力」でも「小田実はぼくの気がつかないうちに『旅をしたい!』という情熱を溢れるほど注ぎ込んでくれていた」と記している。

小さな声に耳を傾ける

インパラの朝

中村安希

旅をしていると、しみじみ思うことがある。世界は危険でいっぱいだが、それを大きく上回るほどの思いやりや愛がある。優《やさ》しくしてくれる人がいるし、助けてくれる人もいる。多くの人たちが何の見返りも求めず、すてきな笑《え》顔《がお》を見せてくれる。道端《みちばた》にひっそりと咲《さ》く花のように。

中村安希《なかむらあき》（１９７９年～）の「インパラの朝」を読みながら、そのことを思い出した。「ユーラシア・アフリカ大陸６８４日」と副題にある通り、中村はユーラシア大陸を横断し、イスラム圏《けん》の国々をへてアフリカ大陸へと進む。出発時、26歳《さい》。「小さな声にそっと耳を傾《かたむ》けること」という恩師の言葉が道しるべだ。

集英社文庫

（2016年03月18日・207回）

中村は知恵《ちえ》と体力、感性と勘《かん》、度胸の良さとコミュニケーション力の高さ、つまり自らのすべてを動員して困難に立ち向かう。

トラックの荷台に乗ってサバンナを南下しているときに熱を出し、生理にもなってズボンが血で染まる。しかも前輪の車軸《しゃじく》が折れて立ち往生する。読んでいるこちらまで不安でたまらなくなる。

どうしようもなくなっても、中村は絶望しない。すると誰《だれ》かが手を差しのべてくれる。闇《やみ》の中で野宿したときは、子どもたちが指を握《にぎ》って安心させてくれた。船のデッキで震《ふる》えていたときは、大柄《おおがら》な女性が抱《だ》いて温めてくれた。

西サハラの２千キロをこえる道のりを３泊《ぱく》４日で移動したときには、一銭も使わなかった。親切にしてくれた人は「爽《さわ》やかな笑顔を最後に残してバス停の外へと姿を消した。（略）すべては記憶《きおく》に収められ、記録としては残らない。私は彼《かれ》らに電話をかけて『ありがとう』とさえ伝えられない」

こんな記述を読むとあらためて思う。私たちが生きるこの世界も捨てたもんじゃない。

もっと知りたい

世界には貧困がはびこり、格差はあまりに大きい。しかしお金を持っていることと、人として幸せに暮らせるかということは別の問題だ。中村安希は思う。「アフリカは教える場所ではなくて、教えてくれる場所だった。助けてあげる対象ではなく、助けてくれる人々だった。アフリカは貧しい大陸ではなく、圧倒的な豊かさを秘めた、愛されるべき大陸だった」

真の闇と本物の太陽

極夜行

角幡唯介

文春文庫

（2022年02月18日・510回）

極夜《きょくや》とは一日中、太陽が地平線の下に沈《しず》んで姿を見せないこと。高緯度《こうい ど》の場所なら、それが数カ月も続く。探検家で作家の角幡唯介《かくはたゆうすけ》（１９７６年〜）は、極北の地を旅することで「真の闇《やみ》」を経験し、長い極夜の果てにのぼる「本物の太陽」を見たいと思い立つ。「極夜行《きょくやこう》」は、そんな未知の時空に挑《いど》む日々を記したノンフィクションである。

出発はグリーンランド最北の村。荷物をのせたそりは、１匹《ぴき》の犬と角幡が引く。準備は４年前から始めた。何度か現地に足を運び、行程の途中《とちゅう》の小屋に燃料や食料を置いた。

のっけから不運にあう。氷河を行く中で強烈《きょうれつ》なブリザードに襲《おそ》われ、天測の道具、六《ろく》分儀《ぶんぎ》を失う。人工衛星によって場所を測定するＧＰＳは使わないと決めていたので、あとは地図とコンパスだけで進まなければならない。何度も道に迷う。

あらかじめ用意した場所から食料が消える。食料にするため獲物《えもの》を狙《ねら》うが、月明かりの下での狩猟《しゅりょう》はうまくいかない。

猛吹雪《もうふぶき》にテントごと飛ばされる恐《おそ》れがある。オオカミやクマに襲われるかもしれない。飢《う》えや寒さ、闇という根源的な恐怖《きょうふ》。死と隣《とな》り合わせだ。

危険きわまりない旅のパートナーは犬だ。荷物を運んでくれるだけでなく、クマの襲《しゅう》来《らい》を教えてくれるはずだし、なんといっても孤独《こどく》を癒《い》やしてくれる。犬は「私」の排《はい》せつ物を食う。実にうまそうに。一方で「私」は、本当に飢えたときは犬を食べて生きのびることを算段している。それほどまでに犬と「私」は依存《いぞん》し合っている。

現代社会のシステムから逸脱《いつだつ》する。太陽や月、星を全身で受け止め、自分の存在の不確かさを知る。光と闇の意味に気づく。原初的な感覚を研《と》ぎすますことで、生き抜《ぬ》く。冒険《ぼうけん》によって、何かが鮮明《せんめい》になっていく。

もっと知りたい

「人生には勝負を懸けた旅をしなければならないときがある」。角幡唯介は「あとがき」でそう記す。本書を書くまでに2回、そんな旅をした。どちらもチベット・ツアンポー峡谷単独探検で、今回の極夜探検は3回目だ。旅の前に結婚し、子どもが生まれた。著者は極夜という長い闇の後に太陽の光を見ることと、人が出生時に光を見ることの類似性に気づく。

寂寥感漂う漂泊の文学

道行きや

伊藤比呂美

「国を離《はな》れて二十数年、異国をさんざん流離《りゅうり》して、わたしは国に帰ってきた。今はまったく浦島《うらしま》である」。そんな文章で始まる「うらしま」を冒頭《ぼうとう》に置き、計22編を収める。「道行きや」は、詩人の伊藤比呂美《いとうひろみ》（１９５５年～）の文学の核《かく》にあるものが表れている。本書の題にある「道行き」とか「漂泊《ひょうはく》」という言葉がそれだ。

米国に移民として暮らしながら、日本との間を頻繁《ひんぱん》に行き来していた「わたし」。しかし夫が亡《な》くなり、長年暮らした米国から「片道切符《きっぷ》で」日本に帰ってきた。米国から連れてきた犬と熊本に住み、大学で文学を教えるため、そして講演などをこなすため、東京に通う日々を送る。相変わらず移動しているのだ。

新潮文庫

（2023年02月03日・559回）

熊本や東京での身辺雑記、米国で暮らしていたころの思い出、ポーランドに住んでいた遠い過去もまじり、60歳《さい》を過ぎた「わたし」の日常がつづられる。その語りにはリズムがあり、ユーモアがある。エッセーというより散文詩のようだ。そして、そこから漂《ただよ》ってくるのは寂寥《せきりょう》感である。

学生に接しているときは、そのエネルギーを受け止めているせいか生き生きしている。でも、面白《おもしろ》いのは熊本での日々だ。気の弱い犬を連れて歩き回る。河原にいる古老と話す。ツバメやカラス、植物を観察する。

名前の読みが同じ「ヨーコ」という女友達数人との話がしみじみとしていい。「死ぬときはどこだろうか、日本だろうか、ここだろうか。誰《だれ》とも会えなくなるね。誰とも会えなくなるのは寂《さび》しいだろうかね」。そんな会話をいろんなヨーコと交わしたような気がすると書く。

どこへ行っても異《い》邦人《ほうじん》のようにさまよう「わたし」の後ろから、根無し草でしかありえない多くの女の声が聞こえてくる。

もっと知りたい

「道行きや」に収められている22編は、どれも終わり方がすばらしい。切れ味の鋭い言葉が置かれた後、いきなり幕が下ろされ、深い余韻を残す。例えば「粗忽長屋」の最後の文章はこうだ。「いつものことだ、こうやって老いていくのだと思いながら、もう一つ思ったのは、あれがわたしなら、ここにいるわたしはいったいどこのだれだろうということだった」

「くだらぬこと」は魅力的

どくとるマンボウ航海記

北杜夫

新潮文庫

（2012年11月23日・35回）

「大切なこと、カンジンなことはすべて省略し、くだらぬこと、取るに足らぬこと、書いても書かなくても変《かわ》りはないが書かない方がいくらかマシなことだけを書くことにした」

後書きにそうあった。「どくとるマンボウ航海記」は、北杜夫《きたもりお》（1927〜2011年）が漁業調査船に船医として乗りこんだ体験を書いた本だ。1960年に出版し、ベストセラーになった。

航海の目的はマグロの漁場を見つけること。58年11月に出航して、アジアやアフリカ、ヨーロッパ各地に寄港した。

北はそれぞれの街の人たちや動物、昆虫《こんちゅう》さえも観察する。船での珍騒動《ちんそうどう》や街での失敗。内容も楽しいが、何より語り口そのものがおもしろくて、にやにやしてしまう。

「航海中ただの一度も吐《は》かなかったのだから、人はここで私が少しく大きな顔をして船酔《ふなよ》いについて記述するのを我《が》慢《まん》しなければいけない」と始まる船酔いについてのあれこれ。「ヤドカリのごとく気が弱い」という北が、異国の街を歩き回るとどうなるか——。

はえ縄にかかったサメは「こいつにはマブタがあって、実にうらめしそうな目つきでぱちりと目《ま》ばたきをする」と書く。

敬愛するドイツの作家トーマス・マンが生まれ、彼《かれ》の小説「ブッデンブローク家の人びと」の舞台《ぶたい》となった家を探しあてたときの文章には、ほのかに哀愁《あいしゅう》も漂《ただよ》う。

何度も出てくる海の描写《びょうしゃ》もいい。「ジュラルミンの箔《はく》を敷《し》きつめたように平滑《へいかつ》で、たまに微風《びふう》がおこるとチリメン皺《じわ》が一面により、すぐまた元のなめらかな肌《はだ》にもどる」

人の世は「取るに足らぬこと」に満ちている。だが、この本は「くだらぬこと」こそが魅力的《みりょくてき》だと教えてくれる。だから今も読み継《つ》がれているのだ。

喜びであり、罪深い営み

もの食う人びと

辺見庸

角川文庫

（2014年04月25日・109回）

食う——。それは生きるために必要な行為《こうい》であり、人間の最も基本的で切実な営みだ。辺見庸《へんみよう》（１９４４年〜）の「もの食う人びと」は、食うことをテーマに世界を旅した記録である。

出発前、辺見はこう書く。「私は、私の舌と胃袋《いぶくろ》のありようが気にくわなくなったのだ」。飽食《ほうしょく》に慣れた自分の舌と胃袋を「ぎりぎりといじめてみたくなった」というのが旅の動機だ。

旅は１９９２年末に始まる。最初に選んだのは、バングラデシュの首都ダッカ。駅前で買った焼き飯の肉に他人の歯形がついているのに気づき、皿を放り出す。

残飯だった。ダッカには金持ちが残した食事の市場があるという。辺見は残飯市場に向かう。

「男の子がうずくまり、腐敗《ふはい》しかかった肉にむしゃぶりついている」「食べ残すということが罪であるとしたら、この子たちがその罪をあがなっているのだった」

ドイツの刑務所《けいむしょ》で囚人《しゅうじん》と同じものを食べる。アフリカ・ウガンダの村でエイズ患者《かんじゃ》の女性が薄《うす》いミルクを飲むのを見る。

飢餓《きが》と内戦で苦しむアフリカ・ソマリアでは栄養失調と結核《けっかく》で、もはや何も食べられなくなった14歳《さい》の少女に出会う。辺見は記す。「ごめんよ。ごめんよ。突《つ》き動かされ、そう言うしかなかった。拝《おが》むしかなかった」

食はときに悲しみや怒《いか》り、恐怖《きょうふ》の記憶《きおく》と結びついている。戦争中、従軍慰安婦《じゅうぐんいあんふ》だった過去を持つ韓国人《かんこくじん》女性たちの地《じ》獄《ごく》のような日々。フィリピン・ミンダナオ島で起きた旧日本軍残留兵による悲劇。後者は、食のタブーを犯《おか》す陰惨《いんさん》な出来事だ。

食べることは喜びであり、同時に罪深いことなのだ。つまりそれは、生きることは罪深いというのと同じ意味になる。私たちは命を食《く》らって生きているのだ。

極北の地のしなやかな生

ぼくの出会ったアラスカ

星野道夫

小学館文庫

（2014年08月22日・126回）

星野《ほしの》道夫《みちお》（1952〜96年）は10代のころ、東京・神田の洋書専門店で、極北の地アラスカの写真集を見つける。どこへ行く時もかばんに入れ、何度も見た。特に、一つの村を空から撮《と》った写真が気になった。「なぜ、こんな地の果てのような場所に人が暮らさなければならないのだろう」

村長あてに手紙を書く。「何でもしますので、誰《だれ》かぼくを世話してくれる人はいないでしょうか」。半年後、返事が届く。「いつでも来なさい」。村に向かい3カ月を過ごす。初めてのクマ、アザラシ猟《りょう》、トナカイ狩《が》り、白夜《びゃくや》……。「この旅を通し、ぼくは、人の暮らしの多様性に魅《ひ》かれていった。十九歳《さい》の夏だった」

アラスカとのかかわりは以後一生続き、厳しくも美しい自然と人々の生き方を記録した。「ぼくの出会ったアラスカ」は星野の躍動感《やくどうかん》のある圧巻の写真と繊細《せんさい》な文章でアラスカの魅力《みりょく》を伝える。

70代の女性、シリアとジニーとともにシーンジェック川を下る旅を記した「約束の川」の章がとりわけ心にしみる。彼女《かのじょ》たちにとって、最後の冒険《ぼうけん》になるはずだった。

「ぼくは、ふと、〝思い出〟ということを考えていた。人の一生には、思い出をつくらなければならない時があるような気がした」「誰もが、それぞれの老いに、いつか出合ってゆく。それは、しんとした冬の夜、誰かがドアをたたくように訪《おとず》れるものなのだろうか」

星野が小さな流木を集めてたき火の準備をしていると、ジニーがたまりかねたように「そんなに寒いかい」と聞く。付近には流木が少ない。いつか誰かがその流木を本当に必要とするかもしれない。そう諭《さと》される——。

自然に身をゆだねて暮らす人たちのしなやかさがまぶしい。そこには、生きることの静かな喜びがあふれている。

かなり変わっているけれど

ドリトル先生航海記

ヒュー・ロフティング、
井伏鱒二訳

岩波少年文庫

（2015年05月15日・164回）

海をわたって知らない国へ行き、生活習慣や文化がまったく違《ちが》う人たちと出会えたら、どんなに愉快《ゆかい》だろう。ヒュー・ロフティング（1886〜1947年）の「ドリトル先生航海記」は、そんな少年の旅への憧《あこが》れから、物語が始まる。

　航海記は「ドリトル先生」シリーズの2作目。くつ屋の息子トミーはいつも川岸に座《すわ》り、海から川をさかのぼってくる船をながめていた。船はいかりをおろし、たくさんの水夫が立ち働く。トミーは航海を夢みていた。そんなトミーがある日、ドリトル先生と出会う。

　ドリトル先生は破格の男だ。医師で、博物学者でもある。世界中を航海しながら研究を続けている。オウムに言葉を習ったのを皮切りにあらゆる動物の言葉の習得に励《はげ》み、今は貝との会話に挑戦中《ちょうせんちゅう》だ。トミーは「先生の助手になりたい」と頼《たの》む。

　旅の行き先は運任《うんまか》せだ。目を閉じて世界地図帳の適当なページを開き、鉛筆《えんぴつ》の先が触《ふ》れた場所に決める。今回は、南大西洋のクモサル島。どこにでも流れていく漂流島《ひょうりゅうとう》で、行方《ゆくえ》不明の博物学者ロング・アローが最後に目撃《もくげき》された場所でもある。

　さまざまな苦難は、船に同乗する動物たちとともに乗りこえる。世界中の鳥やイルカやクジラ、さらには巨大《きょだい》な海カタツムリまでが一行を助けてくれる。

　島に上陸し、英語が話せないロング・アローと島の言葉で会話する。島の戦争に巻きこまれるが、最後は和平に導く。ドリトル先生は島の王に選ばれてしまい、王の責務をまっとうするか、博物学者の仕事に戻《もど》るかで悩《なや》む。冒険《ぼうけん》のスケールはとてつもなく大きい。

　先生はかなり変わっているけれど、好奇《こうき》心《しん》が強く、人間にも動物にも等しくやさしい。大人も子どもも時間を忘れて楽しめる物語だ。

力尽きるまで突き進む

それでもわたしは山に登る

田部井淳子

文春文庫

（2016年07月01日・222回）

なぜこんなに頑張《がんば》れるのだろう。読みながら何度もそう思った。女性として初めて世界最高峰《さいこうほう》のエベレスト登頂に成功した田部井淳子《たべいじゅんこ》（1939〜2016年）。がんで余命3カ月だと告げられても動じず、薬の副作用に苦しみながらも山へ向かう。「それでもわたしは山に登る」は、田部井が自らの歩みをふり返った一冊だ。

第1章は、山で切羽《せっぱ》つまったとき、どう行動したかが記される。冒頭《ぼうとう》は、憧《あこが》れの山頂を目前に撤退《てったい》した話。中国・天山山脈のトムール峰に挑《いど》んだ一行は雪崩《なだれ》に巻きこまれる。「ドーンと音がしたと同時に、わたしはものすごい勢いで雪の中に体ごと突《つ》き刺《さ》さった」

田部井は仲間に、荷物を捨て下山することを提案する。「新品のテントが入っている」とためらう人を「テントより命でしょう」「生きて帰れば、働いてまたテントは買えるから」と説得する。

谷川岳一ノ《たにがわだけいちの》倉沢《くらさわ》の難しい岩場を厳冬期に登ったときは、途中《とちゅう》で日が暮れ、狭《せま》い場所で立ったまま一晩過ごした。手足がしびれ、胴震《どうぶる》いするほどの寒さ。しかし、最悪の状《じょう》況《きょう》を乗りこえた経験は、明日の自信につながる。

第2章は、2012年にがんを発病して以降の記録。厳しい病状だが「騒《さわ》ぐな、オタオタするな。現状を受け入れ、一番いいと思うことをやれ」と自分に言い聞かせる。抗《こう》がん剤治療《ざいちりょう》をしながらも山に登る。副作用で体はつらいが、山に来られた喜びがそれを上回る。そして富士登山に向かう高校生をこう励《はげ》ます。「一歩は四、五〇センチしかないかもしれないが、その一歩、一歩を続けることで頂上に立てる」

起きたことを自然体で受け止める柔軟《じゅうなん》な心と、どんな逆境にあっても前を向く不屈《ふくつ》の精神。「力尽《つ》きるまで自分のペースで楽しく突き進む」という田部井の生き方は、最高にかっこいい。

自分と対話する濃密な時間

八月の六日間

北村薫

角川文庫

（2017年07月28日・277回）

20〜30代のころ、長い休みが取れると山に登った。険しい岩場や激しい風雨に直面すると恐怖《きょうふ》を覚える。延々と続くアップダウンに苦しんでいるときには「もう二度と来ないぞ」と思う。だが日常に戻《もど》ってしばらくすると、また恋《こい》しくなる。3千メートル級の山で得られる感動と解放、自分の体と心に向き合う濃密《のうみつ》な時間は何物にも代えがたかった。

北村薫《きたむらかおる》（1949年〜）の小説「八月の六日間」の「わたし」も山好きの女性だ。30代後半の編集者。3年前、同僚《どうりょう》の「藤原《ふじわら》ちゃん」に誘《さそ》われて初心者向きの山に登った。以来、登山が趣味《しゅみ》になる。そしていよいよ槍ケ岳《やりがたけ》へと向かう。

そう、「いよいよ」なのだ。数々の名峰《めいほう》の中でも槍ケ岳の存在感は群を抜《ぬ》く。「わたし」は燕岳《つばくろだけ》からその姿を見て心を奪《うば》われる。「槍ケ岳だ。体が慄《ふる》えた。（略）天に向かって切り立つ岩の峰《みね》」

翌月、早速《さっそく》挑戦《ちょうせん》する。出発前、藤原ちゃんにメールを送る。「いよいよ槍だよ　槍を攻《せ》めるよ」

小説では槍ケ岳を登る9月のほか、2月、10月、5月、8月の山体験が語られる。「わたし」は40代前半まで年を重ねてゆく。

日常には多くの困難がある。数年前の失恋《しつれん》の痛手から立ち直っていない。幼なじみと死別した。職場で昇進《しょうしん》し責任が重くなってきた。「わたし」は1人で山に登る。日常と距離《きょり》を取り、自分と対話する。山での自分が〝下界〟での自分を支え、困難を乗りこえていく。

10月、北アルプスの山小屋に泊《と》まっていた夜。外に出て満天の星を見上げながら亡《な》くなった友を思った。「凍《い》てつくような空気の中、涙《なみだ》がほろほろと流れた。（略）冷えて体が動かなくなる寸前まで、星々に見とれた」

山の魅力《みりょく》がつまった一冊。私も久しぶりに山に行こうと思った。

「好き」が発揮するパワー

時刻表2万キロ

宮脇俊三

河出文庫

（2020年07月31日・431回）

酔狂《すいきょう》と言おうか、優雅《ゆうが》と言うべきか、単に変わっているのか。どんな言葉を選んでもいいが、「好き」がとてつもないパワーを発揮することだけは伝わってくる。

時刻表が愛読書という宮脇俊三《みやわきしゅんぞう》（1926〜2003年）は、国鉄（今のJR）の全線2万余キロのうち9割ほどに乗った1975年、「全線完乗」を決意する。それから目標達成までの日々をつづったのが「時刻表2万キロ」、鉄道紀行文の金字塔《きんじとう》である。

多忙《たぼう》なサラリーマンだから、利用できるのは休日しかない。全線制覇《せいは》を志したとき、残っていたのは便数の少ないローカル線がほとんどだった。どう乗りつげば効率良く回れるか、知恵《ちえ》を絞《しぼ》る。だが、なかなか予定通りにはいかない。電車が遅《おく》れる。前夜に酒を飲みすぎたせいで寝《ね》てしまい、乗り過ごす。とっさの策はうまくいったり、いかなかったり。

何が面白《おもしろ》いのか。「初めて乗る線の上をガタリと走りだしたときの、えも言われぬゾクゾクが背筋を駆《か》ける」と記すが、それだけではない。

石川県で「倶利伽羅《くりから》駅」という珍《めずら》しい駅名標を車窓《しゃそう》から見ようと必死になる。推理小説のトリックに使える乗り方を思いつく。流れゆく景観や車内の人々を観察する。そんな文章を読むうち、読者は宮脇の旅の同行者となっていく。

九州最後となる室木《むろき》線・遠賀川《おんががわ》駅（福岡県）に着いたときの充実感《じゅうじつかん》、北海道最後の瀬棚《せたな》線・瀬棚駅で覚えた虚無感《きょむかん》。長大な旅の最終駅は足尾《あしお》線・間藤《まとう》駅（栃木県）、77年5月にたどり着いた。

旅を終えた後の77年12月、宮城県・気仙沼《けせんぬま》線の柳津《やないづ》・本《もと》吉《よし》間が開通すると、初日に意気揚々《いきようよう》と乗りに行く。気仙沼駅に着き、とうとう著者はこう記して筆をおく。「乗るべき線がないから、もう書くこともない」

もっともっと読みたい

■人はなぜ山に挑むのか『氷壁』（井上靖） 2013年01月18日・43回

■不安感と安心感が同居『女子と鉄道』（酒井順子） 2014年12月12日・142回

■生きている意味を感じる『空白の五マイル』（角幡唯介） 2016年01月29日・200回

■若い感性と強靭な精神『さまよえる湖』（スヴェン・ヘディン、鈴木啓造訳） 2016年12月09日・245回

■僧たちの苦悩、鮮やかに『天平の甍』（井上靖） 2017年09月15日・284回

■海の底知れなさを凝視する『漂流』（角幡唯介） 2020年11月27日・448回

■岸辺でのたれ死んでもいい『極北へ』（石川直樹） 2021年12月10日・501回

■自問自答しながらの旅『線量計と奥の細道』（ドリアン助川） 2021年12月17日・502回

コラム① 会う前は不安ではち切れそうだった

大江《おおえ》健三郎《けんざぶろう》さんに初めてインタビューしたのは2005年12月。先輩《せんぱい》と2人で自宅を訪問することになったのだが、取材前は不安ではち切れそうだった。ノーベル文学賞を受けた作家というだけで気圧《けお》されるような気持ちだったし、気難《きむずか》しそうにも見えたからだ。

大江さんをよく知るベテラン編集者にアドバイスを請《こ》うと、こう言われた。「必ずジョークを言うので、笑ってくださいね。それと最後におそらく、誰《だれ》かの本についての感想を聞かれますよ」。余計に緊張《きんちょう》する羽目に陥《おちい》った。

でも会ってみると、とても親切だった。何度かジョークが繰《く》り出され、私は声を上げて笑った。取材を終えて玄関《げんかん》に向かう途中《とちゅう》、大江さんは同年代の男性作家による新作小説の題を口にした。意見を聞かれたので心臓が波打ったが、先輩がそつなく答えた。

その後も何度かインタビューしたり講演を聞いたりする機会に恵《めぐ》まれたが、彼《かれ》はいつも人を笑わせて場を和《なご》ませた。話し上手《じょうず》でもあったのだ。座談も楽しいが、講演は特にすばらしい。心を引きつける導入、具体的で生き生きとした描写《びょうしゃ》。くすっと笑える逸話《いつわ》もちりばめながら、深い主題へと導く。

大江さんの文学的テーマは大きく言えば二つあったように思う。

一つは長男の光《ひかり》さんのことだ。1963年に生まれた光さんには障害があった。それが文学の主題に昇華《しょうか》していった。例えば『個人的な体験』では、頭部に異常のある子どもを持った予備校教師が、自《みずか》らの運命を受け入れるまでの葛藤《かっとう》と心の救済をつづっている。

もう一つは土地の記憶《きおく》。出身地の「四国《しこく》の森」のことを何度も書いた。代表作の一つ『万延元年《まんえんがんねん》のフットボール』では四国の森と谷間の村を舞台《ぶたい》に、兄弟、夫婦の確執《かくしつ》と絆《きずな》を問うた。

まさに「個人的な体験」から出発して普遍《ふへん》に到達《とうたつ》した。深い思索《しさく》と高い倫理観《りんりかん》に根ざしつつ、自由な想像力で豊饒《ほうじょう》な物語をつむいだ。

講演などで繰り返し語った話がある。息子の光さんは幼いとき、野鳥の声だけに反応し、人の言葉には無反応だった。だが6歳《さい》の夏、クイナが鳴く声を聞き「クイナです」と言う。やがて会話を始め、後に作曲を手がけるようになる。

大江さんは息子の曲に「泣き叫《さけ》ぶ暗い魂《たましい》の声」を聞き取りつつ、それが彼自身の悲しみを癒《い》やし、回復させていると受け止めた。「芸術の不思議な治癒力《ちゆりょく》」を信じた。

05年の最初のインタビューの話を続けたい。大江さんからは、エリオットやオーデン、トーマス・マン、フォークナーといった詩人や作家の名前が出てきて、彼らがすべて大江さんの文学につながっているのだと感じた。もっと近しい人で他界した人の名も上げた。恩師でフランス文学者の渡辺一夫《わたなべかずお》、古くからの友人で義兄でもあった映画監督《かんとく》の伊丹十三《いたみじゅうぞう》、作曲家の武満徹《たけみつとおる》、思想家のエドワード・サイード……。

「僕《ぼく》は死んでしまった友人たちのことを書きたいんです。でも回想録や私小説のように書くつもりはない」。だとすれば、フィクションの形式になる。「僕自身がリアリティーを感じられるようになるまで書き直していく」

死者のことを考え、その声を聞く。それが創作の根幹にあった。

最後に「これほど長く書き続けてきた原動力は何ですか」と尋《たず》ねた。

「読むことです。僕は読むことと書くことが好きなんです。今も一日の時間で一番長くやっているのが本を読むことですよ」。そう言って、手元の本をそっと撫《な》でた。

23年3月3日、88歳で死去。東大仏文科在学中の１９５７年、『奇妙《きみょう》な仕事』でデビューし、翌年『飼育』で芥川賞《あくたがわしょう》を受けて以降、最前線を走り続けた。文学の世界にとどまらず、言論界や平和運動にも大きな影響《えいきょう》を与《あた》えた。

第5章

人も社会も
多様性に満ちている

世界中の人たちに伝えたい

戦争を取材する

山本美香

講談社

（2012年09月14日・25回）

2012年8月20日、山本美香《やまもとみか》という名の45歳《さい》の女性が、激しい内戦が続くシリアで銃弾《じゅうだん》を浴び、命を落とした。なぜ彼女《かのじょ》は、そんな危険な場所にいたのだろう。

職業はジャーナリスト。世界のあちこちで起きている戦争や紛争《ふんそう》の現場に行き、人々の話を聞き、映像を記録し、伝えてきた。戦争がなくなってほしいという願いをこめて。子どもたちに向けて書いた「戦争を取材する」という本にも、そんな思いがあふれている。

イラク戦争が始まった03年、首都バグダッドにいた。爆弾《ばくだん》が落ちると、3キロ離《はな》れていても地鳴りがして、窓ガラスが揺《ゆ》れた。近くにいた人たちはどうなったのか。悲しみと怒《いか》りで胸が張り裂《さ》けそうになった。

戦争が終わっても悲劇は続く。東ヨーロッパ・コソボの少年アデムは、地雷《じらい》か不発弾《ふはつだん》の爆発で両脚《りょうあし》と右目をいためる。脚の切断手術で医師はひざを残した。義足をつけたとき脚が曲げられるから、歩けるようになるかもしれない。「アデムはすがるような思いで医師の説明を聞いていました」

ウガンダでは、武装集団《ゲリラ》に誘拐《ゆうかい》され、仲間にさせられていた子どもを取材した。村を襲《おそ》って食べ物を奪《うば》い、人を殺してきた少年が、保護され、心の治療《ちりょう》を受ける。そして「もう兵士にはなりたくない」と思うようになっていく。

アフガニスタンの避難民《ひなんみん》キャンプを訪《おとず》れ、４歳の息子を亡《な》くした父親を取材していたとき、その父親に言われた。「こんな遠くまで来てくれてありがとう。世界中のだれも私たちのことなど知らないと思っていた」

山本は「私のちっぽけな悩《なや》みなど、ふきとばすほどの衝撃《しょうげき》」を受け、こう決意する。

「たったいま目撃した出来事を世界中の人たちに知らせなければならない」

もっと知りたい

山梨県出身の山本美香は、1990年代半ばから海外の紛争地を取材するようになり、イラク戦争では開戦後のバグダッドにとどまって報道した。著書「戦争を取材する」は、こう結ばれている。「この瞬間にもまたひとつ、またふたつ……大切な命がうばわれているかもしれない――目をつぶってそんなことを想像してみてください。さあ、みんなの出番です」

ずっと変わった人だった

世界を、こんなふうに見てごらん

日高敏隆

日本の動物行動学の草分け、日高敏隆《ひだかとしたか》（1930〜2009年）は小学校にあまり行かなかった。跳《と》び箱が苦手で先生にいじめられたからだ。

かわりに原っぱに行った。小さなイモムシが木の枝を歩いている。「おまえどこに行くの」。観察していると若葉を食べ始める。「おまえ、これが食べたかったの」。虫と気持ちが通じ合った気がしてうれしかった——。日高の学問の原点だ。

著書「世界を、こんなふうに見てごらん」を読むと、とても変わった子どもだったことがわかる。やはり小学生のとき、犬の死がいを観察し続け、警察に連れて行かれた。何をしていたのか。死がいにわく甲虫類《こうちゅうるい》をじっと見ていたのだ。

集英社文庫

（2013年01月25日・44回）

モンシロチョウの研究で有名だ。同じような外見なのに、オスはメスをどう見わけているのか。人間には見えない紫外線《しがいせん》と、黄色がまじった羽の色を見ていると突《つ》きとめた。人間が見ている世界がすべてではないのだ。

進んだ環境保護《かんきょうほご》で知られるコスタリカの熱帯雨林を訪れる。多くの人が自然に感動する場所で、こんなふうに感じる。「人間はここまで破壊的《はかいてき》なのか」「これは手つかずの自然だなんて、うっかり思ってはいけない。人間が入ったらもはやそこは自然ではないのだ」

大学に入り、「なぜ」を問うてはいけないといわれた。でも、それでは学問にならないと思い、「なぜ」を追い続けた。もともとある考え方や枠組《わくぐ》みから自由だった。ずっと「変わった人」だった。だからこそ、日本で新しい学問をうち立てることができたのだ。

日高は書く。「科学を志す人には、なぜということしかない。おおいに『なぜ』に取り組めばいい。自分の『なぜ』を大切にあたため続ければいい」。それは科学に限らないだろう。

もっと知りたい

動物行動学は、動物の行動の意味や役割を研究する学問。日高敏隆はこれを日本に紹介し、定着させた。「チョウはなぜ飛ぶか」など著書も多く、専門外の人にもわかりやすく伝えた。対談で会ったことがある作家の篠田節子は「解説」で「『偉そうオーラ』を放ってはいなかった」「小柄な老人の姿を借りた水の精か森の神か仙人か」と思ったとつづっている。

命を大切にする憲法をつくる

1945年のクリスマス

ベアテ・シロタ・ゴードン、

平岡磨紀子構成・文

朝日文庫

(2013年04月19日・56回)

「時間はいつも同じ速さで流れているのではない。一九四六年二月四日から一二日までの九日間は、私の生涯《しょうがい》で最も密度の濃《こ》い時間だったかもしれない」。連合国軍総司令部(GHQ)民政局のスタッフだったアメリカ人女性ベアテ・シロタ・ゴードン(1923〜2012年)は、自伝「1945年のクリスマス」の中でそう書いている。

当時22歳《さい》のベアテは、日本国憲法の人権にかかわる条項《じょうこう》をつくるメンバーの一人だった。「九日間」とは、その憲法草案の作成に関わった期間を指す。ベアテは憲法に男女平等の精神を盛りこんだ。

ロシア系ユダヤ人としてウィーンに生まれた。世界的ピアニストの父レオ・シロタが東京音楽学校の教授に招かれ、29年に一家で来日。5歳から約10年、東京で暮らした。太平洋戦争開戦前にアメリカに留学、日本に残った両親とはなればなれに。終戦後、両親に会いたい一心でGHQの職に応募《おうぼ》した。

　戦前の日本人女性は選挙権を持たず、結婚《けっこん》相手を自分で選んだり、お金を自由に使ったりすることも難しかった。子どもが生まれないことを理由に離婚《りこん》される女性もいた。飢《き》饉《きん》のときには娘《むすめ》が売られた。ベアテは「女性が幸せにならなければ、日本は平和にならない」と考えた。

　女性や子どもの権利を憲法に細かく書こうとしたが、上司に「細部は民法に入れるべきだ」とカットされた。削《けず》られるたび「不幸な日本女性がそれだけ増える」と涙《なみだ》を流した。結局、男女平等をうたう第24条は残った。

　日本人は戦争で多くの人を傷つけ、自らも深く傷ついた。人の命を大切にしなかったからだ。命を大切にする精神を取り戻《もど》すために闘《たたか》ってくれたベアテのような人たちを忘れてはならない。

　いま日本は本当に平等だろうか。人権は守られているだろうか。

もっと知りたい

日本国憲法を読んだことがあるだろうか。特に「前文」は理想にあふれた文章だ。「われらは、平和を維持し、専制と隷従、圧迫と偏狭を地上から永遠に除去しようと努めている国際社会において、名誉ある地位を占めたいと思う」とある。憲法の柱は「国民主権」「基本的人権の尊重」「平和主義」の三つ。戦争への深い反省が背景にある。

損な役回り引き受ける

しんがり

清武英利

創業100年になる老舗《しにせ》の証券会社「山一証券《やまいちしょうけん》」が自主廃業《はいぎょう》を発表したのは、1997年のことだ。社長が号泣《ごうきゅう》会見したニュースは世界をかけめぐった。バブル経済が崩壊《ほうかい》した後だったが、衝撃《しょうげき》は社会全体に及《およ》んだ。

社員のほとんどは会社が破綻《はたん》して初めて、帳簿外《ちょうぼがい》の借金が2600億円もあったことを知る。この不正の債務《さいむ》はいつ、どうして生まれ、どのように隠《かく》されてきたのか。社員自らの手で真相を解明し、公表する。さらに顧客《こきゃく》から集めた資金を返還《へんかん》する——。多くの社員が再就職へ走りだす中で、会社に残り、そうした後始末をした者たちがいた。

清武英利《きよたけひでとし》（50年〜）の「しんがり」は損な役回りを引き受け、献身的《けんしんてき》に働いた人た

講談社文庫

（2015年10月09日・185回）

ちに光を当てたノンフィクションだ。

しんがりとは、戦いに敗れて退くとき、最後尾《さいこうび》に踏《ふ》みとどまり戦う兵士たちのこと。清武がしんがりにたとえた彼《かれ》らは、エリートではなく、会社でうまく立ち回るタイプではなかった。正義感が強く、不器用で、少し変わっていて、納得《なっとく》がいかなければ上司にも直言する。苦境の中で、こうした者たちが強さを発揮した。

彼らはどんな思いで、この業務に当たったのか。「人が変死したら司法解剖《かいぼう》するだろう。山一の廃業も変死のようなものだよ。だから解剖して、株主やら社員やらお客さんに説明する責任があるんやな」「これは僕《ぼく》らの自己闘争《とうそう》です。事ここに至って、保身をあれこれ考えないでやりぬくしかないんですよ」

誰《だれ》かがやらなければいけない仕事を、いやがらずに引き受けられる人間は、潔《いさぎよ》く、美しい。

「心配することはないよ。一生懸命《いっしょうけんめい》生きていれば、必ず誰かが見ていてくれる」。そんなすがすがしい言葉の中に、働くということの本当の意味を見いだす。

もっと知りたい

清武英利は「しんがり」の「あとがき」で、破綻した会社にとどまり働いた人たちに「なぜ、あなたは貧乏くじと思われる仕事を引き受けたのですか」と何度も問いかけたと明かしている。圧倒的に多かったのは「誰かがやらなければならなかったから」というもの。「自分の宿命だった」「そのために自分はここにいたのだと思った」という答えもあったという。

読者のため、闘いに挑む

紙つなげ！ 彼らが本の紙を造っている

佐々涼子

ハヤカワ・ノンフィクション文庫

（2021年01月22日・455回）

本は紙でできている。でも、ほとんどの本には著者や出版社、印刷所の名前は記されても、製紙会社や工場、生産者は載《の》っていない。本を読んでいる間中、紙をさわっているにもかかわらず、誰《だれ》がそれをつくっているのか知らないのだ。

佐々《ささ》涼子《りょうこ》（1968年〜）のノンフィクション「紙つなげ！ 彼《かれ》らが本の紙を造っている」は、東日本大震災《ひがしにほんだいしんさい》で大きな被《ひ》害《がい》を受けた宮城県石巻《いしのまき》市の日本製紙石巻工場が復旧し、再び紙を製造するまでを追う。

日本製紙は日本の出版用紙の約4割を担っている。その会社の核《かく》である石巻工場が2011年3月11日、津《つ》波《なみ》にのまれた。水に浸《つ》かり、がれきが散乱、遺体も見つかる。壊《かい》滅的《めってき》な状況《じょうきょう》に、閉鎖《へいさ》するしかないと思った者も多かった。だが社長も工場長も諦《あきら》めない。

工場長がみなに説明する。まずマシンを1台、動かそう。そうすれば弾《はず》みがつく。そして宣言する。「期限を切る。半年。期限は半年だ」。みながあぜんとする。「無理。絶対無理」

だが目標に向けて動きだす。紙を待っている人たちがいるのだ。

仕事は膨大《ぼうだい》で、日程は過酷《かこく》だ。がれきの撤去《てっきょ》、高圧ケーブルの確保、水に浸かった7千台弱のモーターの復旧……。ボイラーから「濃黒液《のうこくえき》」と呼ばれる燃料がもれ出るトラブルが発生、ひしゃくで延々とすくう。気の遠くなるような作業が続く。

社員の一人が言う。「これは駅伝だと思いました。いったんたすきを預けられた課は、どんなにくたくたでも、困難でも、次の走者にたすきを渡《わた》さなければならない」

家族や家をなくした人もいた。悲しみを乗りこえ、壮絶《そうぜつ》な闘《たたか》いに挑《いど》む原動力になったのは、使命感と誇《ほこ》りだろう。読者のために、という熱い思いである。

もっと知りたい

日本製紙石巻工場で、最初に復旧したのは出版用紙の製造マシン「8号抄紙機」だった。著者の佐々涼子は東日本大震災から2年後のある日、取材のため工場に入る。「巨大な建屋に入ると、見上げるほど大きな8号抄紙機は、うなりをあげて紙を製造していた」。8号機の担当者は開口一番、こう言う。「8号が止まる時は、この国の出版が倒れる時です」

人とうまくつきあう秘訣

聞く力

阿川佐和子

文春新書

（2013年10月04日・80回）

人とうまくつきあえないとか、会話が苦手だと悩《なや》んでいる人はけっこう多い。秘訣《ひけつ》がある。聞き上手になることだ。ちょっとした工夫《くふう》と努力でできる。そして、抜群《ばつぐん》の効果を発揮する。

聞き上手になるにはどうすればいいか。阿川佐和子《あがわさわこ》（1953年〜）の著書「聞く力」をひもといてみよう。阿川は雑誌「週刊文春」の中の対談企画《きかく》で、93年からずっと聞き手を務めている。年齢《ねんれい》も職業も性格もさまざまな人たちにインタビューし、毎回「へえ！」と思うような話を引き出している。この本には聞くことの極意《ごくい》が書かれているに違《ちが》いない。

まず、作家の城山三郎《しろやまさぶろう》へのインタビューを紹介《しょうかい》している。聞き役のはずの阿川がしゃべってばかり。つまり、城山こそが聞き上手だったのだ。

阿川は気づく。城山は鋭《するど》い突《つ》っこみや、ドキッとするような質問はしなかった。ひたすら「そう」「それで？」「面《おも》白《しろ》いねえ」「どうして？」「それから？」とひとことをはさむだけで、あとはニコニコ楽しそうに聞き続けていただけだったと。つまり聞き上手の極意の一つは「面白そうに聞く」ことなのだ。

阿川はいう。事前に考えておいた質問にこだわりすぎると、相手の言葉をちゃんと聞けていないこともある。会話は生もの。うわっつらの受けこたえはせず、その場で聞いた話をまっすぐ、深く、受けとめたい。

相づちは大事。素朴《そぼく》な質問を大切にする。相手のテンポに合わせる。先入観にとらわれない……。アドバイスは具体的で、わかりやすい。

「自分の話を聞いてほしくない人はいない」

なるほど。だったら「上手に」じゃなくても、まずはじっくり聞いてあげればいい。それだけできっと、相手は喜んでいる。

誠実さこそが心に触れる

天、共に在り

中村哲

NHK出版

（2014年02月28日・101回）

アフガニスタンの人たちは長い間、苦しんできた。ソ連（現在のロシア）やアメリカなど大国の軍がやって来ては、家や村を壊《こわ》し、かんばつが追い打ちをかける。生活の基盤《きばん》を失って、飢《う》えや貧困《ひんこん》にあえぐ多くの人たちは、難民となって他国へ逃《に》げる。

中村哲《なかむらてつ》（１９４６〜２０１９年）の「天、共に在り」は、アフガニスタンの民《たみ》のために格闘《かくとう》し、現地で襲撃《しゅうげき》されて亡《な》くなった医師と、その仲間たちの記録である。

中村は福岡県に生まれた。九州大医学部を卒業し、国内の診療所《しんりょうじょ》などに勤めた後、84年にパキスタンのペシャワルに行く。

最初は、ハンセン病という重い病気を専門に診《み》ていた。そこには、隣《となり》の国アフガニスタンから逃げて来た患者《かんじゃ》がたくさんいた。中村は彼《かれ》らの苦しみを全身で受けとめる。「自分もまた、患者たちと共にうろたえ、汚泥《おでい》にまみれて生きてゆく、ただの卑《いや》しい人間の一人に過ぎなかった」

医療が圧倒的《あっとうてき》に不足していた。中村はハンセン病が多発するアフガニスタンの山村に診療所を開き、ハンセン病以外の病気も診るようになる。かんばつが地域を襲《おそ》い、農地の砂漠化《さばくか》が進む。水がなければ、治療どころではない。

中村と仲間たちは井戸《いど》掘《ほ》りをし、用水路の建設まで手がけるようになる。戦争が始まっても、地道な活動を続けた。「死の谷」と呼ばれた砂漠に、水をたたえた貯水池ができ、緑の大地に生まれかわっていく。

現地の自然と文化を知り、人と信頼《しんらい》関係を築く。そうしてアフガニスタンにとけこんでいった。「『信頼』は一朝《いっちょう》にして築かれるものではない。利害を超《こ》え、忍耐《にんたい》を重ね、裏切られても裏切り返さない誠実さこそが、人々の心に触《ふ》れる」。平和は信頼という土壌《どじょう》にこそ深く根づくのだ。

言葉に挑んだ2人の記録

辞書になった男

佐々木健一

文春文庫

（2014年05月30日・114回）

よく知っているはずの言葉の意味を、あなた自身の表現で説明してみてほしい。例えば「水」、例えば「恋《こい》」という言葉を。その後で辞書を引き、読んでみよう。それは、あなたの考えた定義とどう違《ちが》うだろうか。

佐々木健一《ささきけんいち》（1977年〜）の「辞書になった男」は、辞書づくりに情熱を燃やした2人の人間の生き方を追ったノンフィクション。戦後、一世をふうびし、その後の辞書の基礎《きそ》となった「明解《めいかい》国語辞典」改訂版《かいていばん》をともにつくった見坊豪紀《けんぼうひでとし》と山田《やまだ》忠雄《ただお》がたもとを分かち、「三省堂《さんせいどう》国語辞典」と「新明解国語辞典」を別々につくるにいたったのはなぜか。昭和辞書史のなぞに迫《せま》る。

見坊と山田は大学の同級生だった。最初に見坊が辞書づくりの道に入り、山田を誘《さそ》った。

見坊は言葉の用例集めに没頭《ぼっとう》する。その言葉がどう使われているのかを知らなければ、意味をつかむことはできないと思ったからだ。新聞や雑誌、広告などで用例を拾い、意味を引き出し、客観的に説明しようとした。生涯《しょうがい》で集めた用例は145万。背景にあるのは「言葉は絶えず変わっている」という信念だった。

これに対して山田は、それぞれの言葉を把《は》握《あく》し直し、自分の言葉で表現しようとした。「辞書は文明批評だ」と信じ、独創的な辞書をつくった。

ある出来事をきっかけに2人は別れる。だが、これほど強烈《きょうれつ》な個性を持つ2人が違う道を歩き始めるのは、自然なことだったのかもしれない。

決別のなぞをめぐる部分も面白《おもしろ》いが、それ以上に刺激的《しげきてき》なのは言葉や辞書づくりをめぐる記述だ。

世界は言葉でできている。言葉は膨大《ぼうだい》にある。いったんとらえたと思っても、時とともに新たに生まれ、変容し、消えていく。言葉という魔物《まもの》に挑《いど》み続けた者たちの闘《たたか》いの記録である。

「憎しみ」ではない場所

謝るなら、いつでもおいで

川名壮志

新潮文庫

（2015年07月03日・171回）

２００４年６月１日、長崎県佐世保《させぼ》市の小学校で事件は起きた。６年生の少女が、同級生の少女をカッターナイフで切りつけ、殺してしまったのだ。11歳《さい》の犯行に世間は驚《きょう》愕《がく》した。「謝るなら、いつでもおいで」は当時、新聞社の佐世保支局員だった記者の川名《かわな》壮志《そうじ》（１９７５年～）が、10年にわたる取材をまとめたノンフィクションだ。

被害者《ひがいしゃ》の父親は支局長で、川名の上司だった。川名は事件当時、入社４年目、被害者の少女とは、その父親や兄をふくめて家族のように付き合っていた。

父親が学校にかけつけると、血だまりの中に娘《むすめ》が倒《たお》れていた。救急隊員から「亡《な》くなっています」と告げられる。父親は廊下《ろうか》にへたりこむ。床《ゆか》をたたき、泣き叫《さけ》ぶ。後に父親はこの時のことを振《ふ》り返り、思う。「あのときにどうして抱《だ》き上げてやれなかったのか」。ずっと悔《く》やんでいる。

本の前半は事件発生から、父親の記者会見、犯行の動機をめぐる考察、少年審判《しんぱん》までが記される。川名は遺族の悲しみに近い場所にいながら、事件を客観的に報道しなければならない立場でもある。その矛盾《むじゅん》に苦しみつつ事件に向き合う。周囲の大人たちは「なぜ」と問い続ける。

後半は被害者の父親、加害者の父親、被害者の兄へのインタビューだ。

特に兄の話に心を揺《ゆ》さぶられた。彼《かれ》は事件が起きたとき14歳。加害者の少女は顔見知りだったし、事件の引き金の一つになったトラブルについても妹から聞いていた。事件直後は父親を心配して感情を殺した。その反動は高校に入ってから来た。学校に通えなくなったのだ。

兄は事件のことで苦しみ抜《ぬ》いたが、たどり着いた場所は「憎《にく》しみ」ではなかった。「彼女《かのじょ》には普通《ふつう》に生きてほしい」「謝るなら、いつでもおいで」。加害者の少女にそう呼びかけている。

人間の英知と無知

科学は、どこまで進化しているか

池内了

祥伝社新書

（2015年12月04日・193回）

宇宙に終わりはあるか。地球以外の星に生命は存在するか。地震《じしん》や火山爆発《ばくはつ》の予知は可能か。原発の危険性の本質とは。人類が滅《ほろ》ぶとしたら、何が原因か……。

天文学者で宇宙物理学者の池内了《いけうちさとる》（１９４４年～）の著書「科学は、どこまで進化しているか」はスケールの大きな問いに次々に見解を述べる。

読みながら「人間はそんなことまで解明していたのか！」と驚《おどろ》き、「私たちは、私たちがすむ世界のことを、まだほとんど何も知らないんだなあ……」とぼうぜんとする。人間の英知と無知の両方を感じて、不思議な気持ちになる本だ。

宇宙は１３８億年前に高温度・高密度な状態から膨張《ぼうちょう》を始め、今も膨《ふく》らみ続けているという。地球の誕生は46億年前。最初の霊長類《れいちょうるい》が生まれたのは６５００万年前で、恐《きょう》竜《りゅう》が絶滅《ぜつめつ》した「生態的な空き地」に進出した。現生人類の祖先、ホモ・サピエンスの出現はわずか20万年前——。時間の感覚がおかしくなってくる。

地震や火山爆発の予測は「現状では不可能」と池内ははっきり書く。ほかにも「明らかになっていない」「謎《なぞ》のままである」といった記述がたびたび出てくる。がんの特効薬はできないし、エネルギー問題も今後どうなるか見通せない。

「人類が滅ぶとしたら、何が原因か」という問いに池内は「私がもっとも心配するのは、欲張りで、向こう見ずで、先行きのことを考えずに自分の利得だけを考える、そんなバカな人類であるために絶滅してしまう危険性があることだ」と書く。そして、地球温暖化によって起こる飢餓《きが》、ウイルスのまん延、核戦争《かくせんそう》といったさまざまな悪夢を示すのだ。

人間の限界を自覚し、謙虚《けんきょ》であること。それが本当の知《ち》恵《え》だと気づかされる。

真人間になって死んで行く

誘拐

本田靖春

ちくま文庫

（2016年02月05日・201回）

時代を象徴《しょうちょう》する事件というものがある。東京五輪を翌年にひかえた1963年、東京・入谷《いりや》で発生した「吉展《よしのぶ》ちゃん誘拐《ゆうかい》事件」もその一つだ。

高度経済成長のまっただなか、ブルドーザーのように突《つ》き進む社会からふるい落とされた男が犯《おか》した罪。本田靖《ほんだやす》春《はる》（1933〜2004年）のノンフィクション「誘拐」は、綿密な取材で事実の断片を積み上げることにより、悲《ひ》哀《あい》とやるせなさに満ちた事件の全容を浮《う》かび上がらせる。

3月31日、4歳《さい》の村越《むらこし》吉展が自宅近くの公園で誘拐される。犯人は電話で身代金《みのしろきん》50万円を要求。4月7日未明に母親が指定場所に持参した金は捜査《そうさ》の不手際《ふてぎわ》で犯人に持ち去られる。警察は犯人の声を公表するが、子どもの安否さえ分からない。迷宮入りかと思われた2年後、小原保《こはらたもつ》が犯行を自供し、遺体が見つかる。

著者の本田は被害者《ひがいしゃ》、加害者、刑事《けいじ》といったさまざまな視点から事件を多角的にとらえる。わが子をさらわれた母の苦悩《くのう》と悲しみ。犯人を取り調べ、自供させた刑事の執念《しゅうねん》と覚悟《かくご》。そして犯人の小原の屈折《くっせつ》と絶望……。

小原は福島県の寒村の出身だ。わらぞうりで山道を通学していた小学生のころ、あかぎれからばい菌《きん》が入り、足が不自由になる。そのためにからかわれたり、気持ち悪いと言われたり。仕事は得るが生活は苦しく、借金を重ねる。そして、たった50万円のために、この事件を起こす。

本田の筆は死刑確定後の小原にも及《およ》ぶ。罪を悔《く》い、信仰《しんこう》を持ち、短歌を作る小原。「自分に迫《せま》っている刑死を、澄《ちょう》明《めい》な心境で見据《みす》えることが出来るようになっていた」と本田は記す。

処刑執行《しっこう》の日、小原は自分を自供に追いこんだ刑事に、こんな言葉を残した。「真人間《まにんげん》になって死んで行きます」

人生の主役は自分自身

こんな夜更けにバナナかよ

渡辺一史

文春文庫

（2019年02月01日・354回）

渡辺一史《わたなべかずふみ》（1968年〜）の「こんな夜更《よふ》けにバナナかよ」は、筋ジストロフィーという難病を患《わずら》う鹿野靖明《しかのやすあき》と、彼《かれ》を支える介助《かいじょ》ボランティアたちの交流を追ったノンフィクションである。

渡辺が初めて会ったとき、鹿野はすでにほとんど寝《ね》たきりで、動くのは両手の指がほんの少し。人工呼吸器をつけているため、いつも誰《だれ》かがつきそって気管などにたまるたんを吸引しなければ窒息《ちっそく》してしまう。

1日24時間、1人になれないが、家族に頼《たよ》らず、施設《しせつ》にも入らない「自立生活」をしていた。そして彼は、渡辺が予想した障害者像とはかけ離《はな》れていた。

「腹が減ったからバナナ食う」。そう言って深夜、学生ボランティアを起こす。学生は「こんな真夜中にバナナかよ」とひどく腹を立てる——。題名につながるエピソードが示すように、鹿野は容赦《ようしゃ》なく「あれしろ、これしろ」と言い、ワガママとも思える行動を取る。

つまり自分がしたいことを自分で決めているのだ。「人生の主役は自分自身」であるという意識と「生きたい」という強固な意志を持っている。

渡辺は本書の中で、何度も鹿野のワガママについて考察する。「鹿野にとって、自分の欲求を口に出し、介助者にものを頼《たの》むことが『生きること』であり、自己の存在を他に示す、ほとんど唯一《ゆいいつ》の手段である」

迷惑《めいわく》をかけ合いながら生きるのが人間だ。鹿野のワガママは「ときに社会や人類全体にとっての重要なビジョンやメッセージを含《ふく》んでいる」。

ボランティアたちはどんな思いでそばにいるのか。ある女性の「共に生きる」という言葉が印象的だ。時にぶつかり合い、時にユーモアを交えながら関わり合う。鹿野とボランティアたちの格闘《かくとう》の記録である。

命あふれる地球のために

沈黙の春

レイチェル・カーソン、青樹簗一訳

新潮文庫

（2020年09月18日・438回）

「春がきたが、沈黙《ちんもく》の春だった。（略）いまはもの音一つしない。野原、森、沼地《ぬまち》——みな黙《だま》りこくっている」

米国の海洋生物学者だったレイチェル・カーソン（1907〜64年）。彼女《かのじょ》が62年に出版した「沈黙の春」が世界にあたえた衝撃《しょうげき》の大きさは計り知れない。

殺虫剤《ざい》や除草剤といった化学薬品がどれほど自然を破《は》壊《かい》し、人体をむしばむのかを警告したのだ。21世紀を迎《むか》えたいま、人類にとって最も重要なテーマ、環境《かんきょう》問題の原点となった一冊である。

著者のまなざしは地球の歴史と生態系全体に及《およ》ぶ。そして、人類の自然に対する暴力的なふるまいを、具体例を挙げて論じていく。

農作物の生育を阻《そ》害《がい》したり、病気をうつしたりする虫を全滅《ぜんめつ》させるため、農薬を大量散布するとどうなるか。〝害虫〟だけでなく、その虫を食べる鳥や魚、その他の生き物も姿を消していく。人体に直接の被《ひ》害《がい》が出ることもある。

生き物の体に入った毒は食物連鎖《しょくもつれんさ》の中で濃縮《のうしゅく》され、後になって人間にさらに大きな影響《えいきょう》を及ぼす可能性もある。

「昆虫《こんちゅう》といっしょに私たちも滅《ほろ》んでしまうような、そんな愚《おろ》かなことはやめよ——こう私は言いたいのだ」

マメコガネやマイマイガ、ヒアリといった害虫を駆《く》除《じょ》しようとして起きた混乱や悲劇が語られる。地球上のあらゆる生き物は複雑につながり、均衡《きんこう》を保っている。私たちにとっての害虫は、他の生き物にとっては欠かせない存在なのだ。

本の中に、たくさんの生き物の名前が出てくる。それを一つ一つ追っていくだけで、この地球がいかに豊かで、命にあふれているかを感じる。

「私たちの住んでいる地球は自分たち人間だけのものではない」。当たり前だが、忘れがちな真理が心に刻まれる。

国や家の呪縛から逃れる

美は乱調にあり

瀬戸内寂聴

岩波現代文庫

（2022年04月22日・519回）

瀬戸内寂聴《せとうちじやくちよう》（1922〜2021年）の「美は乱調にあり」は伊藤野枝《いとうのえ》（1895〜1923年）の激しい生を描《えが》いた伝記小説。28歳《さい》のとき、関東大震災《かんとうだいしんさい》後の混乱の中で、無政府主義者の大杉栄《おおすぎさかえ》らとともに憲兵隊に連行され虐殺《ぎやくさつ》された人物だ。

冒頭《ぼうとう》、作者自身が登場して伊藤の故郷、福岡を訪ねる。大杉との間に生まれた娘《むすめ》らから話を聞く。伊藤が生前、こう言っていたことを知る。

「どうせ、あたしたちは畳《たたみ》の上でまともな死に方なんてしやしない。（略）あたしたちはいつだって好きなことを信じてやって死んでいったんだから、本人は幸福だったと思ってくれ」

五十数ページを過ぎたあたりで作者の姿が消え、物語は伊藤の時代へ飛ぶ。伊藤は東京の高等女学校に通い、英語教師だった辻潤《つじじゆん》を慕《した》うようになる。卒業後、故郷に戻《もど》り結《けつ》婚《こん》するが、すぐに出奔《しゆつぽん》し、辻との生活を始める。2人の子を産む。

辻の導きもあり、平塚らいてう（らいちょう）らが創刊した「青鞜《せいとう》」に関わる。女性解放運動のさきがけとなった雑誌だ。「新しい女」たちと親交を深め、刺激《しげき》を受け成長する。やがて、平塚から「青鞜」を引きつぐ。

だが、大杉らの思想に傾倒《けいとう》するようになり「青鞜」を休刊。辻と別れて大杉のもとへ走る。自由恋愛《れんあい》を提唱する大杉は、長年連れそった堀保子《ほりやすこ》、新聞記者の神近市子《かみちかいちこ》との三角関係にあり、伊藤が加わって四角関係に。神近は伊藤への嫉妬《しつと》をつのらせ、神奈川県の「日蔭茶屋《ひかげちやや》」で大杉を刺《さ》す――。

周囲からは身勝手な人間に映っただろう。でも瀬戸内が書く伊藤は情熱的で野性味にあふれ、魅力的《みりよくてき》だ。

制度や因習、国や家の呪縛《じゆばく》から逃《のが》れようともがく姿は、現代女性の苦悩《くのう》につながる。恋《こい》と革命に身をささげた鮮烈《せんれつ》な青春である。

「惚れ抜いたもの」のため

ボタニカ

朝井まかて

祥伝社

（2022年06月17日・527回）

あまりにも型破り。近くにいたら迷惑《めいわく》な人だったかもしれない。朝井《あさい》まかて（１９５９年〜）の小説「ボタニカ」は、日本の植物分類学を切り開いた牧野《まきの》富太郎《とみたろう》（１８６２〜１９５７年）の波乱に満ちた一生を描《えが》く。

幼い富太郎が近くの山に入り、木や草花に親しんでいる場面から始まる。スギやヒノキ、ササは知っているけれど、名前が分からない植物もたくさんある。だから「グルグル」とか「アマアマ」などと勝手に名づけて話しかける。そして思うのだ。「おまんの、まことの名ぁを知りたい」

富太郎は江戸《えど》末期、高知県で造り酒屋を営む家に生まれた。両親が早くに亡《な》くなり、祖母に育てられる。勉強はよくできた。小学校を中退したのは授業が簡単すぎたからだ。独学で「植物の学問」を究《きわ》めることを志す。

上京し、その道の権威《けんい》たちに会い、東大の植物学教室に出入りする。だが、ほしい本はすべて手に入れようとするし、研究のため各地を飛び回るので、お金がいくらあっても足りない。とうとう家業をつぶしてしまう。借金まみれの生活をしながら研究を続けた。

前妻と後妻をはじめとする女性たちへの態度はまったく共感できない。学者同士の競争や嫉妬《しっと》もある。富太郎は教授相手でも一歩も引かずに意見を言うから、あつれきも生まれる。組織の中でうまく立ち回ることより、研究を少しでも前に進めることを優先した。

１５００を超《こ》える新種を発見、命名した。収集した標本は約40万枚。植物の精緻《せいち》な絵でも知られる。「牧野日本植物図《ず》鑑《かん》」は彼《かれ》の集大成だ。「惚《ほ》れ抜《ぬ》いたもののために生涯《しょうがい》を尽《つ》くす。かほどの幸福が他にあるろうか」

単なる偉人伝《いじんでん》ではない。牧野富太郎という人物の明と暗、業績と犠牲《ぎせい》の両方を映し出す。

■背後に潜む社会の病巣『秋葉原事件』（中島岳志）2018年07月20日・327回

■すべてがつながっている『10代に語る平成史』（後藤謙次）
2018年10月26日・341回

■観察眼と正直さ『もものかんづめ』（さくらももこ）2018年12月14日・348回

■しなやかに乗り越えていく『あきらめない』（村木厚子）2019年03月01日・358回

■被害者の無念抱いて『桶川ストーカー殺人事件――遺言』（清水潔）
2019年05月17日・369回

■自由で濃密な時間『僕の叔父さん　網野善彦』（中沢新一）
2019年12月06日・398回

■自由でまっすぐな生き方『粗にして野だが卑ではない』（城山三郎）
2019年12月27日・401回

■いじめに苦しむきみを守る『こども六法』
（山崎聡一郎、伊藤ハムスター絵）2020年05月01日・418回

■短い青春、ひたむきに『樺美智子、安保闘争に斃れた東大生』
（江刺昭子）2020年06月19日・425回

■二つの国の言葉の間に立つ『法廷通訳人』（丁海玉）2020年08月21日・434回

■苦しむ人と共にいる『「国境なき医師団」を見に行く』（いとうせいこう）
2021年02月26日・460回

■能動的な深い読書『翻訳教室』（鴻巣友季子）2021年09月03日・487回

もっともっと読みたい

■世界の見方をくつがえす『眠れなくなる宇宙のはなし』（佐藤勝彦）
2013年04月05日・54回

■弁解しない生き方通す『落日燃ゆ』（城山三郎）2013年09月27日・79回

■自分の積み重ねを信じる『オンリーワン　ずっと宇宙に行きたかった』（野口聡一）2013年12月06日・89回

■日本文化に魅せられて『ドナルド・キーン自伝』（ドナルド・キーン、角地幸男訳）2014年02月07日・98回

■本音で生きた女性の物語『白蓮れんれん』（林真理子）2014年08月15日・125回

■こだわりを持って働く職人『ものづくりに生きる』（小関智弘）
2014年10月03日・132回

■罪のない人が石投げよ『はじめての聖書』（橋爪大三郎）2015年03月13日・155回

■五感をとぎすまし観察する『科学と科学者のはなし』（寺田寅彦、池内了編）2015年06月05日・167回

■今を生きている実感『地雷を踏んだらサヨウナラ』（一ノ瀬泰造）
2015年09月11日・181回

■言葉の力を信じる『日本語の年輪』（大野晋）2015年10月16日・186回

■イッパシの愛国者たち『嘘つきアーニャの真っ赤な真実』（米原万里）
2015年12月18日・195回

■異端、孤立を恐れない『スティーブ・ジョブズ』（ウォルター・アイザックソン、井口耕二訳）2016年01月15日・198回

■わからないことだらけ『僕は考古学に鍛えられた』（森浩一）
2017年02月03日・252回

■2人の軌跡が劇的に交わる『テロルの決算』（沢木耕太郎）
2017年06月16日・271回

■魂の傷を治癒する『あいまいな日本の私』（大江健三郎）2017年12月08日・296回

■異文化が衝突する現場『明治大正　翻訳ワンダーランド』（鴻巣友季子）
2017年12月29日・299回

■人間の尊厳傷つける差別『ハンセン病を生きて』（伊波敏男）
2018年05月11日・317回

ミニコラム①

A4の紙に13枚

A4の紙に13枚。1時間のインタビューを録音して文字起こしをすると、不思議といつも13枚になる。41字×35行の設定で書いているから、計1万8千字ほどだ。

作家の新刊についてインタビューしませんかと編集者から声がかかると、かなりの割合で引き受けてきた。各新聞社の文芸担当記者が出版社に呼ばれ、順番に会議室に入る。

自分なりの「読み」を作家に伝えて話を聞く。取材現場には緊張感《きんちょうかん》が漂《ただよ》っている。質問は事前に考えて書いておくが、あまり見ない。質問して相手が答える。その答えを聞いて次の質問をする。その繰《く》り返しが理想だ。ノートは広げているが、書き込《こ》むのはキーワードぐらい。メモを取っていると対話に集中できないし、表情や声色《こわいろ》の変化が分からないからだ。

過去作などにも触《ふ》れてじっくり話を聞くときは、これとは全く別で、文字起こしの分量もずっと多い。作家の自宅で話をうかがえるとありがたい。自宅には情報が詰《つ》まっている。

予想外の話が聞けたり、作家の別の側面が見えたり……。怒《おこ》らせてしまったこともある。録音を聞くと自分の至らなさに気づく。よくこんなことを聞けたなと驚《おどろ》くこともある。

第6章

芸術の深淵に触れる

命の気配、命の予感

蜜蜂と遠雷（上下巻）

恩田陸

読んでいるあいだ中、幸せだった。読み終えるのが惜《お》しかった。文庫で上下巻計約950ページ。恩田《おんだ》陸《りく》（1964年～）の「蜜蜂《みつばち》と遠雷《えんらい》」は国際的なピアノコンクールを舞《ぶ》台《たい》にした群像劇。音楽を言葉に置きかえるという困難に挑《いど》み、緊張感《きんちょうかん》のある刺激的《しげきてき》な小説に結実させた。作家の力量に驚嘆《きょうたん》する。

フランス在住、16歳《さい》の風間《かざま》塵《じん》は養蜂家《ようほうか》の息子《むすこ》で、正規の音楽教育を受けていないどころか、家にピアノがない。だが世界中の音楽家に尊敬された故ホフマンに5歳から師事、ホフマンの推薦状《すいせんじょう》が提出されている。「皆《みな》さんに、カザマ・ジンをお贈《おく》りする。文字通り、彼《かれ》は『ギフト』である」

幻冬舎文庫

（2021年11月12日・497回）

型破りな演奏をする塵のほかにも個性豊かな面々がコンクールに集《つど》う。栄伝亜夜《えいでんあや》、20歳。天才少女としてデビューしたが、母の死にショックを受けてコンサートをドタキャンして以来、表舞台から姿を消していた。妻子がいるサラリーマンで「生活者の音楽」を弾《ひ》こうと意気ごむ高島明石《たかしまあかし》、28歳。米国のジュリアード音楽院在学中で、技術とスター性を備えたマサル・カルロス、19歳。

3次にわたる予選があり、それらを勝ち進んだ6人だけが本選で協奏曲を弾く。ショパン、ラフマニノフ、プロコフィエフ、バルトーク……。成育歴も性格も違《ちが》うピアニストたちが予選、本選でどの曲を選び、どんなふうに奏《かな》でるのか。彼らは互《たが》いに刺激し合いながら劇的に進化してゆく。

「音楽という、その場限りで儚《はかな》い一過性のものを通して、我々は永遠に触《ふ》れている」「この世界は音楽に満ちている」「命の気配、命の予感。これを人は音楽と呼んできたのではなかろうか」

音楽とは何か。なぜこれほど心が揺《ゆ》さぶられるのか。物語に身をゆだねれば、その答えにたどり着けるかもしれない。

もっと知りたい

恩田陸は本書を書くため、3年に1度開かれる静岡県の浜松国際ピアノコンクールに4度足を運んだ。出版当時のインタビューで、恩田は「演奏を聴きながらずっと考えていたのは、才能とは何かということでした」と語った。本書には調律師や指揮者、審査員らも登場する。多くの人がそれぞれの立場で、才能を見いだす場、コンクールを支えている。

風景は心の祈り

日本の美を求めて

東山魁夷

東山魁夷《ひがしやまかいい》（1908〜99年）の風景画は、心の奥底《おくそこ》までしみ込《こ》んでくる。湖に映る樹木の緑、山に満ちる霧《きり》、月に照らされた夜桜……。見つめていると心が清らかに洗われ、やがて絵の中の自然とただ静かに向き合っている。

75年ごろのエッセーや講演を収めた「日本の美を求めて」には、東山がどんな風景と出合い、それらとどうかかわってきたかがつづられている。

横浜《よこはま》で生まれ、3歳《さい》からは神戸《こうべ》で育った。病気がちだった東山は、夏休みになると母に連れられ小高い丘《おか》に登った。「背後には、緑の山々が連なり、西の端《はし》で海に落ち込んでいる。そこに、大きな島影《しまかげ》が霞《かす》んで見える」

講談社学術文庫

（2013年11月01日・84回）

幼いころ見た風景は、いつまでも新鮮《しんせん》な映像として残った。「母の慈悲《じひ》のあらわれ、生命の泉として感じたのではないだろうか。この風景は私にとっては不死である」中1のとき淡路《あわじ》島《しま》で目にした山や海。画家になる決心をして東京の美術学校に入学した後、山登りの行程で見た景色。「私は人間的な感動が基底に無くて、風景を美しいと見ることは在り得ないと信じている。風景は、いわば心の祈《いの》りである」

風景によって「心の目」が開かれたのは、生きる望みを失ったときだった。戦時中、死が間近にせまったときに初めて、自然の美しさが、生きて在ることのすばらしさが、身にしみてわかった。

「風景との巡《めぐ》り合いは、ただ一度のことと思わねばならぬ」。同じ風景には二度とあえない。だから、今夜の桜はこれほどまでにいとおしく、美しい。

自分は生きているのではなく、生かされている。野の草花と同じように。そう思うからこそ、風景との出合いに心から感謝する。その美しさをまっすぐに受け止めることができる。

もっと知りたい

「残照」「道」「光昏」「白馬の森」……。東山魁夷の風景画はとても人気がある。色が美しくて、何が描かれているのかがわかりやすい半面、深い精神性をそなえているからだ。奈良にある唐招提寺御影堂の障壁画も代表作の一つ。東山はこの絵のために日本各地を旅して山や海をスケッチし、唐招提寺のことをよく調べたうえで、10年以上かけて仕上げた。

描かずにはいられない

月と六ペンス

サマセット・モーム、金原瑞人訳

ロンドンで株式仲買人《なかがいにん》をしているストリックランドは平凡《へいぼん》で退屈《たいくつ》な男だ。新進作家の「わたし」は彼《かれ》の妻と知り合い、本人とも会う。ある日、ストリックランドが姿を消す。妻に頼《たの》まれ、「わたし」はパリに捜《さが》しに行く。

彼はみすぼらしいホテルにいた。家族を捨てたのは「絵を描《か》くため」だ。40歳《さい》にもなってなぜ？　彼は「描かなくてはいけないんだ」と繰《く》り返す。

「わたし」は聞く。もし自分に才能がないとしても、すべてを捨てるのかと。彼は答える。「描かずにはいられないんだ。川に落ちれば、泳ぎのうまい下手は関係ない。岸に上がるか溺《おぼ》れるか、ふたつにひとつだ」

新潮文庫

（2016年02月26日・204回）

サマセット・モーム（１８７４～１９６５年）の小説「月と六ペンス」は、絵を描くことに魅《み》せられ、美を生みだそうともがく男の数奇《すうき》な運命をたどる。ストリックランドのモデルは画家のゴーギャン。表題の「月」は理想や夢や美を、「六ペンス」は現実や生活を象徴《しょうちょう》しているのだろう。

「わたし」もパリに移住し、ストルーヴェという画家と親交を深める。絵の才能はないが、本物を見きわめる鑑識眼《かんしきがん》がある男だ。彼はストリックランドの絵を心からたたえる。

そして悲劇が起きる。ストルーヴェは最愛の妻をストリックランドに奪《うば》われ、さらにその妻が自殺。それでも、ストルーヴェはストリックランドの絵を称賛《しょうさん》する。彼もまた美のしもべなのだ。

他人の目を気にせず、周囲を不幸にしても悪びれないストリックランドと、美に忠実な道化師《どうけし》のようなストルーヴェ。どちらも強烈《きょうれつ》な個性だ。

やがてストリックランドはタヒチに行く。そこで壮絶《そうぜつ》な最期《さいご》をとげる。

彼は世間に認められなくても絵を描き続けた。美を追求した。狂気的《きょうきてき》で悲惨《ひさん》な人生だが、自分を貫《つらぬ》いた。

もっと知りたい

実在した画家ゴーギャンは、「月と六ペンス」のストリックランドとはもちろん違う。あくまでモデルなのだ。しかし、株式仲買人から画家に転じたこと、タヒチという地を見いだし、そこで傑作を描いたことなどは重なる。ゴーギャンの代表作「我々はどこから来たのか　我々は何者か　我々はどこへ行くのか」もタヒチで描かれた。原初的な力に満ちた作品だ。

のたうち回って生きる

眩

朝井まかて

新潮文庫

（2019年06月07日・372回）

ほれぼれする。なんてかっこいいんだろう。朝井《あさい》まかて（1959年〜）の小説「眩《くらら》」の主人公の生き方に圧倒《あっとう》された。

天才絵師、葛飾北斎《かつしかほくさい》の娘《むすめ》として生まれ、偉大《いだい》すぎる父の背中を追いながら、自分の絵を模索《もさく》し続けたお栄《えい》（葛飾応為《おうい》）。なぞに満ちた女性絵師の半生を、朝井はその絵のごとく、陰影《いんえい》豊かに描《えが》いてみせた。

幼いころから絵筆をにぎり、父親の工房《こうぼう》で修業してきたお栄は1度、嫁《とつ》いでいる。夫も絵師。「何でお前は、女房《にょうぼう》の務めを果たさない」などと言われ「ああ……面倒《めんどう》くせえ」と本音をもらす。そして思う。「この男は何もわかっちゃいない。同じ絵師でありながら、筆を持ったら放したくなくなる身の熱さを知らない」お栄は夫から「女の屑《くず》」とののしられ、実家に戻《もど》る。家事をして満足する女ではなかったのだ。料理をするひまがあれば筆を持っていたい。寝食《しんしょく》を忘れて没頭《ぼっとう》する。だが才能にうぬぼれているわけではない。「富嶽《ふがく》三十六景」を手がけた北斎のすごみ。「あたしは北斎の娘さ。なのにその才を寸分も受け継《つ》がず、のたうち回っている」

本気でほれたのは絵師の池田《いけだ》善次郎《ぜんじろう》（渓斎英泉《けいさいえいせん》）だけだ。かけがえのない男だったが、2人の道は重ならなかった。お栄は結局、一人で生きることを選ぶ。「あたしは、どこにだって行けるのだ。どこで生きても、あたしは絵師だ」

色に執着《しゅうちゃく》する。火事があると飛んで行き、炎《ほのお》の緋色《ひいろ》にみとれる。夜桜美人図《よざくらびじんず》や三曲合《さんきょくがっ》奏図《そうず》、吉原格子先之図《よしわらこうしさきのず》を仕上げるまでの迷いや葛藤《かっとう》は深い。

自分の色、自分だけの光と影《かげ》を求めた。いくら描《か》いてもおのれの絵に満足できない。だから努力し続ける。気持ちいいほどに孤独《こどく》で、その軌跡《きせき》は、すっきりとした一本道である。

もっと知りたい

「眩」には、葛飾北斎の絵師としてのあり方も描かれる。プロの覚悟がヒリヒリと伝わってくる場面がある。西洋の画法で描く「西画」の注文を受けるが、弟子がうまく描けずにやり直したいと申し出ると、北斎は「それはならねえ」と言う。「俺たちゃ遊びじゃねぇんだぞ。これが稼業だ。限りある時でいかに描くか、その肚（はら）が括（くく）れねぇんなら素人に戻れ」

人生が立ち上がる瞬間

羊と鋼の森

宮下奈都

一生を決める出会いというものがある。そこから人生が立ち上がり、あとはただ、まっすぐに歩く。宮下奈都《みやしたなつ》（１９６７年〜）の小説「羊と鋼《はがね》の森」は、そんな大事な瞬間《しゅんかん》を冒頭《ぼうとう》に置く。

「僕《ぼく》」は高校生の時、先生に頼《たの》まれて調律師の板鳥《いたどり》を体育館のピアノの所に案内する。すぐに帰るつもりだった。外に出ようとしたとき、ピアノの音が聞こえた。

「森の匂《にお》いがした。秋の、夜に近い時間の森」。ピアノとの出会いの描写《びょうしゃ》だ。北海道の山の集落で育ち、森をよく知る「僕」は、ピアノの音の中に森の気配を感じたのだ。調律によって音が少しずつ変わっていくのを、黙《だま》って見ていた。

文春文庫

（2018年03月30日・311回）

調律師になることを決意して本州の養成学校に進み、2年後に故郷近くの町へ戻《もど》って、板鳥が勤める楽器店に就職する。そこには憧《あこが》れの板鳥のほか、柳《やなぎ》、秋野《あきの》という個性豊かな先輩《せんぱい》たちがいた。

努力しているのになかなか進歩しない。不安になる。向いていないのではないか。才能がないのではないか。疑問をぶつけると先輩たちが言う。「焦《あせ》ってはいけません。こつこつ、こつこつです」「あきらめないことです」「才能とか、素質とか、考えないよな。考えたってしかたがないんだから。ただ、やるだけ」

先輩たちや、ピアノの持ち主、弾《ひ》き手との関わりの中で成長していく。親しくなったふたごの姉が苦難を乗りこえ「ピアニストになりたい」と宣言する場面も印象的だ。一歩をふみ出す瞬間の輝《かがや》きが繊細《せんさい》に描《えが》かれる。

音楽は、ピアノは、人類にとっての恩寵《おんちょう》なのだ。森がそうであるように。

「ピアノが、どこかに溶《と》けている美しいものを取り出して耳に届く形にできる奇跡《きせき》だとしたら、僕はよろこんでそのしもべになろう」

もっと知りたい

「僕」が板鳥にどんな音を目指しているかと問うと、板鳥は作家の原民喜の言葉を引用する。「明るく静かに澄んで懐かしい文体、少しは甘えているようでありながら、きびしく深いものを湛えている文体、夢のように美しいが現実のようにたしかな文体」。「文体」を「音」に読みかえると、理想とする音の表現になるという。その言葉は「僕」の指針にもなった。

見慣れた風景が光り輝く

奇蹟の画家

後藤正治

講談社文庫

（2015年11月06日・189回）

ある者は絵の前で長い間立ち止まり、ある者は絵を見るために何度も足を運び、ある者は目に涙《なみだ》を浮《う》かべる。画家、石井《いしい》一男《かずお》の絵は、見る者の心を揺《ゆ》さぶる。後藤正治《ごとうまさはる》（1946年〜）がノンフィクション「奇蹟《きせき》の画家」で光を当てた石井一男とはどんな人物なのか——。

43年、神戸市生まれ。正規の美術教育を受けたことはない。20代に絵を描《か》いていた時期があったが、続かなかった。職を転々とし、正社員として働いたことはない。体調が悪く、死を間近に感じていた40代のある日、目の前に閃光《せんこう》が走った。見慣れた風景が急に美しく光り輝《かがや》いて見える。石井は本格的に絵を描き始めた。

「画家になりたいと思ったのではない。発表したいと思ったのでもない。ただ絵を描きたいと思った。生きる証《あかし》としての絵であった」

3年後、石井は画廊《がろう》を営む島田誠《しまだまこと》の書いた文章に触《ふ》れる。そこには40代半ばを過ぎて大病をし「命の有限性」に気づいたこと、自分の仕事が「精魂《せいこん》を込《こ》めた作品の生死に拘《かか》わること」だという自覚がつづられていた。石井は島田に連《れん》絡《らく》する。

初の個展は成功する。石井と島田の二人三脚《ににんさんきゃく》の歩みを、後藤はていねいに追う。同時に、絵を買った人たちや2人の知人の人生もたどる。例えば、急性骨髄性《こつずいせい》白血病におかされた男性は、生還《せいかん》できるかわからない手術の前に石井の絵を求めた。目を閉じ、ふっくらとした表情の女神像だった。

ささやかだが、懸命《けんめい》に生きる人々の目を通して、石井の絵が語られる。石井という画家とその作品の輪郭《りんかく》を、後藤は周りからじんわりと浮きぼりにしてゆく。

感動し、なぐさめられ、生きる力を得る。その作品と出会う前と後では人生が変わることさえある。芸術の力を思い知る。

美術への敬意と愛情

楽園のカンヴァス

原田マハ

新潮文庫

（2016年04月22日・212回）

フランスの画家アンリ・ルソー（1844〜1910年）が、本格的に絵を描《か》き始めたのは40代。生前は遠近法も知らない稚拙《ちせつ》な絵だと笑われたが、今ではピカソにも影《えい》響《きょう》を与《あた》えた重要な画家という見方が主流で、世界中にファンがいる。

このルソーの絵を題材にした原田《はらだ》マハ（62年〜）のミステリー「楽園のカンヴァス」は実にスリリングで、絵画への敬意と愛情がつまっている。

岡山県倉敷《くらしき》市の大原美術館で監視員《かんしいん》として働く織絵《おりえ》が、上司に呼ばれる。日本でルソー展を開くため、ニューヨーク近代美術館が所蔵する「夢」を借りようとしたら、向こうの責任者ティム・ブラウンが交渉《こうしょう》窓口として織絵を指名したからだ。

舞台《ぶたい》は17年前へ。ティムと織絵はスイスの美術収集家に呼びだされ、ルソーの代表作「夢」にそっくりな絵「夢をみた」が本物かどうか見極《みきわ》め、根拠《こんきょ》を「講評」として示すよう依頼《いらい》される。2人のうち、判断と講評が優《すぐ》れている方に作品を自由に取り扱《あつか》う権利を譲《ゆず》るという。その判断のため、7章から成る物語「夢をみた」を毎日1章ずつ読むことが課せられる。

物語は、ルソーがボンボン菓子《がし》売りで画材代を稼《かせ》ぎながら絵を描く日常から始まる。美しいヤドヴィガと出会い、描きたいと願うルソー。ピカソが登場して言う。「おれたちの時代の芸術は、そんな生ぬるいもんじゃない。他の絵なんざ、蹴散《けち》らすためにあるのさ。既成《きせい》の価値観なんて、くそくらえだ」。物語と作品の真贋《しんがん》はどう関わるのか。ティムと織絵の洞察力《どうさつりょく》はどちらが上か――。

絵に情熱をぶつけるルソー、美の概念《がいねん》を変革しようとするピカソ、永遠を生きることを選ぶモデル。絵を愛する人たち。

本を閉じたとき、自分の好きな絵と静かに向き合いたくなった。

饒舌で情熱的な答え

チューバはうたう

瀬川深

小学館文庫

（2016年11月18日・242回）

ヒロインはチューバを吹《ふ》く。なぜチューバなのか。小説の中で繰《く》り返される問いだ。天空に放り投げるように問いは発せられ、物語はその周囲をぐるぐる回る。

瀬川深《せがわしん》（1974年〜）の「チューバはうたう」は、その問いに対する饒舌《じょうぜつ》で情熱的な答えのような小説である。

物語はチューバの説明で始まる。「金管楽器。でかい、重い、音がやたらに低い」。簡潔で客観的な物言いが、熱を帯びてゆく。「高音域では滑《なめ》らかにつややかに歌を歌い、低音域ではあたりの空気いっさいを響《ひび》かせ、吹き手も聞き手をも包み込《こ》み、時にそれは大地の鳴動に連なるのだ」

でも「なぜ」は消えない。トランペットやバイオリンのようなスタープレーヤーにはなれない。下支え、脇役《わきやく》、裏方……。チューバを表す言葉だ。

出会いは偶然《ぐうぜん》だった。「私」は中学に入学するとすぐに「チューバやってくんない？」と言われた。体が大きいからだ。ブラスバンド部にはすごい先輩《せんぱい》がいた。ちびで小太りで吃音《きつおん》の彼《かれ》は、チューバを吹かせると絶品だった。

高校でオーケストラに入るが、途中《とちゅう》でやめてしまう。勉強中にラジオから聞こえてきたバルカン半島のブラスバンドの演奏に圧倒《あっとう》される。大学に進んでからも河原に行って吹いていた。やがて「我楽多楽団《がらくたがくだん》」に入り、就職後もそこで吹いた。恋人《こいびと》に理解されなくても平気だった。そして憧《あこが》れのバンドが来日する——。

最初は偶然だが、その後、「私」は確かにチューバを吹くことを選び取ってゆく。その過程が生き生きとつづられる。ラストは躍動感《やくどうかん》あふれる感動的な場面だ。

読了後《どくりょうご》に気づく。なぜチューバを吹くのか。その問いは、人はなぜ生きるのか、人間の幸福とは、自由とは何かという問いと同じなのだ。

戯作者の業を背負う

手鎖心中

井上ひさし

文春文庫

（2019年04月12日・364回）

「あほだね〜」とクスクス笑っているうちに、ぐいぐい引きこまれ、最後はしんとした気持ちになる。井上ひさし（1934〜2010年）の「手鎖心中《てぐさりしんじゅう》」は、面白《おもしろ》さが幾《いく》重《え》にも連なる味わい深い小説である。

　語り手は絵草紙《えぞうし》の作者になりたくて、大坂から江戸《えど》に出てきた近松与七。戯作者《げさくしゃ》として有名な山東京伝《さんとうきょうでん》が開いた会合で京伝に教えを請《こ》うが「戯作などというものは、教えるべきものでもなく、学んでどうなるという道でもありません」と一蹴《いっしゅう》され「戯作では食べてはいけませんよ」と念を押《お》される。この会合で同じ戯作者志望の清右衛門、太助の2人と知り合う。

　しかし主人公はこの3人ではなく、材木問屋の若だんな、栄次郎だ。いずれは大店《おおだな》を継《つ》ぐ身でありながら「死ぬほど絵草紙の作者になりたい」と願っている。他人を笑わせ、他人に笑われ、ちょっぴり奉《たてまつ》られもしたいのだ。でも才能がなく、与七たちに「お力を借りたい」と頼《たよ》ってくる。

　大騒《おおさわ》ぎしながら4人でくだらない話を作るが、まったく売れない。

　栄次郎はこりずに画策する。親からわざと勘当《かんどう》されるのも、浮気《うわき》をするのも、お上《かみ》からおとがめを受けようとするのも、笑われて話題になりたい一心からだ。そんな栄次郎に、悲劇的な結末が待っている――。

　言葉遊びでリズムに乗り、たたみかける語り口。語り手の与七は「向学」と聞くと「好学、後学、皇学、高額……」と同じ読みの字を次々と思い浮《う》かべ「言葉をいじくってしまう」くせがある。「これは業《ごう》みたいなものだ」「笑うものなら、石っころでも笑わせてみたい」という業なのだ。

　それぞれの業を背負った戯作者たち。滑稽《こっけい》ともいえる栄次郎の必死さにあおられ、与七たちが自らのとびらを開く。

歌舞伎への情念、重圧

非道、行ずべからず

松井今朝子

集英社文庫

（2020年01月10日・402回）

江戸《えど》時代後期の1809（文化6）年元日夜、町に半鐘《はんしょう》が鳴り響《ひび》いた。火はすぐに燃え広がり、江戸随一《ずいいち》の芝居《しばい》小屋「中村座」をのみこんだ。太夫元《たゆうもと》（劇場主）の中村勘三《なかむらかんざぶ》郎《ろう》は焼けあとに立ち、建てかえにかかる膨大《ぼうだい》な費用のことを思った。

焼けあとから絞殺《こうさつ》された遺体が見つかる。「同心《どうしん》」という下級役人の役目についている笹岡平左衛門《ささおかへいざえもん》と、同心見習いの薗部理市郎《そのべりいちろう》が調べ始める。

殺されたのは、中村座に出入りしていた小間物屋の忠七《ちゅうしち》らしい。上客の世話をする「桟敷番《さじきばん》」の右平次《うへいじ》や、女性を演じる役者「女形」の荻野沢蔵《おぎのさわぞう》らの協力を得て、事件は名女形、荻野沢之丞《さわのじょう》の名跡《みょうせき》の継承《けいしょう》問題にからんでいることがわかってくる。

沢之丞には2人の息子《むすこ》がいる。若女形として舞台《ぶたい》に立ち、人気を競《きそ》い合っている。兄の市之介《いちのすけ》はまじめでおとなしい。弟の宇源次《うげんじ》はわがままで気が強いが、芸に華《はな》がある。母親の違《ちが》う兄弟は、性格も芸も対照的だ。

台本を書く「立作者《たてさくしゃ》」の喜多村松栄《きたむらしょうえい》は、沢之丞に「八百屋お七《しち》の役を、市之介と宇源次に日替《ひが》わりでさせてみるがいい」と言われて、驚《おどろ》く。

やがて下手人《げしゅにん》（犯人）が分からないまま第2、第3の事件が起きる――。

歌舞伎《かぶき》を題材にした松井今朝子《まついけさこ》（1953年〜）の時代ミステリー「非道、行《ぎょう》ずべからず」。表題は能楽師・世阿《ぜあ》弥《み》の「この道に至らんと思はん者は、非道を行ずべからず」という言葉から取った。芸の道を行く者は他の道など見向きもするなという意味だが、それが「人の道」にそむくことになるとしたら……。

芸にすべてをかける役者や立作者の情念のすさまじさ。太夫元の責任の重さ。舞台裏を仕切る楽屋頭取《がくやとうどり》や、金を出す金主《きんしゅ》らも巻《ま》き込《こ》み、事態は混沌《こんとん》へと突《つ》き進む。歌舞伎に関わる者たちの狂騒曲《きょうそうきょく》である。

画家の人生は一人旅

絵のある自伝

安野光雅

文春文庫

（2021年10月22日・494回）

おごることのない温厚な人柄《ひとがら》が伝わってくる。画家の安《あん》野《の》光雅《みつまさ》（１９２６〜２０２０年）の「絵のある自伝」。読んでいると心がほっこりしてくる。遊び心があり、ユーモアにあふれている。

島根県津和野《つわの》町で宿屋を営む家の息子《むすこ》として、3月20日に生まれた。早生まれのせいか、小学校のころは「走ればいつもビリ」。でも屈辱《くつじょく》の経験を「得難《えがた》いもの」ととらえる。そして「いまなら子どもの前でいうだろう」と続ける。「今一等になるために走るのではないよ、いつか大人になって一等になっても得意にならず、ビリになってもくじけない、プライドを持つ日のために走るのだ」

絵が好きで、小学5年のとき少年雑誌の編集部に「わたしは絵描《えか》きになりたいです」と手紙を書いた。はげましの返事をもらい、大人になっても忘れず感謝していた。

山口県宇部《うべ》市で青年時代を過ごした後、福岡県の炭鉱で働く。太平洋戦争に召集《しょうしゅう》され、船舶兵《せんぱくへい》として香川県へ。敗戦を迎《むか》えると、両親の疎《そ》開先《かいさき》、山口県徳山《とくやま》市（今の周南《しゅうなん》市）に帰り、教師になる。やがて上京し、美術教師をしながら自分の絵を描いた。

画家としてやっていけるようになると、国内外を旅して風景画に取り組む。「わたしたちは西洋と東洋のちがいにばかり目が行くが、よく考えてみると、違《ちが》うところよりも同じことのほうが多い。霧《きり》もかかるし虹《にじ》も出る、雨は空から降り、屋根は傘《かさ》のように雨を受ける」。母の死はパリを旅していたとき知った。亡《な》くなった時刻はホテルでぼたん雪をながめていた。

「雲中一雁《うんちゅういちがん》」という言葉が好きだった。群れからはぐれて飛ぶ雁に自分を重ねた。「絵描きも殆《ほとん》ど一人旅で、認めてもらえなくてもやむをえないという前提である」。好きなことを一生の仕事にした人だった。

人形浄瑠璃の魅力とすごみ

渦

大島真寿美

文春文庫

（2021年11月05日・496回）

時は江戸《えど》中期。父に連れられ大坂・道頓堀《どうとんぼり》で人形浄瑠璃《じょうるり》を見て育った近松半二《ちかまつはんじ》が、父から譲《ゆず》り受けた「近松門左衛《もんざえ》門《もん》の硯《すずり》」で墨《すみ》をする場面から始まる。門左衛門は親類ではなく面識もないが、後を継《つ》ぐと決めたのだ。

大島真寿美《おおしまますみ》（1962年～）の小説「渦《うず》」は、名作「妹《いも》背山婦女庭訓《せやまおんなていきん》」を残した近松半二の起伏《きふく》に富んだ生涯《しょうがい》を描《えが》く。

母から疎《うと》まれ家にいられなくなった半二は、竹本座に出入りし、裏方仕事を手伝っていた。ある日、人形遣《つか》いの名人、吉田文三郎《よしだぶんざぶろう》に言われる。「やい、お前、なんぞ書いたらわしに持ってきてみ」

だが、書いても、書いても文三郎にこきおろされる。やがて幼なじみで年下の久太《きゅうた》が歌舞伎《かぶき》の作者になったことを知る。半二の尻《しり》に火がつく。

久太は並木正三《なみきしょうざ》と名乗り、歌舞伎を背負って立つようになる。半二のライバルだが、話を作るおもしろさと奥深《おくぶか》さを知り、意見をかわせる友でもある。半二は竹本座の立作《たてさく》者《しゃ》になるが、歌舞伎に人気を奪《うば》われて生活は苦しい。浮《う》き沈《しず》みの激しい芝居小屋《しばいごや》の難しさ、浄瑠璃に魅入《みい》られた文三郎の狂気《きょうき》をも照らしだす。

クライマックスは「妹背山婦女庭訓」を書く場面だ。芝居は、これまでの作品や作者、客、小屋の内外のものが混然一体となった渦の中から生まれる。そう悟《さと》った半二が、一世一代の大作に挑《いど》む。

「妹背山婦女庭訓」にはお三輪《みわ》という女が出てくる。若いころ、半二の兄のいいなずけだったのに、恋《こい》がかなわず心中まで考えたお末《すえ》の姿が投影《とうえい》されている。お末の死を知った直後に半二の心にお三輪が現れ、引っ張られるように物語をつむいだ。

あれから数百年たった今も、お三輪は生き続けている。人形浄瑠璃の魅力とすごみが、テンポのいい文章と圧倒的《あっとうてき》な熱量で伝わってくる。

もっともっと読みたい

■問いも答えもスリリング『美術、応答せよ！』（森村泰昌）
2014年10月17日・134回

■少しっつですよ、少しっつ『ま・く・ら』（柳家小三治）2014年11月14日・138回

■のめり込む勇気『チョコレートコスモス』（恩田陸）2017年01月13日・249回

■名声がもたらした孤独感『チャップリン自伝　若き日々』
（チャールズ・チャップリン、中里京子訳）2020年03月13日・411回

■クロマニョン人が描いた絵『なんで洞窟に壁画を描いたの?』
（五十嵐ジャンヌ）2021年04月30日・469回

コラム② 「僕が調べなかったら永遠に埋もれていた」

徹底《てってい》した取材、端正《たんせい》な筆致《ひっち》、そして、史実は決して曲げない——。最も尊敬する作家の一人である吉村昭《よしむらあきら》さんにインタビューする機会を得たのは、『暁《あかつき》の旅人』という小説が出版された後の２００５年6月下旬だった。東京都三鷹《みたか》市の自宅を訪ねた。

吉村さんは医学に関する小説を多く手がけている。近代医学の先駆者《せんくしゃ》12人を描《えが》いた連作短編集『日本医家伝』を出版したのは１９７１年。この12人の中から前野良沢《まえのりょうたく》を主人公に据《す》えた『冬の鷹《たか》』やシーボルトの娘《むすめ》・楠本《くすもと》いねを取り上げた『ふぉん・しいほるとの娘』といった長編を次々に生みだした。

『暁の旅人』もそれに連なる。幕末の長崎でオランダ医官から西洋医学を学び、徳川幕府の奥医師《おくいし》として変革の時代を生きた松本良順《まつもとりょうじゅん》に光を当てた作品だ。

医学は吉村さんにとって切実なテーマだった。20歳《さい》のころ結核《けっかく》にかかり、肋骨《ろっこつ》5本を取る手術を受けた。この手術を「イチかバチかの賭《か》け」と表現した。体重が三十数キロまで落ち、このままでは死ぬと悟《さと》ったという。「5時間半かかる手術で、途中《とちゅう》で麻酔《ますい》も切れた。

激痛なんていうレベルを超《こ》えた痛みでした」。先端医療《せんたんいりょう》には人体実験の意味もある。「今なんでもない手術も、それは過去の多くの失敗に支えられている」

小説作法の話になった。歴史小説を書くときは、新しい史実を発掘《はっくつ》してから取りかかる。「資料集めは大変でしょうとよく言われるが、そんなことはない。向こうからちゃんと顔を出してくれる」。だがそれは「もう何もありません」と言われるまで取材し、資料を渉《しょう》猟《りょう》してきたからこそできることなのだ。突破口《とっぱこう》を見いだすとき、経験の蓄積《ちくせき》が生きた。

現場を大切にした。関係者に話を聞き、資料を探すためだけではない。「そこからどんな山が見えるのか。土はどんな色か。そこまで見るんです」

歴史小説を書き始める前、『戦艦武蔵《せんかんむさし》』などの記録小説を手がけた。「戦争で敵機来襲《らいしゅう》の時刻が1分も違《ちが》ったら話にならない。8年近くそういう世界で書いていたから、史実は正確に書くという癖《くせ》がついた。それに、うそをつけば必ずほころびが出るものです」

例えば歴史小説『生麦事件』の中で「陽炎《かげろう》にゆらいでいる」という創作の一文を書くために、村の名主《なぬし》の記録にあたり、その日にいたるまでの気象データという根拠《こんきょ》を握《にぎ》る。商人の記録、歌舞伎《かぶき》役者の日記、犯科帳……。さまざまな記録が一行一行を支える。

史実に対する誠実な態度を知って、秘蔵資料を渡《わた》してくれる人もいた。シーボルトの娘《むすめ》・いねが師に強姦《ごうかん》されて妊娠《にんしん》する。『ふぉん・しいほるとの娘』の核となる真実も、そのようにしてもたらされた。「僕《ぼく》が調べなかったら永遠に埋《う》もれていたかもしれません」

最後は短編小説の話になった。短編を書くのが何より好きで「僕は短編小説を書くためにこの世に生まれてきたんです」とまで言った。「長編は長い一本道を荷車を押《お》していくようなもので、短編は路地に入って、そこに咲《さ》いている朝顔を見るような感じ。長編でも、短編の視線がないと潤《うるお》いがないものになってしまう」

書斎《しょさい》にも通してくれた。大量の資料に圧倒《あっとう》されたが、それでも居心地の良さそうな場所だと思った。そんな時間を過ごした1年1カ月ほど後に亡くなるとは思いもよらなかった。

遺作となった短編『死顔《しにがお》』は、死に顔を人にさらすことへの抵抗感《ていこうかん》や延命治療《ちりょう》への疑問を透徹《とうてつ》した視線でつづっている。そして、家族にもその思いを伝えていた。

妻で作家の津村節子《つむらせつこ》さんが、吉村さんの「お別れの会」で最期《さいご》の様子を語った。吉村さんは点滴《てんてき》の器具をむしり取り「もういい」と言った。「彼《かれ》は自分の死を自分で決した」と津村さんは泣いた。会に出席してその話を聞いた私も衝撃《しょうげき》を受けた。

死を見つめた作品が多かったのは、若き日に死の淵《ふち》をのぞいたからだろう。死から目をそらさずに生き抜《ぬ》いた。

第7章

読み始めたら止まらない

どこからでもやり直せる

ペテロの葬列（上下巻）

宮部みゆき

同じ時代に生きていてよかった。そう思える作家がいる。新刊が出ると早く読みたくて、いそいそと買いに行く。その一人が宮部《みやべ》みゆき（1960年〜）だ。時代小説からSFまで幅《はば》広く書いているが、一番のおススメは現代ミステリー。中でも「杉村三郎《すぎむらさぶろう》シリーズ」は、冒頭《ぼうとう》に書いたような感慨《かんがい》にひたれることは間《ま》違《ちが》いないと思う。

シリーズ第3作「ペテロの葬列《そうれつ》」。企業《きぎょう》グループの社内報編集部に所属する杉村はこの日、編集長の園田《そのだ》瑛子《えいこ》と房総半島《ぼうそうはんとう》の別荘地《べっそうち》に来ている。夕方、2人は元取締役《とりしまりやく》への長いインタビューを終え、帰りのバスに乗る。

バスは空《す》いている。2人を含《ふく》め乗客は7人、運転手は女性。年老いた乗客がよろよろ

文春文庫

（2016年07月08日・223回）

と運転手に近づいてゆき、拳銃《けんじゅう》を突《つ》きつける。そしてバスの天井《てんじょう》に向け1発撃《う》つ。「皆《みな》さん、お静かに願います」。バスジャックだ。

老人は丁寧《ていねい》な口調で一人一人に話しかける。金が目的ではないらしいが、どこか奇妙《きみょう》だ。老人は巧《たく》みな話術でバスの中を掌握《しょうあく》してゆく。目的は何か。彼《かれ》は何者か――。

事件は思わぬ結末を迎《むか》え、杉村は背景を探《さぐ》り始める。見えてくるのは、社会の闇《やみ》を丸ごと抱《かか》え込《こ》んだような別の事件だ。被害者《ひがいしゃ》が加害者になり、悪意が連鎖《れんさ》してゆく。

作家が見すえているのは、悪に取りこまれる人間の弱さだけではない。まっとうに暮らし、危《あや》うい所で踏《ふ》みとどまる強さを持ち得た人には敬意のまなざしを向ける。さらに、毒をまき散らす側に回ったとしても改心しようとする人にはエールを送る。

杉村が若者に言う。「どんな場所からだって、人生はやり直せる」。杉村の私生活も急展開し、逆に同じことを言われる立場になる。杉村は思う。「他人に助言するのは、何と易《やさ》しいことか」。杉村の苦い再出発を、応援《おうえん》したくなる。

もっと知りたい

「杉村三郎シリーズ」の第1作は2003年出版の「誰か　Somebody」。第2作の「名もなき毒」は06年、「ペテロの葬列」は13年に出版された。ペテロとはイエス・キリストの弟子の一人。イエスを裏切ってうそをつくが、その後はそれを悔いて改心する。登場人物の誰がペテロにあたるのか、考えながら読んでみてほしい。

偽りの親子の切ない逃避行

八日目の蟬

角田光代

中公文庫

(2015年08月07日・176回)

希和子《きわこ》は不倫《ふりん》相手の赤ん坊《ぼう》を誘拐《ゆうかい》し、逃亡《とうぼう》生活を続けた。逮捕《たいほ》されたのは3年半後、薫《かおる》と呼ばれていた女児は実の両親のもとに戻《もど》る――。これが物語の骨格だ。角田光代《かくたみつよ》(1967年〜)の小説「八日目の蟬《せみ》」。第1章は希和子の視点から、第2章は成長した薫(実の名は恵理菜《えりな》)の目から、この出来事が語られる。

妻のいる男を好きになった希和子は、妊娠中絶《にんしんちゅうぜつ》せざるをえなくなり、そのせいで子どもが産めない体になる。そんなとき、男の妻が子を産む。希和子はその子を見た上ですべてを諦《あきら》めようと、男の家にしのびこむ。

赤ん坊が泣いていた。抱《だ》きあげると笑った。

「やわらかかった。あたたかかった。つぶれそうにやわらかいのに、何か、決してつぶれないごつりとしたかたさがあった。なんてもろい。なんて強い。ちいさな手が希和子の頬《ほお》にぺたぺたと触《ふ》れた」

運命が変わる。「私があなたをまもる」と決意して子どもを連れ去り、薫と名づける。偽《いつわ》りの母子の逃避《とうひ》行《こう》が始まる。

各地を転々とした後、女性だけで共同生活を送るエンジェルホームというあやしい団体に転がりこむ。だがそこにも危険がせまり、香川県の小豆島《しょうどしま》にたどりつく。

薫を愛し、この生活を続けたいと思う希和子の願いが切ない。法的に、社会的に、許されないことだと知っていても希和子を応援《おうえん》してしまうのは、その愛の真実に触れるからだろう。

第2章では、恵理菜（薫）が過去と向き合うため小豆島へ向かう。恵理菜は「悪い女にさらわれた」と聞かされて育ち、希和子を憎《にく》んできた。

旅の途中《とちゅう》、希和子の声がよみがえる。「薫、だいじょうぶよ、こわくない」。恵理菜は気づく。彼女《かのじょ》はただの愚《おろ》かな母だったのだと。そして、生きる勇気を得る。

もっと知りたい

「八日目の蟬」は女の物語だ。男はふがいない人物ばかりだが、女たちはどんどん強くなっていく。第2章に登場する千草もすてきだ。恵理菜と同じようにエンジェルホームで育ち、そのことで今も苦しんでいるが、こんなことを言う場面がある。「私、自分が持っていないものを数えて過ごすのはもういやなの」。読んでいるこちらまで背筋が伸びる言葉だ。

目の前の仕事に誇りを持つ

64（ロクヨン）（上下巻）

横山秀夫

文春文庫

（2016年10月14日・237回）

横山秀夫《よこやまひでお》（１９５７年〜）の小説「64（ロクヨン）」の主人公は、D県警本部の広報官、三上義信《みかみよしのぶ》。捜査《そうさ》部門にいた時期が長く、刑事《けいじ》の仕事に未練がある。だが目の前にある広報の仕事を投げ出すわけにはいかない。

広報は警察と外の世界をつなぐ窓だ。事件や事故の発表をめぐり、しばしば警察組織とマスコミの板ばさみになる。

いま問題になっているのは、ある交通事故の加害者の名前。警察は妊婦《にんぷ》であることを理由に実名を出すことを拒《こば》み、記者たちは事実の報道や捜査の検証のため当事者の実名は不可欠だと主張する。妥協点《だきょうてん》が見いだせない。

三上は家庭にも問題を抱《かか》えている。高校生の娘《むすめ》が失踪《しっそう》中なのだ。自分の顔が醜《みにく》いと思いこみ「こんな顔いらない！　もう死にたい！」と叫《さけ》んで姿を消した。娘は無事なのか。妻は娘からの連絡《れんらく》を待ち、外出しなくなった。

そんな中で警察組織のトップ、警察庁長官の来県が決まる。目的は、時効が迫《せま》る未解決事件の視察だ。翔子《しょうこ》ちゃん誘拐《ゆうかい》殺人事件、ひそかに「ロクヨン」と呼ばれている。7日間しかなかった昭和64年に起きた事件だからだ。三上は14年前、この事件に刑事として関わった。

三上は殺された翔子の父親を訪ね、長官の来意を告げる。しかし父親は断る。拒否《きょひ》の理由を探るうち、三上はロクヨンの真相に近づいてゆく――。

記者との確執《かくしつ》、警察内部の対立と隠蔽《いんぺい》体質、美醜《びしゅう》を強く意識させる現代の病理、事件の謎《なぞ》。絡《から》み合う多くの問題と対峙《たいじ》し、突破《とっぱ》しようともがく。

刑事に戻《もど》りたいと願い、広報の仕事を不本意に感じていた三上が変わってゆく。「俺《おれ》の職場はここだ。キャリアにも刑事部にも好き勝手にはさせない」。今の職務に誠実に向き合うこと。仕事に誇《ほこ》りを持つこと。全てはそこから始まる。

もっと知りたい

「64（ロクヨン）」のテーマの一つは匿名報道の問題だ。広報官の三上が交通事故の加害者を実名発表に切りかえ、死亡した被害者に関する調査報告を読み上げる場面がある。貧しい家に育ったこと。40年間、工場で働いたこと……。三上は思う。「匿名発表の罪深い一面を思い知らされた。覆い隠したのは（略）、銘川亮次という人間がこの世に生きた証だった」

いま、ここで、仲間と

神様からひと言

荻原浩

上司を殴《なぐ》ったことが原因で広告代理店を〝クビ〟になった27歳《さい》の佐倉涼平《さくらりょうへい》。物語は涼平が「珠川食品《たまがわしょくひん》」に再就職して4カ月がすぎ、新製品の決裁会議に出席している場面から始まる。新しい商品の名前を提案するつもりで準備を重ねてきた。

それなのに、またやってしまった。副社長の提案に反論しようとして上司に止められ、頭に血がのぼった。上司とけんかしてしまったのだ。左遷先《させんさき》は「お客様相談室」。会社がクビにしたい社員を〝島流し〟にする部署だ。

確かにひどい職場だった。嫌《いや》みな上司、本間《ほんま》室長。ギャンブル好きの先輩《せんぱい》、篠崎《しのざき》。こわもてだが、実は失語症《しつごしょう》の神保《じんぼ》。敬語の使い方を知らない羽沢《はざわ》……。商品への苦情電話

光文社文庫

（2020年10月30日・444回）

に出るのが仕事だが、理《り》不《ふ》尽《じん》なクレームにも対応しなければならない。
私生活でも悩《なや》みがある。半年ほど前、同居していた恋人《こいびと》が出ていってしまった。理由も行き先も分からない。寂《さび》しさにたえかね、公園に行きギターの弾《ひ》き語りをする。どこからか現れる男は、まるで神様のようだ。「悲しい時は泣きなさい」。そんな言葉が胸にしみる。

篠崎と客の自宅へ謝罪に行ったことで、ぐうたらに見えた彼《かれ》の能力の高さを知る。神保や羽沢の個性に触《ふ》れ、親しみを感じる。苦情にまじめに対応しているうちに会社の暗部が見えてくる。「お客様の声は、神様のひと言」という社訓とはかけ離《はな》れた実態がある。

荻原浩《おぎわらひろし》（１９５６年〜）の「神様からひと言」は、弱点を山ほど抱《かか》えた男が逆境からはいあがる〝お仕事小説〟。いまが苦しいと、人はどこかに「本当の自分の居場所」があると思いたがる。でも、そんな場所があるかどうかは分からない。

いま、ここで、がんばる。仲間といっしょに。そうすれば明日が開けるかもしれない。

もっと知りたい

先輩・篠崎のせりふがいい。苦情電話にうまく対処できない涼平に「まず、謝る。向こうはそれを期待して電話をかけてくるんだから」と助言。会社って何だろうと悩んでいる時には「おでん鍋といっしょだよ。ほら、狭いとこでぐつぐつぐつぐつ煮詰まってさ」。そしてこう付け加える。「みんな、何が怖いんだろな（略）。俺もだよ……俺は何が怖いんだろう」

驚くべき手口と執念

破獄

吉村昭

新潮文庫

（2023年03月03日・563回）

脱獄《だつごく》歴4回――。吉村昭《よしむらあきら》（1927～2006年）の小説「破獄」は、脱獄を繰《く》り返した実在の人物をモデルに、その驚《おどろ》くべき手口と看守たちとの攻防《こうぼう》を戦中・戦後の社会状況《じょうきょう》に重ねながら描《えが》く。

青森県生まれの36歳《さい》、無期懲役《ちょうえき》の受刑者《じゅけいしゃ》、佐久間清太郎が1943年、東京拘置《こうち》所《しょ》から北海道の網走《あばしり》刑務《けいむ》所《しょ》に移送される場面から始まる。

35年に青森で事件を起こし逮捕《たいほ》された。36年に青森刑務所から脱獄、42年にも秋田刑務所から再び脱獄した経歴を持つ。秋田での脱獄後、前に世話になった東京・小菅《こすげ》刑務所の浦田の家を訪ねて自首した。「私を人間あつかいしてくれましたから」というのが理由だ。

東京から網走に移すことになったのは、監視《かんし》態勢《たいせい》がとりわけ厳しかったからだ。所長は脱獄記録を見て「人間業《わざ》とは思えぬ」と感じるものの、網走刑務所の威信《いしん》にかけて脱獄させまいと誓《ちか》う。

だが、佐久間は3度目の脱獄を果たす。毎日の食事のみそしるを、手錠《てじょう》や視察窓の鉄《てつ》枠《わく》に垂らして腐食《ふしょく》させていったのだ。看守たちとは日々言葉をかわす中で優位に立つ。多くの看守が佐久間に「恐《おそ》れに似た感情」を持つ。

4回目は日本の敗戦から2年後の47年で、札幌刑務所から逃《に》げた。佐久間の脱獄は緻《ち》密《みつ》な計画と執念《しゅうねん》、大胆《だいたん》な行動力によって成しとげられた。

戦時中、米軍の攻撃《こうげき》を受けて大勢の受刑者が死んだ。敗戦直後は刑務所も混乱し、暴動も起きた。塀《へい》の中も社会とつながっている。吉村はそうした裏面史《りめんし》も記していく。組織の中で私たちも決して自由ではなく、それを監獄《かんごく》にたとえることもできる。自由への逃走《とうそう》に何度も成功した佐久間がヒーローに見えてくる。

最後に佐久間の脱獄をやめさせる人物が登場する。脱獄者の孤独《こどく》が浮《う》かび上がる。

もっと知りたい

単行本の出版は1983年。吉村昭はあとがきで「十七年前、元警察関係の要職にあった方から、脱獄をくりかえした一人の男の話をきいた」と明かす。「その後、行刑史に接するにつれ、その男の像がひんぱんに私の眼の前にあらわれるようになった」。彼と彼を取り巻く人間関係を描くことは戦時と敗戦を「特殊な視点」から見ることになると思ったという。

失意の底から顔を上げる

天地明察（上下巻）

冲方丁

角川文庫

（2012年08月24日・22回）

夜、月や星をじっとながめていると、不思議な気持ちになることがある。たとえば、天と地にはさまれて立つ私は一粒《ひとつぶ》の砂やちりのような存在で、とても大きな何かによって生かされているというような。そして、いつのまにか、目の前にある不安や悩《なや》みがふわりと軽くなっている。

冲方丁《うぶかたとう》（1977年〜）の「天地明察《てんちめいさつ》」は、新しい暦《こよみ》をつくる「改暦《かいれき》」がテーマの小説だ。主人公は、江戸《えど》時代を生きた渋川春海《しぶかわはるみ》（1639〜1715年）という天文学者だが、もとは碁《ご》を打つことを仕事とする「碁打ち衆」の家に生まれた。

春海は囲碁棋士《いごきし》としての仕事をこなしながら、天体の動きから暦をつくる暦術や算術（数学）を熱心に学んでいた。

そんな春海が碁とは別の仕事をすることになる。天空で唯一《ゆいいつ》動かない北極星を各地で観測し、その土地の緯度《いど》を割りだす観測隊に参加することになったのだ。

春海は出発前、算術で死にたいと思うほどの恥《は》ずかしい間違《まちが》いをしてしまい、失意のどん底にあった。でも、毎日天を仰《あお》ぎ、星を観測する旅を続けるうちに、少しずつ元気を取り戻《もど》していく。

「星は答えない。決して拒《こば》みもしない。それは天地の始まりから宙《そら》にあって、ただ何者かによって解かれるのを待ち続ける、天意という名の設問であった」

旅の後、春海にはもっと重要な仕事が待っていた。大きなずれが生まれていた当時の「老いた暦」を「斬《き》ってくれ」と命じられたのだ。この改暦事業にも、大きな困難と挫折《ざせつ》が立ちはだかる。

打ちひしがれていた春海が再び、なすべきことをなそうと決意する場面がいい。「もう一度」と顔を上げ、立ち上がる。それは、人間の最も尊く、美しい瞬間《しゅんかん》だ。

みんなで歩く特別な時間

夜のピクニック

恩田陸

新潮文庫

（2013年04月26日・57回）

自分の外見や体のコンプレックス、誰《だれ》かを思う気持ち、家族とのいさかい。深く悩《なや》んでいることほど、人に知られたくない。でも長い間いっしょにいるうちに、悩みをふともらしてしまったり、夢を語ってしまったりする。特に夜には。

恩田《おんだ》陸《りく》（１９６４年〜）の「夜のピクニック」は、ある高校の鍛錬《たんれん》歩行祭という行事の物語だ。朝8時から翌朝まで計80キロ。夜中の数時間の仮眠《かみん》をはさみ、前半はクラスごとに、後半は走ってもいいし、歩いてもいい。

貴子《たかこ》の悩みは同級生の融《とおる》のことだ。ほとんど口をきいたこともないのに、刺《さ》すような視線を感じる。2人は実は異母きょうだいで、融の父の恒《わたる》が貴子の母の聡子《さとこ》と浮気《うわき》をして生まれたのが貴子。聡子は働いて一人で貴子を育ててきた。貴子はそんな自分の境遇《きょうぐう》に引け目を感じたりしていない。胸を張って生きている。

でも高校入学前に恒が病死し、葬式《そうしき》で融に会った。そのとき融から放射された憎《にく》しみに戸《と》惑《まど》い、怒《いか》りすら感じた。私に罪はないのにと。

2人は3年で同じクラスになり、いがみ合うような関係が続いている。このままでいいのか――。貴子はひそかな誓《ちか》いを胸に歩行祭にのぞむ。

嫉妬《しっと》に胸をこがしたり、友人の秘めた恋《こい》や悩みに気づいたり。かけがえのない時が刻《きざ》まれる。

登場人物の一人が言う。「やっぱ、自分のことっていうのは分からないもんだな」。逆に言えば、友だちは意外にあなたのことを見ているし、知っている。だから人と話すのは面白《おもしろ》い。

「みんなで、夜歩く。ただそれだけのことがどうしてこんなに特別なんだろう」。心に触《ふ》れる文章がいくつも。なつかしくて、切なくて、あたたかい。いつまでも貴子や融と歩いていたいと思う。

東京五輪の光と影

オリンピックの身代金（上下巻）

奥田英朗

講談社文庫

（2013年11月08日・85回）

東京で初めて夏季五輪が開催《かいさい》されたのは1964年のことだ。奥田《おくだ》英朗《ひでお》（59年〜）の小説「オリンピックの身代《みのしろ》金《きん》」は、この64年の東京五輪を題材にした犯罪サスペンスである。

敗戦で焼け野原となった東京が、20年足らずで再生をとげ、大都市になった。その姿を世界に誇《ほこ》りたい。そのために日本は五輪に合わせて新幹線や高速道路を開通させ、国立代々木《よよぎ》競技場や日本武道館といった施設《しせつ》を次々に完成させていった。

島崎国男《しまざきくにお》は秋田県の農村出身の東大大学院生。64年夏、高速道路の建築現場で働く15歳《さい》年上の兄が急死したため遺骨を引き取りに行き、兄が1日16時間も働いていたことを知る。

遺骨を持って帰郷するが、東京で暮らす国男の目に、故郷は前にも増して貧しく映る。「この村の貧しさと夢のなさはどういうことなのか。経済白書がうたった『もはや戦後ではない』とは東京だけの話なのか」

東京に戻《もど》った国男は兄と同じ仕事を始める。五輪を底辺で支える工事現場の過酷《かこく》さは想像をこえていた。

「東京でどれだけの人夫《にんぷ》が死んだのか。ビルの建設現場で、橋や道路の工事で、次々と犠牲者《ぎせいしゃ》を出していった。新幹線の工事を入れれば数百人に上るだろう。それは東京を近代都市として取り繕《つくろ》うための、地方が差し出した生贄《いけにえ》だ」

国男はオリンピックを標的とした犯罪に手をそめていく。まるで、弔《とむら》い合戦のように。

当時の日本は明るい未来に向かって進み、輝《かがや》いていた。しかし光が強く明るいほど、影《かげ》は濃《こ》く、闇《やみ》は深い。影とは、貧困《ひんこん》であり、発展から取り残された地方だった。闇とは出《で》稼《かせ》ぎ労働の現場である。「おらたち日雇《ひやと》い人夫が人柱《ひとばしら》にされない社会にしてけれ」。登場人物の叫《さけ》びが切なく響《ひび》く。

静かで威厳のある二つの目

凍える牙

乃南アサ

新潮文庫

（2013年11月22日・87回）

読み終えたとき、緑色に輝《かがや》く瞳《ひとみ》が心に残っていた。静かで威《い》厳《げん》のある二つの目、獣《けもの》のまなざしである。乃《の》南《なみ》アサ（1960年〜）の「凍《ここ》える牙《きば》」は、オオカミと犬をかけ合わせたオオカミ犬の孤《こ》独《どく》と悲しみがずっしりと胸にこたえる警察ミステリーだ。

主人公は30代の刑事《けいじ》、音道貴子《おとみちたかこ》。離婚《りこん》して1年ほどで、心の傷はまだ癒《い》えていない。ある夜、ファミリーレストランで男の体が炎上《えんじょう》する。ベルトに発火装置が付けられ、遺体には大型犬のようなものにかまれた傷痕《きずあと》があった。音道はベテラン刑事、滝沢保《たきざわたもつ》と組み、事件を調べ始めるが、第2、第3の事件が起きる。

女の刑事など必要ないと思っている滝沢は、初めは音道に話しかけようともしない。音道もそんな滝沢に悪感情を持つ。ずんぐりむっくりの外見を「生理的に受け付けない」と腹の中でばかにする。最悪のコンビだ。

だが、2人はぶつかりながらも、たがいの良い面を認め始める。相手にどんなに嫌《きら》われようと、ねちねちと話を聞き出してしまう滝沢の刑事としての力量。弱みを見せずに黙々《もくもく》と歩き、オオカミ犬の情報に食《く》らいついていく音道の根性《こんじょう》。信頼感《しんらいかん》が育っていく。

96年の出版。女性が活躍《かつやく》できる職場は今より少なく、差別もひどかった。男社会そのものともいえる警察の捜査《そうさ》現場で、不器用ながらも歯を食いしばっている音道が潔《いさぎよ》くて、かっこいい。

やがて、捜査線上に一頭のオオカミ犬が浮《う》かぶ。名前は疾風《はやて》。音道がオートバイで疾風を追う。滝沢が援護《えんご》する。「深みのある瞳が、真っ直《す》ぐに貴子を見据《みす》えていた」。人間のエゴの犠牲《ぎせい》となって都会をひた走る疾風と、警察組織の中で一人闘《たたか》う音道の孤独が重なり、響き合う。

「町工場だと思って舐めんなよ」

下町ロケット

池井戸潤

小学館文庫

（2014年02月14日・99回）

池井戸潤《いけいどじゅん》（1963年〜）の小説「下町ロケット」は、佃航平《つくだこうへい》の挫折《ざせつ》で幕を開ける。ロケットの打ち上げが失敗に終わるのだ。このロケットには、佃が9年かけて開発したエンジンが搭載《とうさい》されていた。「自分が作ったエンジンで、ロケットを飛ばす」という夢は、もろくもくだけ散った——。ここまでが序章だ。

研究者として生きることを諦《あきら》めた佃が、父親が経営していた下町の中小企業《きぎょう》「佃製作所」を継《つ》ぎ、7年たった。会社は着実に業績を伸《の》ばしてきたが、ある日を境に窮地《きゅうち》に陥《おちい》る。製品を納めていた大手機械メーカーから取引の打ち切りを言い渡《わた》されたのだ。

追い打ちをかけるように、商売がたきの大手会社から理《り》不《ふ》尽《じん》な理由で訴《うった》えられる。このままでは会社がつぶれてしまう。

そんなとき、国産ロケットを開発する巨大《きょだい》企業の帝国重《ていこくじゅう》工《こう》が、佃製作所のロケットエンジン部品の技術に興味を持ち、接触《せっしょく》してきた。

佃には二つの道が見えてくる。会社を立て直すことができそうな安全で確実な道と、リスクは大きいが夢につながっている道と。どちらを選ぶべきか、佃は迷う。

「会社とはなにか。なんのために働いているのか。誰《だれ》のために生きているのか」

人はお金のために働く。でも、それだけではちょっと寂《さび》しい。誰かの役にたちたいし、会社や仲間に愛着も持ちたい。仕事で自分の夢をかなえられたらもっといい。

できることなら、自分の技術や能力に対するプライドも持ちたい。そのためには、努力を続けるしかないのだが……。

佃や佃の部下たちが、大手企業の社員にばかにされて悔《くや》しがる場面が何度も出てくる。「町工場だと思って舐《な》めんなよ」。プライドはときに、大きな困難を乗りこえる力になる。

ずっとドキドキしていた

掏摸《スリ》

中村文則

河出文庫

（2014年03月07日・102回）

男のコートから財布《さいふ》を取る場面で思わず息をのんだ。やましさ、不安、興奮……。自分が今まさにスリをしているかのように気持ちが動く。

「人差し指と中指を、彼《かれ》のポケットに入れる。彼のコートの袖《そで》のボタンに蛍光灯《けいこうとう》の光が微《かす》かに反射し、視界の隅《すみ》にすべるように流れた。息をゆっくり吸い、そのまま呼吸を止めた。財布の端《はし》を挟《はさ》み、抜《ぬ》き取る。指先から肩《かた》へ震《ふる》えが伝い、暖かな温度が、少しずつ身体《からだ》に広がるのを感じる」

中村文則《なかむらふみのり》（１９７７年～）の小説「掏摸《スリ》」は、天才スリ師の「僕《ぼく》」が主人公。仕事仲間だった石川《いしかわ》は、ともにかかわった大きな事件の後、「僕」の前から消えた。おそらく、この事件を計画した木崎《きざき》の一味に殺されたのだ。

一度離《はな》れていた東京に戻《もど》ってきた「僕」は、母親に万引《まんびき》をさせられている子どもと出会う。そして、子どもの母親ともかかわりを持つようになる。

そんなとき「僕」は、木崎と再会する。木崎は、「僕」に三つの仕事をするよう迫《せま》る。どれも難題だ。しかも、もし失敗すればおまえを殺す、おまえが逃《に》げれば、あの親子を殺すと脅《おど》してきた。

木崎は、「僕」の運命の支配者となることをゲームのように楽しんでいる。冷酷《れいこく》な木崎から逃《のが》れることはできるのか。運命への抵抗《ていこう》は可能か――。

「僕」は幼いころから、この世界への違和感《いわかん》を抱《かか》えていた。「世界は硬《かた》く、強固だった」。だが他人の所有物に手を伸《の》ばすとき「自分が自由になれるような気がした」。何かを選《せん》択《たく》するときは「世界から外れる方」を選んだ。逸脱《いつだつ》を繰《く》り返すことで、かろうじて生をつかんできた。でも死を前にして、生きたいと願う。

人間の暗部を見つめながら、生を肯定《こうてい》する物語。緻密《ちみつ》な描写《びょうしゃ》に、読んでいる間ずっと、ドキドキしていた。

実感も罪悪感もなく

となり町戦争

三崎亜記

集英社文庫

（2014年12月26日・144回）

舞坂町《まいさかちょう》に住む「僕《ぼく》」はある日、自宅アパートの郵便受けに入っていた「広報まいさか」で、となり町との戦争が始まることを知る。

「僕」はまず通勤の心配をする。車の通勤でとなり町を通るからだ。開戦の日。早めに家を出るが、何事もなく会社に着く。そのまま平穏《へいおん》な日々が続くように思われたが、広報まいさかに「戦死者12人」の文字を見つける。「僕」は「眼《め》に見えない形で、戦争は確実に町を覆《おお》っている」と気づく。

戦争の実感はない。偵察業務従事者《ていさつぎょうむじゅうじしゃ》に任命され、となり町で見たことを報告するが、戦争に参加しているという罪悪感もない。やがて、町の「となり町戦争推進室」の香西《こうさい》さんと結婚《けっこん》したことにして、となり町のアパートでいっしょに暮らし、偵察業務を続けることになる。少しずつ戦争に引きずり込《こ》まれていく——。

三崎亜記《みさきあき》（1970年〜）の「となり町戦争」は、戦争が町の事業として行われている異世界を描くことで、戦争の本質を見つめる小説だ。

戦争によって町は活性化する。だから戦争は、となり町との共同事業のようなものだ。町を守ろうとして命を落とす人はいるが、町民にその死は見えない。多くの人は、戦争にリアリティーを感じないまま終戦の日を迎《むか》える。

だが本当は、みな戦争に加担している。すべてはつながっているのだ。

「この複雑化した社会の中で、戦争は、絶対悪としてでもなく、美化された形でもない、まったく違《ちが》う形を持ち出したのではないか。実際の戦争は、予想しえないさまざまな形で僕たちを巻き込み、取り込んでいくのではないか」

現代の日本に生きる私たち一人一人に突《つ》き刺《さ》さる問いだ。私たちもすでに、取り込まれている。

清くて真っすぐな生き方

蟬しぐれ（上下巻）

藤沢周平

文春文庫

（2016年06月17日・220回）

藤沢周平《ふじさわしゅうへい》（１９２７〜97年）の時代小説「蟬《せみ》しぐれ」の舞台《ぶたい》は、水が豊かで田園風景が美しい海坂藩《うなさかはん》、主人公は下級武士の牧助左衛門《まきすけざえもん》の養子、文四郎《ぶんしろう》である。

冒頭《ぼうとう》で文四郎は15歳《さい》。私塾《しじゅく》で学び、道場で剣《けん》の腕《うで》を磨《みが》く毎日だ。

ある朝、文四郎が裏の小川で顔を洗っていると、洗い物をしていた隣家《りんか》の少女ふくが悲鳴をあげる。蛇《へび》に手の指をかまれたのだ。

「文四郎はためらわずにその指を口にふくむと、傷口を強く吸った。口の中にかすかに血の匂《にお》いがひろがった」

文四郎は、率直な逸平《いっぺい》、まじめな与之助《よのすけ》と気が合う。与之助が学問で身を立てるため江戸《えど》に行く話を打ち明け、３人は将来のことを語り合う。

淡《あわ》い恋《こい》、友との絆《きずな》、夢。さわやかな青春の味わいで始まる物語が、途中《とちゅう》で色合いを変える。養父の助左衛門が藩への反逆の罪で捕《と》らえられたのだ。処分は切腹だろう。父と話すことを許され、呼ばれた文四郎に父が言う。「義のためにやったことだ。（略）わしを恥《は》じてはならん」。父と対面した後、文四郎は悔《く》やむ。「おやじを尊敬していると言えばよかったんだ」

炎天下《えんてんか》、罪人の息子《むすこ》とあざける視線にたえながら、切腹した父の遺体を荷車に乗せて運ぶ。道場の後輩《こうはい》が来て手伝ってくれる。ふくも現れる。遺体に手を合わせた後、泣きながら車を引く。

不遇《ふぐう》の中にあってもくじけることなく、剣の腕をあげてゆく文四郎。江戸屋敷《やしき》の奥《おく》に勤めることになるふく。２人は政争に巻き込まれてゆく――。

世間からどう見られようと、誰《だれ》かを信じ、大切に思い続ける気持ちが描《えが》かれる。一気に読まずにはいられない物語展開、詩情あふれる文章。清くて、まっすぐな登場人物たちの生き方に心が洗われる。極上《ごくじょう》のエンターテインメントである。

終わりのない旅のように

舟を編む

三浦しをん

光文社文庫

（2017年01月27日・251回）

三浦《みうら》しをん（1976年～）の「舟《ふね》を編む」は、辞書づくりにたずさわる人たちを描《えが》く小説である。辞書とは「言葉の海を渡《わた》る舟」。その舟を編むのが仕事だ。

東京・神保町《じんぼうちょう》の出版社「玄武書房《げんぶしょぼう》」が新しい辞書「大渡《だいと》海《かい》」をつくることになり、27歳《さい》の馬締光也《まじめみつや》は営業部から辞書編集部に異動する。どこへ行っても「変わったやつ」と見られがちな馬締だが、言葉に対する鋭《するど》い感覚や律義《りちぎ》な性格が辞書編集に向いていた。馬締は新たな仕事にのめりこむ。

辞書づくりに情熱を傾《かたむ》けてきた荒木《あらき》は定年が迫《せま》り、馬締に後を託《たく》そうと思う。「用例採集カード」を持ち歩く老学者の松本《まつもと》は、人生の締《し》めくくりに大渡海を完成させようと必死だ。

馬締の先輩《せんぱい》、西岡《にしおか》の視線が興味深い。お調子者で世渡り上手の西岡が、馬締の「辞書づくりのセンスと適性」に気づき、羨望《せんぼう》や嫉妬《しっと》の感情を抱《いだ》く。だが憎《にく》むことはできない。辞書編集部を去ることになった西岡は、自分がどうすべきか考える。

馬締と西岡、それぞれの恋《こい》も物語の重要な要素だ。馬締は同じ下宿に住む香具矢《かぐや》に恋文を書く。熱烈《ねつれつ》だが、饒舌《じょうぜつ》で少し古風な文面だ。馬締の心は相手に届くのか。

言葉とは何か――。感じたこと、考えたことを形にする。それを記憶《きおく》にとどめたり、相手に伝えたりする。馬締は思う。「死者とつながり、まだ生まれ来ぬものたちとつながるために、ひとは言葉を生みだした」

辞書をつくるとは、なんて気の遠くなるような膨大《ぼうだい》な仕事なのだろう。言葉は刻々と移ろう。ゴールのないマラソンのように、多くの人がこつこつと言葉を追い続ける。

そして一つの辞書ができた瞬間《しゅんかん》に、改訂《かいてい》作業が始まる。完璧《かんぺき》な辞書などあり得ないからこそ、この終わりのない旅は魅力的《みりょくてき》なのだ。

ほえたける声が聞こえる

邂逅の森

熊谷達也

文春文庫

（2020年02月14日・407回）

ほえたける獣《けもの》の声を聞いた気がした。「山の神様」が宿っているような巨大《きょだい》なクマがうごめくさまがありありと目に浮《う》かぶ。人とクマの壮絶《そうぜつ》な死闘《しとう》に息をのむ——。

熊谷達也《くまがいたつや》（１９５８年〜）の「邂逅《かいこう》の森」はマタギの小説である。

東北地方などの寒冷な山岳《さんがく》地帯で、集団で狩猟《しゅりょう》を行う者をマタギという。古くから伝わる狩猟技術に加え、独特な思考や宗教観、風習を持つ。主人公の富治《とみじ》は秋田県のマタギの里に生まれ、10代前半から猟に加わった。

物語の冒頭《ぼうとう》は１９１４（大正３）年の冬。数えで25歳《さい》の富治は風雪の中、仲間たちと３人でアオシシ（ニホンカモシカ）やクマを追っている。だが、うまくいかない。月山《がっさん》を越《こ》え、山形と新潟の県境あたりの山中まで足をのばすことになる。

山に入ってしばらくすると体が順応する。食事の量が減り、聴力《ちょうりょく》や視力がとぎすまされ、獲物《えもの》の気配に敏感《びんかん》になっていく。「そうして少しずつ、人間が獣に近づいていくのかもしれない」。冬山の厳しさと美しさ、そして血が沸騰《ふっとう》するような狩《か》りの興奮が伝わってくる。

マタギの仕事が性《しょう》に合っていた富治だが、地主の娘《むすめ》の文《ふみ》枝《え》と恋仲《こいなか》になり、村を追われる。行先は阿仁鉱山《あにこうざん》。炭鉱労働者として腕《うで》をみがいてゆく過程も読みごたえがある。「渡《わた》り鉱夫《こうふ》」として山形・大鳥鉱山《おおとりこうざん》へ。小太郎《こたろう》という弟分ができる。

だが富治たちを大雪崩《おおなだれ》が襲《おそ》う。それがきっかけで小太郎の故郷に移る。そこで小太郎の姉イクと運命的な出会いがある。そして再びマタギとして生きることになるのだ。

マタギは自然の中に分け入り、獣たちの命を奪《うば》う仕事だ。時に自分や仲間の命を危険にさらしながら、山から恩恵《おんけい》を受ける。過酷《かこく》だからこそ、濃厚《のうこう》で豊かな生が刻印されている。

子に先立たれる悲しみ

銀河鉄道の父

門井慶喜

講談社文庫

（2020年12月04日・449回）

童話「銀河鉄道の夜」や詩「雨ニモマケズ」「永訣《えいけつ》の朝」を残し、短い人生を駆《か》け抜《ぬ》けた宮沢賢治《みやざわけんじ》（1896〜1933年）。門井慶喜《かどいよしのぶ》（71年〜）の小説「銀河鉄道の父」は、賢治の父、政次《まさじ》郎《ろう》から見た新たな賢治像を提示し、父という存在の滑稽《こっけい》さや哀切《あいせつ》を描《えが》く。

政次郎は成績優秀《せいせきゆうしゅう》な子だったが、質屋《しちや》を営む父の喜助《きすけ》に「学問は必要ねぇ」と言われて中学進学を諦《あきら》め、質屋を継《つ》いだ。長男は家業を継ぐのが当然、という時代だった。

賢治が生まれても、政次郎はあやすのを我慢《がまん》する。家族の前では威厳《いげん》を保っていなければ、商家を守っていくことはできないと考えていた。

そんな父親像が崩《くず》れ去ったのは、小学校入学前の賢治が赤痢《せきり》で入院した時だ。息子《むすこ》が死ぬのでは、との恐怖《きょうふ》を覚えた政次郎は病室に泊《と》まりこむ。喜助が言う。「お前は、父でありすぎる」。だが賢治を看病している間、政次郎は幸せだった。

政次郎は賢治の進学を許し、望む物を次々に与《あた》える。厳しくしなければという思いもあるが、息子かわいさに負けてしまう。賢治は無謀《むぼう》な夢ばかり語り、たびたび親に金を無心するような若者に成長する。家業を手伝わせても役に立たない。

賢治はある日、書くことに目覚める。東京の下宿で、噴《ふん》火《か》してあふれ出てくる溶岩《ようがん》のような言葉を、夢中で原稿《げんこう》用紙に書きつける場面はすさまじい。

生まれ出る童話や詩。最愛の妹、トシの死さえも詩の「材料」にする。文学者の業《ごう》である。

政次郎は違和感《いわかん》を抱《いだ》きつつも応援《おうえん》する。賢治の詩集「春と修羅《しゅら》」を夜、何度も繰《く》り返し読むシーンも印象的だ。

息子に先立たれる父の悲しみ。作品が死後、評価されていくのを見る感慨《かんがい》。父とは何かという問いに対する一つの答えが示されている。

世界が色を失わないように

明るい夜に出かけて

佐藤多佳子

新潮文庫

（2021年03月12日・462回）

大学を休学し、東京の実家を出て横浜《よこはま》市でひとり暮らしを始めた「俺《おれ》」は深夜、コンビニでアルバイトをしている。女性客が「俺」の制服についていた髪《かみ》の毛を取ろうと手をのばしたとき、とっさに突《つ》き飛ばしてしまう。人に体を触《さわ》られることに恐怖心《きょうふしん》があるのだ。

先輩《せんぱい》の鹿沢《かざわ》が女性客を家に送り届け、「俺」は自己嫌悪《じこけんお》に陥《おちい》る。休学の原因となったトラブルも、この症状《しょうじょう》が出て、女子学生を傷つけたことが発端《ほったん》だった。やがて自分のことがインターネットにさらされた。「俺」はラジオ番組への投稿《とうこう》がしばしば採用される「ハガキ職人」として有名だったので情報が拡散した。

鹿沢が上手にかばってくれたことで、なんとか仕事を続けられる。そして、大好きな深夜ラジオを聞くことで自分を保っていられる。「俺」はまた、少しずつ投稿を始めている。一度は有名になったラジオネームを捨て、別の名前で。

「とりあえず、この日常を重ねてみる。期待とかせずに。苦しくならないように。世界が色を失わないように」

少し変わった女子高校生がコンビニに来る。佐古田《さこだ》だ。彼女《かのじょ》もハガキ職人であることが分かり、2人は接近する。やはりラジオ好きの旧友・永川《ながかわ》、ネットで歌手活動をしている鹿沢も加わり、4人の奇妙《きみょう》な交流が始まる。

佐《さ》藤《とう》多《た》佳《か》子《こ》（１９６２年〜）の小説「明るい夜に出かけて」は、大きな欠落を抱《かか》えた若者が、自分を徐々《じょじょ》に取り戻《もど》していく物語。深夜ラジオと深夜のコンビニという二つの「明るい夜」が、主人公を支える。

人は何度でも立ち上がることができる。そして、励《はげ》まし合うことができる。孤独《こどく》だからこそ、誰《だれ》かと深くつながれるのだ。本書は脅《おび》えているあなたの背中をそっと、押《お》してくれる。

複雑な差別構造を映し出す

グロテスク（上下巻）

桐野夏生

文春文庫

（2023年02月17日・561回）

人と人を区別し優劣《ゆうれつ》をつける基準はたくさんある。家柄《いえがら》、年収、性、学力、運動能力、年齢《ねんれい》、美醜《びしゅう》……。それらが張りめぐらされた網《あみ》にからめ捕《と》られると容易には抜《ぬ》け出せない。もがけばもがくほど苦しみは増す。桐野夏生《きりのなつお》（1951年〜）の小説「グロテスク」が映しだすのは、そんな複雑な差別の構造だ。

「わたし」は39歳《さい》、東京都内の区役所でアルバイトをしている。2年前、売春婦だった妹のユリコが殺害された。その1年後、高校の同級生だった和恵も渋谷《しぶや》区のアパートで殺される。和恵は日中、大手企業《きぎょう》で働き、夜は売春をしていた。2人はなぜ夜の街に立ち、自分を売っていたのか。

ユリコは「恐《おそ》ろしいほどの美貌《びぼう》の持ち主」だった。妹と比べられ、惨《みじ》めな思いをしてきた「わたし」は一生懸命《いっしょうけんめい》勉強して有名私立高、Q学園を受験して入学する。そこでミツルや和恵と出会う。

抜群《ばつぐん》に成績が良いミツル、どんな競争にも勝とうと必死になっているが、何をやってもうまくいかない和恵。「見《み》栄《え》がすべてを支配」しているQ学園で、地味な「わたし」は「悪意」をまとい、サバイバルしようとする。だが、中等部にユリコが編入して状況《じょうきょう》が一変する。「わたし」はユリコを排除《はいじょ》したいと思う——。

後半に出てくる和恵の日記「肉体地蔵」の章が圧巻だ。和恵は建築会社に入社したが、そこが「男が築き上げた、男しか存在しない」荒野《こうや》であると気づく。昼間は会社員で夜は売春婦、「両方なければ生きていけない」という生活にたどり着く。そして、渋谷の街を見下ろして思う。「光り輝《かがや》く夜のあたしを見てくれ」

競争社会における圧倒的《あっとうてき》な敗者に見えた和恵がほんの一《いっ》瞬《しゅん》、彼女《かのじょ》の願望通り光り輝く。そのとき、解放という名のつばさが見えた気がした。

自分で自分を育て直す

夢見る帝国図書館

中島京子

文春文庫

（2023年02月24日・562回）

東京・上野公園にある国際子ども図書館は、実は１９０６年に帝国《ていこく》図書館として造った建物を改修して使っている。中島京子《なかじまきょうこ》（64年〜）の小説「夢見る帝国図書館」は上野を舞台《ぶたい》に、日本の図書館の歩みと、一人の女性の生涯《しょうがい》を重ねて描《えが》く。

作家の「わたし」が喜和子《きわこ》さんと出会ったのはフリーライターをしていた15年ほど前、上野公園のベンチに座《すわ》っていた時だった。国際子ども図書館で仕事をしてきたと説明する「わたし」に喜和子さんは、自分はそこに「半分住んでたみたいなもの」だと返す。

2人は親しくなっていく。喜和子さんは「上野の図書館が主人公の小説」を書くように「わたし」に勧《すす》め、その歴史を語る。「どうして、図書館ってものが作られたのか、あんた知ってる？」

こうして、後に「わたし」が書いたとおぼしき図書館の過去をたどるパートと、「わたし」が語り手の喜和子さんの物語が交互《こうご》に進んでいくことになる。

図書館の歴史は苦難の連続だ。資金難や戦争の中で蔵書をいかに守り、増やすか。有名な作家や文学作品、上野動物園の動物も登場して話し始める。

喜和子さんのパートもユーモアのある生き生きとした筆《ひっ》致《ち》でつづられる。だが喜和子さんの娘《むすめ》が登場するあたりから暗い影《かげ》が見え始める。そして、死別の時が来る。

喜和子さんの死後、「わたし」は彼女《かのじょ》の人生のなぞに分け入る。関わった人たちの話、そして本やはがきや文書から彼女が生きた軌跡《きせき》が見えてくる。それは、帝国図書館と深く結びついていた。

長く苦しい時があり、その試練を乗り越えた図書館と一人の女性。喜和子さんは後半生、自由を求めて上野に向かった。自分で自分を育て直そうとしたその心が、最後にまぶしく見えてくる。

[redacted]

■妖怪がわんさか登場する『しゃばけ』（畠中恵） 2018年10月12日・339回

■怪異招き入れる心の隙間『ぼぎわんが、来る』（澤村伊智） 2019年01月11日・351回

■教育の道進んだ家族の物語『みかづき』（森絵都） 2019年02月08日・355回

■心理劇のヒリヒリ感『第三の時効』（横山秀夫） 2019年03月22日・361回

■偶然か、それとも作為か『点と線』（松本清張） 2019年05月31日・371回

■生き残りをかけた挑戦『陸王』（池井戸潤） 2019年07月12日・377回

■重い荷物を背負って歩く『慈雨』（柚月裕子） 2019年09月20日・387回

■名付けられない2人の関係『流浪の月』（凪良ゆう） 2020年05月22日・421回

■恐妻家の殺し屋の家族愛『AX　アックス』（伊坂幸太郎） 2020年06月26日・426回

■死刑囚の実像『イノセント・デイズ』（早見和真） 2020年12月25日・452回

■現実超える暗黒世界『バラカ』（桐野夏生） 2021年01月08日・453回

■時代の波にのまれてもがく『漂砂のうたう』（木内昇） 2021年03月19日・463回

■恐怖乗りこえリングに立つ『空の拳』（角田光代） 2021年12月03日・500回

■幸せの形は自分で決める『そして、バトンは渡された』（瀬尾まいこ） 2022年03月04日・512回

■いびつな日常があらわに『パレード』（吉田修一） 2022年06月10日・526回

■人を受け入れ癒やす場所『ドライブインまほろば』（遠田潤子） 2022年06月24日・528回

■無人の家にあった木の椅子『ノースライト』（横山秀夫） 2022年07月08日・530回

■取調室での緊迫した心理戦『爆弾』（呉勝浩） 2022年08月19日・536回

■永遠になり得る恋『平場の月』（朝倉かすみ） 2022年12月09日・552回

■人生はままならない『身分帳』（佐木隆三） 2022年12月23日・554回

■相手を丸ごと受けとめる『やめるときも、すこやかなるときも』（窪美澄） 2023年01月27日・558回

もっともっと読みたい

■驚嘆を禁じ得ない名探偵『モルグ街の殺人』（エドガー・アラン・ポー、小川高義訳）2012年12月21日・39回

■孤独だからこそ見えるもの『解錠師』（スティーヴ・ハミルトン、越前敏弥訳）2013年01月11日・42回

■ぱっとしない人生だけど『通天閣』（西加奈子）2013年02月08日・46回

■数珠つなぎの楽しさ『三毛猫ホームズの推理』（赤川次郎）2013年03月29日・53回

■本そのものが持つ物語『ビブリア古書堂の事件手帖〜栞子さんと奇妙な客人たち〜』（三上延）2016年01月22日・199回

■日常から得る生きる力『昨夜のカレー、明日のパン』（木皿泉）2016年04月01日・209回

■事件の背景に社会の矛盾『震える牛』（相場英雄）2016年05月20日・216回

■独特な世界観にひたる『烏に単は似合わない』（阿部智里）2016年09月16日・233回

■省エネ少年が推理する『氷菓』（米澤穂信）2017年01月20日・250回

■真実を知り、引き受ける『罪の声』（塩田武士）2017年03月10日・257回

■遠くへ、遠くへ『だから荒野』（桐野夏生）2017年04月21日・263回

■老紳士に12カ所の刺し傷『オリエント急行殺人事件』（アガサ・クリスティー、安原和見訳）2017年05月19日・267回

■じわりと暗い予感『永遠の1/2』（佐藤正午）2017年06月30日・273回

■ささやかな奇跡の積み重ね『アイネクライネナハトムジーク』（伊坂幸太郎）2017年09月08日・283回

■語ることによる解放『おそろし』（宮部みゆき）2018年03月23日・310回

■断ち切れない悲劇の連鎖『贖罪』（湊かなえ）2018年04月27日・315回

■タフで孤独な私立探偵『長いお別れ』（レイモンド・チャンドラー、清水俊二訳）2018年06月22日・323回

■ひとりで罪を抱きしめる『紙の月』（角田光代）2018年07月13日・326回

■情報化社会の暗部の怖さ『噂』（荻原浩）2018年07月27日・328回

ミニコラム②
デビュー時に話を聞く

文芸担当になって最初にインタビューしたのは中村文則《なかむらふみのり》さんだ。2002年12月27日。当時25歳《さい》だった中村さんは『銃《じゆう》』で新潮《しんちよう》新人賞を受け、同作が芥川賞《あくたがわしよう》候補になっていた。私は30代後半、記者としてはそれなりにキャリアを積んでいたが、小説の話を作者本人に聞くのは初めて。中村さんについての事前情報はほとんどなく、読める作品も『銃』しかなかった。

場所は名古屋《なごや》駅近くの喫茶店《きつさてん》だった。中村さんは肩《かた》をすぼめて不安げな表情を浮かべている。「『銃』、読ませていただきました」と言うと「すみません」と応じる。「すみません、なんですか?」と問うと「はい、すみません」とまた答えて下を向いている。

だが小説の話をするうちにほぐれてきた。経歴を詳《くわ》しく聞く。小説を書くようになったのは必然だと思えてきた。芥川賞の話になり「候補にしていただいただけで、すみませんって感じです」とつぶやいた後、こう言った。「でも、一生書いていくつもりです」

帰りの新幹線で、文芸担当も面白《おもしろ》いかもしれないと考えていた。作家のデビュー時に話を聞けるなんて幸せだ。中村さんは書き続けるだろうか。それを追っていきたいと思った。

第8章

豊かに流れる子どもの時間

本当にいるような気がして

だれも知らない小さな国

佐藤さとる

講談社青い鳥文庫

（2018年02月23日・306回）

この本に出会ったときのことをよく覚えている。佐《さ》藤《とう》さとる（1928〜2017年）の「だれも知らない小さな国」。小学校の図書室で読み終えたとき、周囲はひっそりとしていた。

学校からの帰り道、目を凝《こ》らさずにはいられなかった。校庭のはしの草むらのあたり。桜の木のうろ。家に帰ってからも物陰《ものかげ》を走る小さな影《かげ》を探した。〝彼《かれ》ら〟が本当にいるような気がして。

主人公は、小3の「ぼく」。夏休み、杉林《すぎばやし》の向こうに小山を見つける。登ると、奇妙《きみょう》な三角の平地が見えた。泉もあった。気に入って、ひそかに何度も遊びに来る。

フキを採りに来たおばあさんから、言い伝えを聞く。昔からここには小人が住んでいる。いたずら好きで目にもとまらないほどすばしこい。「ぼく」は「いまだって、どこかの草の下で、くすくすわらいながらきいているかもわからない」と思う。

翌年の夏休み。小山に遊びに来た女の子が、赤い運動靴《うんどうぐつ》を川に流してしまう。見つけて拾おうとした「ぼく」は気づく。靴の中に小指ほどの大きさの人が2、3人いて、かわいい手をふっていた。

戦争が終わり、すっかり成長した「ぼく」は、また小山を訪ねる。以後、目のはしを黒い影がかすめるようになる。

やがて「ぼく」の前に姿を現した彼らを、「ぼく」はアイヌの言い伝えにあるコロボックルではないかと思う。彼らは「ぼく」を「セイタカサン」と呼ぶ。

彼らは「ぼく」を長いあいだ観察し、味方になってくれるかどうか見きわめていたのだ。彼らの国を守るため、何をすればいいのか——。

私たちは、小さな彼らにじっと見られているのではないかと思うことがある。「セイタカサン」のように信頼《しんらい》できる味方なのか、試《ため》されているのかもしれない。

もっと知りたい

コロボックルたちは味方になってくれる人を探していた。それはどんな人か。まず彼らが生きていることを信じてくれる人。そして、つかまえて見せ物にしたいとか、標本にしたいなどと考えない人だ。彼らには苦難の歴史があった。人間にひどい目にあわされてきた。老人が言う。「ネズミヨリモ　モズヨリモ、ワシラハ　ニンゲンガ　コワイノダ」

針金のように立ち上がる髪

マイマイ新子

高樹のぶ子

ちくま文庫

（2017年09月22日・285回）

新子《しんこ》は9歳《さい》。山口県防府《ほうふ》市国衙《こくが》に祖父母、両親、5歳の妹と暮らす。父は大学の先生で、めったに家に帰ってこない。

近くの小川を前に「千年もの大昔、御《ご》先祖《せんぞ》さまが作った川なんじゃ。ここはな、そのころ周防《すおう》の国の都じゃった」と教えてくれるのは祖父の小太郎《こたろう》だ。いつも新子の味方になってくれる。小川の上に藤蔓《ふじづる》で編んだハンモックをかけてある場所は、2人だけの秘密だ。

新子の頭にはつむじが二つ。一つは額の上にあり、前髪《まえがみ》が上向きに生えている。このつむじを家族はマイマイと呼ぶ。マイマイの髪は針金のようにピンと立ち上がることがある。悲しい時やうれしい時、怒《おこ》った時も、ぐぐぐっと上がってくる。

近所の防空壕《ぼうくうごう》が元々は山賊《さんぞく》の隠《かく》れ家《が》だったと聞き、男の子たちと「決死隊」を組んで探検に出かけたり、ジェームズ・ディーンの主演映画のキスシーンを見に行ったり。新子はパワフルで好奇《こうき》心旺盛《しんおうせい》、自分の目で確かめないと気が済まない。

友だちのタツヨシの父親が自殺した。警察官として悪いことをしたからで、バーの女の人に「ひっかかった」という。タツヨシと遊ぶなと言う祖母。だが新子はタツヨシとバーに向かう。「カタキウチ」が目的だった。

髙樹《たかぎ》のぶ子《こ》（1946年〜）の「マイマイ新子」は自身の子ども時代がモデルの小説。舞《ぶ》台《たい》は1955年、終戦から10年後だ。

父は特攻隊《とっこうたい》の生き残りだし、祖母は広島の原爆《げんばく》で弟を失っている。戦争の傷はまだ生々しく、死は身近にあった。日本は貧しかったが、自然は豊かで、時間はゆったり流れていた。

終盤《しゅうばん》、小太郎の死に直面する新子。ハンモックの上で空を見上げる。「雲はゆっくり右から左に動いていく。水もずっと、頭から足の方へ流れていった」

もっと知りたい

新子の疑問力はすごいパワーだ。例えば先生に「10引く3の答えは7だ、というのはわかるけれど、引いた3はどこに行っちゃうんですか」と聞く。気になって仕方がないのだ。広島平和記念資料館に行き、原爆の被害を目の当たりにしたときには、大声で叫びだしたい気分になる。どうしてどうして？　母親が「みんな戦争が悪いの」と言うが納得できなかった。

少年の心情を写し取る

しろばんば

井上靖

まだ名づけることができないような思い、あわあわとした未分化の感情が、豊かな自然とともに描《えが》かれる。井上靖《いのうえやすし》（1907〜91年）の自伝的小説「しろばんば」は、小学生の少年の心をありのまま写し取る。

大正期、静岡・伊豆《いず》半島の天城《あまぎ》山麓《さんろく》にある山村が舞台《ぶたい》。洪作《こうさく》は5歳《さい》のときから、おぬい婆《ばあ》さんと土蔵で暮らしている。亡《な》くなった曽祖父《そうそふ》の「妾《めかけ》」だった女性だ。

両親は愛知・豊橋《とよはし》に住む。母が洪作の妹を産んだ後、ごく短期間のつもりでおぬい婆さんに洪作を預けた。おぬい婆さんは「不安定極《きわ》まる地位」を確かなものにするため洪作を手放さず、溺愛《できあい》した。洪作もなついた。

新潮文庫

（2021年09月17日・489回）

近くに、本家である「上《かみ》の家」があり、洪作の祖父母、母の弟や妹がいる。洪作はおぬい婆さんから「上の家」の悪口ばかり聞かされたが、彼女《かのじょ》の孤独《こどく》な立場を理解し、味方になった。

おぬい婆さんと両親のもとを訪ねる旅。大好きな叔母《おば》、さき子《こ》の恋《こい》と妊娠《にんしん》、出産。初めて海を間近に見たときは「うわっ、海だ！」と何度も叫《さけ》ぶ。「心にたぎり立っているもの」を表現する言葉を知らなかった。

後半、洪作は高学年になっている。中学受験のため熱心に勉強を始める。父方の祖父に会い、尊敬できる大人だと感じる。そして、おぬい婆さんとの別れの時が訪《おとず》れる――。

抜群《ばつぐん》の存在感を示すのがおぬい婆さんだ。口は悪いが、洪作に深い愛情を注ぎ、滑稽《こっけい》さと悲哀《ひあい》をにじませる。教室にいる洪作が、彼女がこちらに向かって来るのを窓から見たとき、その小ささと老いに気づいて胸を突《つ》かれる場面は切ない。

成長とは、新しい感情との出会いを積み重ねることをいうのだろう。洪作は物語の最後に「侘《わび》しさ」を知る。郷里を離《はな》れる日のことだった。

もっと知りたい

洪作は暴風雨の日が好きだ。事前に家の周囲を見回り、風に吹き飛ばされそうな物を片づけるなど忙しく働く。夜中、いよいよ風雨が激しくなると「おーい」と近所の人たちが次々にやって来る。おぬい婆さんは「よく来てくれたな。村はどんな具合じゃ」と聞き、情報を集める。いちいち「あれさ」と言って驚き、にぎり飯を渡す。ユーモラスで心温まるシーンだ。

現実と異世界をつなぐ傘

霧のむこうのふしぎな町

柏葉幸子

この世界のどこかに裂《さ》け目があって、へんてこりんな場所に通じている。柏葉幸子《かしわばさちこ》（１９５３年～）の「霧《きり》のむこうのふしぎな町」は、まさにそんなファンタジーだ。

小６のリナは夏休み、父にすすめられて一人旅に出る。目指すは「霧の谷」。言われた通りの駅で電車を降りるが、たどり着けない。森で困っていると、持って来た傘《かさ》がリナを導く。

霧のむこうに小さな町が現れる。町には家が６軒《けん》。リナはピコット屋敷《やしき》に下宿する。「はたらかざる者、食うべからず」。あるじのピコットばあさんは容赦《ようしゃ》ない。「はたらくっていっても、なにもできないんです」。リナは不安だった。

講談社青い鳥文庫

（2022年02月11日・509回）

でも、屋敷には愉《ゆ》快《かい》な人たちがいる。発明家のイッちゃんは「大きくて、まるくて、まっかな鼻」が特徴《とくちょう》。コックのジョンはとびきりおいしい料理を作る。洗濯《せんたく》や掃除《そうじ》をするキヌさんはやさしくて、ネコのジェントルマンはとてもかしこい。

最初の仕事は本屋の手伝いだ。ある日、トーマスがやっている船具屋に本を回収に行く。そこにオウムのバカメがいた。

「このぷっとふくらんだこむすめはなんだ。ふくらし粉でも食わせたのか」。口の悪いバカメに、リナは負けじと言い返すが、バカメが歌った時は手をたたいてほめた。トーマスもバカメも、リナを受け入れていく。

せともの屋、おもちゃ屋でも仕事をする。「めちゃくちゃ通り」とも呼ばれるこの町で、ほかにもはずかしがりやのトラや、お面をはずさない子ども、おかし好きの小《こ》鬼《おに》らに出会いながら、リナは自信をつけていく。

夏休みはいつかは終わる。家に帰るリナへのピコットばあさんからのおみやげは、現実と異世界をつなぐ傘。あの町がどこかにある。そう思うだけで楽しくなる。

もっと知りたい

リナは「霧の谷」で、すてきな色をたくさん知る。「六月の風の色。十一月の海の色。だんろの中のほのおの色。西にしずむ太陽の色。山の湖の色」。リナはイッちゃんに言う。「わたし、西にしずむ太陽の色、大すき。もえているようでいて、どこかさびしげで」。そんな色があるなんて、リナは今まで気づかなかった。しずんでいく太陽を、見ようともしなかったから。

互いを思って勇気をふるう

点子ちゃんとアントン

エーリヒ・ケストナー、池田香代子訳

岩波少年文庫

（2023年01月06日・555回）

ドイツの作家、エーリヒ・ケストナー（１８９９〜１９７４年）の「点子《てんこ》ちゃんとアントン」は、裕福《ゆうふく》な家に生まれたおちゃめな女の子の点子ちゃんと、貧しい家に育つ母親思いのやさしい男の子アントンとの友情物語だ。

点子ちゃんは言うことなすこと、愉快《ゆかい》だ。体に枕《まくら》をしばりつけ、その上から父さんのガウンをはおり、麦わら帽子《ぼうし》をかぶる妙《みょう》ちきりんな格好で、父さんに「乗車券を拝見します」なんて言う。そうかと思うと「ふたごだったらよかったのに」と言い出して父さんを困らせたりもする。

父さんはステッキ工場の社長で多忙《たぼう》、母さんもパーティーや観劇で忙《いそが》しい。大邸宅《だいていたく》に住んでいても点子ちゃんは寂《さび》しい。メイドのベルタさんと犬のピーフケは味方だが、養育係の女性、アンダハトさんは意地悪だ。

そのアンダハトさんが夜な夜な点子ちゃんを連れだし、橋の上で物乞《ものご》いをさせていることが明かされる。道行く人に「お母さんは、まるで目が見えません」とうそをついて金をもらうのだ。アンダハトさんはその金を男に貢《みつ》ぐ。男はさらに悪だくみをしているようだ。

アントンは、病気の母さんのために料理をしたり、靴《くつ》ひもを売って生活費を稼《かせ》いだりしている。だから疲《つか》れて授業中に眠《ねむ》ってしまう。アントンの先生は怒《おこ》っているが、アントンは先生に事情を説明しようとしない。「自分で言うくらいなら、舌をかみ切ったほうがましだよ」と言う。プライドの問題のようだ。

点子ちゃんは友のために思い切った行動に出る。アントンも点子ちゃんのために大活《だいかつ》躍《やく》する。２人は互《たが》いに相手を思いやって勇気をふるうのだ。

点子ちゃんの父さんはそんな２人に感化されて変わる。子どもが大人を励《はげ》まし、進むべき道を示すこともある。

もっと知りたい

本作の各章の終わりに「立ち止まって考えたこと」という作者からのメッセージがある。最終の16章の後にはこう記される。「みんなは、ぼくたちおとなのほとんどよりも、きちんとした人になってほしい。正直な人になってほしい。わけへだてのない人になってほしい。かしこい人になってほしい」「できないことなんて、ないんだ」。まるで祈りのようだ。

誰かを大切に思う心

ぼくのメジャースプーン

辻村深月

講談社文庫

（2012年06月29日・14回）

小学4年の「ぼく」が一番好きな女の子は幼なじみのふみちゃん。ぶあついメガネをかけ、歯に矯正《きょうせい》器具をはめている。何でもできて、はきはきとしゃべり、話も楽しい。クラスの中心人物で、困っている子に声をかけてあげる優《やさ》しさもある。

ふみちゃんはいつも一人でいる。仲間はずれにされた子はふみちゃんを頼《たよ》るけど、もとのグループの子と仲直りすると去っていく。でも、ふみちゃんは堂々としている。「ぼく」はそんなふみちゃんを尊敬していた。

ふみちゃんは学校にいるウサギが大好きで、飼育係をしていた。ある朝、そのウサギたちが殺された。耳や足、首を切り取られていた。第一発見者はふみちゃんだった。ふみちゃんは学校に来られなくなった。

やがて犯人は医学生の市川雄太《いちかわゆうた》だとわかる。ウサギを殺す場面や、ふみちゃんが泣いている映像をインターネットに流して楽しんでいた。

「ぼく」は封印《ふういん》していた不思議な声の「力」を使って、市川と対決しようと決意する。力の使い方を学ぶため親戚《しんせき》のおじさんのところに通い始める。市川の罪にふさわしい罰《ばつ》とは何か。「ぼく」は罪の重さをはかる。

辻村深《つじむらみ》月《づき》（１９８０年〜）の「ぼくのメジャースプーン」はミステリー小説。物語に「なぞ」や「しかけ」がうめこまれ、最後に「あっ！」と驚《おどろ》く「どんでん返し」がある。ポイントは「ぼく」が市川と対決するとき、どんなふうに「力」を使うかだ。

物語に出てくるような悪意や暴力は現実に存在する。でも、本を閉じたときに胸に残るのは、誰《だれ》かを大切に思う心のあたたかさと、勇気をふりしぼって何かに立ち向かうことの尊さだ。「ぼく」の闘《たたか》いを見守りながら、あなたならどうするか考えてほしい。

無人島でのサバイバル

十五少年漂流記

ジュール・ヴェルヌ、波多野完治訳

新潮文庫

（2013年08月02日・71回）

　1860年3月、8歳《さい》から14歳の少年だけを乗せた帆船《はんせん》「スルギ号」が、ひょんなことから太平洋へ出てしまう。大嵐《おおあらし》が来る。メインの帆柱《ほばしら》や羅《ら》針盤《しんばん》を失い、何度も転覆《てんぷく》しかける。やがて船はどこかの岸に着く。ここは大陸か島か。人は住んでいるのか。危険な動物は？　15人の少年たちの冒険《ぼうけん》が始まった。

　ジュール・ヴェルヌ（1828～1905年）の「十五少年漂流記《ひょうりゅうき》」は冒険小説の傑作《けっさく》だ。無人島に流れ着いた15人が、子どもだけでどうやってサバイバルするのか。手に汗握《あせにぎ》り、最後まで目が離《はな》せない。

　乗組員だった黒人モーコー以外の14人は白人だ。最年長で思《し》慮深《りょぶか》いゴードンはアメリカ人、勇気があって小さい子に好かれているブリアンと弟ジャックはフランス人、あとはイギリス人という構成。当時イギリスの植民地だったニュージーランドの寄宿学校の生徒たちで、学校での人間関係を引きずっている。ドノバンは人気のあるブリアンがねたましい。何かと突《つ》っかかり、和を乱す。

　でも、上級生は狩《か》りや釣《つ》りで食べ物を確保するし、道具もうまく使う。植物の知識も豊富だ。現代人に比べると、ずっとサバイバル能力がある。

　島を探検し、ほら穴を見つける。スルギ号を解体し、いかだを作って荷物を運ぶ。住居を整える。地形を把握《はあく》する。上級生は小さい子に勉強を教える。選挙をして大統領を決める……。少年たちの生活は社会の縮図だ。

　人の意見をよく聞き、相手を尊重して仲良く暮らすのは、たやすいことではない。誰《だれ》かが犯《おか》したあやまちを許すこともまた、難しい。安定しかけた生活が内部から、そして外部からも脅《おびや》かされる。16人目の少年となって、いっしょに立ち向かってほしい。

混じりけのない少年の恋

ペンギン・ハイウェイ

森見登美彦

角川文庫

（2015年05月29日・166回）

「ぼくはたいへん頭が良く、しかも努力をおこたらずに勉強するのである。（略）ぼくはまだ小学校の四年生だが、もう大人に負けないほどいろいろなことを知っている。毎日きちんとノートを取るし、たくさん本を読むからだ」

森見《もりみ》登《と》美彦《みひこ》（1979年～）の小説「ペンギン・ハイウエイ」の主人公は、ちょっと変わった話し方をする男の子。理屈《りくつ》っぽくて、前向きで、好奇《こうき》心《しん》にあふれている。

数年前に両親や妹と、この町に引っ越《こ》してきた。町は新しくぴかぴかしていて、今も増殖中《ぞうしょくちゅう》だ。

町にたくさんのアデリーペンギンが現れる。南極やその周辺にいるはずのペンギンだ。どこから来たのか。やがて歯科医院で働く大好きなお姉さんがコーラの缶《かん》を投げたとき、それがペンギンに変わるのを見る。お姉さんが「ぼく」に言う。「この謎《なぞ》を解いてごらん」

奇妙《きみょう》な出来事が次々に起こる。同じクラスのウチダ君やハマモトさんも研究に加わり、謎に挑《いど》む。

3人は町の奥《おく》にある森と草原の境界に観測ステーションを置き、共同研究する。みんな宇宙に興味を持っている。ブラックホールや相対性理論についても話し合う。「ぼく」は特に「世界の果て」がどうなっているのか知りたい。そしてお姉さんのことも知りたい。

いろいろな謎が解けて、町の秘密が明らかになった後、「ぼく」はつらい別れを経験する。「ぼく」は父に言う。「世界の果てを見るのはかなしいことでもあるね」。父は答える。「もちろんそうだよ。だから人は泣く」

冒険心《ぼうけんしん》やユーモアがたっぷりつまったSFファンタジーであると同時に、混じりけのない少年の恋《こい》と、喪失《そうしつ》の物語でもある。それは、大人になるために通らなければならない関門の一つなのだと気づく。

たくさんの「を」の字

銀の匙

中勘助

小学館文庫

（2015年06月19日・169回）

本箱の引き出しの中にしまってある銀の小匙《こさじ》のことを、「私」は忘れたことはない――。銀の匙を発端《ほったん》に、「私」は伯母《おば》に愛されて育った子どものころの思い出を語り始める。中勘助《なかかんすけ》（１８８５〜１９６５年）の自伝的小説「銀の匙」。前編は13年に、後編は15年に、新聞に連載《れんさい》された。

明治《めいじ》時代の東京が主な舞台《ぶたい》だが、１００年たっても古びない。読んでいくうちに、大人から見れば「ささいなこと」に胸を膨《ふく》らませたり、心をふさがれたりした幼いころの感情が、まざまざとよみがえってくる。

「私」は体が弱く、外に出るときには伯母さんの背中にかじりついている。伯母さんは、昼は「私」の遊び相手になり、夜はいろいろな話をして寝《ね》かしつけてくれる。伯母さんは無尽蔵《むじんぞう》に話を知っていて、上手に語る。

「私」は泣き虫で、意気地《いくじ》なしだ。ひとりでいるのが好きで、家の中の窓とたんすのすきまに入りこみ、たんすに「を」の字をたくさん書く。

「平仮名の『を』の字はどこか女の坐《すわ》った形に似ている。私は小さな胸に、弱い体に、なにごとかあるときにはそれらの『を』の字に慰藉《いしゃ》を求めてたので、彼《かれ》らはよくこちらの思いを察して親切に慰《なぐさ》めてくれた」

かくれんぼをして遊ぶとき、友だちの姿が見えなくなると急に心細くなること。学校に上がる前には大きな不安を抱《かか》えていたこと。先生にしかられて教室に残されたときの悔《くや》しさ。初めて見た海の不思議……。後編では、やがて離《はな》れて暮らすようになった伯母との再会の場面も描《えが》かれる。

中がこれを書いたのは20代後半だが、幼児期、少年期の感覚をこれほど鮮《あざ》やかに書くことができたのはなぜだろう。子どもの心を凍結《とうけつ》保存し、それを解凍《かいとう》することに、みごとに成功している。

クモの巣におりた露の珠

幼ものがたり

石井桃子

福音館文庫

（2016年03月04日・205回）

あなたの一番古い記憶《きおく》はどんなものだろう。きれぎれの場面、大人の言葉、そのときの自分……。それはきっと、何か切実な感情と絡《から》んでいる。

石井桃子《いしいももこ》（1907〜2008年）の「幼《おさな》ものがたり」は、著者が学校にあがるころまでの思い出をつづった本である。

1歳《さい》数カ月ぐらいの記憶まで出てくるから驚《おどろ》く。弟が、母の胎内《たいない》からすべり出てくるのを見たというのだ。

次の記憶では、母が奇妙《きみよう》な赤いものを抱《だ》いている。「私」は母のそばに立ち「からだもはりさけそうに泣き叫《さけ》んでいた」。母が自分以外の子どもを抱いていることがつらかったのだろうか。

しかし、この弟は名前がつく前に亡《な》くなる。母の悲しみを感じたのだろう。母と風呂《ふろ》に入った私は「赤んぼうがいなくても、おっぱいがいるからいいね」と言って母の乳房《ちぶさ》をなでた。

幼い娘《むすめ》の優《やさ》しさに、母はどれほどなぐさめられたことか。こうした宝石のような場面が続く。

家族や友人との関わり。家の近くで咲《さ》くアンズやスミレの花の魅力《みりよく》。ひな祭りやお盆《ぼん》、キノコ狩《が》りを心から楽しみ、わくわくしながら遠出する。うまく言葉にできなかったときのもどかしさや、容姿を批評された心の痛みといった感情も生き生きとつづられる。

「目のまえの茶の木の枝にクモの巣がかかり、それにこまかい露《つゆ》が一面におりていた。クモの巣はかすかに揺《ゆ》れ、露の珠《たま》は、そのたびに七色に色を変えて輝《かがや》いた。（略）私は、あれ以来、あのときのような、全身がきゅっとひきしまるような、すがすがしい空気のなかに身をおいたことがないようにさえ思える」

幼い者の目に映った世界の細部の記憶と、それを受け止めたときの感情がそのままに記され、夢のように美しい。

異国で暮らす少年の成長

Masato

岩城けい

集英社文庫

（2018年08月17日・331回）

父の海外赴任《ふにん》で、真人《まさと》の一家はオーストラリアに移り住む。日本にいれば小6だったが、公立小の5年に転入した。日本にいる友達からは「もう英語ペラペラになったんだろ？」「ラッキーだね」なんて言われる。でも実際は文化や言葉の壁《かべ》にぶち当たり、はね返される日々だ。

同級生の言葉が分からない。無視されるし、ランチのときは一人だ。意地悪なエイダンには「スシ！　スシ！　スシ！」とはやされる。けんかして校長室に呼ばれても、自分の言い分を主張することもできない。つらさを分かって慰《なぐさ》めてくれるのは柴犬《しばいぬ》のチロだけだ。

それでも少しずつ、状況《じょうきょう》は変わっていく。友達ができるのだ。ピアノがうまくて頭のいいケルヴィン、虫が好きで気持ちの優しいノア、サッカーのうまいジェイク……。

ジェイクに誘《さそ》われてサッカーをしたときの興奮。試合の後、みんなで肩《かた》を組み、歌にあわせてとびはねる。チームの合宿にも誘われた。「おまえも来るだろ？」。真人は思う。「ぼくは、ここにいてもいいんだ。――ぼくは、ここにいたい！」

やがて姉は日本の高校に通うため帰国する。しかし真人は「Masato」として周囲に溶《と》け込《こ》んでいく。6年で担任になったオキーフ先生も気に入った。劇にも出る。

だが、この国になじんでいけばいくほど、母との距離《きょり》は広がっていく。母が父に言う。「あの子に英語でしゃべられると何言ってるのかわかんないのよ。自分の子供なのに何言ってるかわからないなんて！」。そして、大好きなチロが死ぬ――。

岩城《いわき》けい（1971年～）の小説「Masato」は、異国で暮らす家族の困難と少年の成長をみずみずしく描《えが》く。いつか、子供は一人立ちをするときがくる。その過程の苦くて誇《ほこ》らしい時間が凝縮《ぎょうしゅく》されている。

迷いこんだへんてこな世界

不思議の国のアリス

ルイス・キャロル、河合祥一郎訳

角川文庫

（2020年08月07日・432回）

アリスという名の少女が土手で姉と並んですわっていると、白ウサギが現れる。チョッキを着たウサギは「まずい！　まずい！　遅刻《ちこく》だぁ！」と言って走り去る。アリスはそれを追い、ウサギが飛び込《こ》んだ穴に自分も飛び込む。そこには不思議な世界が広がっていた。

最初に迷いこんだ広間で「ワタシヲオノミ」と書かれたびんの液体を飲み体がどんどん小さくなる。次にケーキを食べて体が大きくなる。大きくなったり小さくなったりして戸惑《とまど》い「へんてこりんがどんどこりん！」と叫《さけ》ぶ。泣きだしたアリスの涙《なみだ》で池ができる。

アリスはまた縮んでしまい、自分の涙の池で泳ぐ。ネズミに助けを求めるが、ネコやイヌの話をして怒《おこ》らせてしまう。カモやドードー鳥、インコやワシの子も現れ、みんなで岸に上がる。

その後も変なものが次々登場する。タバコをふかし、ぶっきらぼうにしゃべる青虫。トランプの兵隊。いつもニヤニヤ笑っているチェシャーネコ。三月ウサギと帽子《ぼうし》屋《や》とヤマネの奇妙《きみょう》なお茶会にも参加する。教訓好きの公爵夫人《こうしゃくふじん》、何かにつけて「この者の首をはねよ！」と言う女王様。それぞれが強烈《きょうれつ》な印象を残す。

英国人、ルイス・キャロル（1832〜98年）の「不思議の国のアリス」は、言葉遊びやおかしな詩がぎっしりつまった愉快《ゆかい》な物語だ。著者がピクニックの途上《とじょう》、友人の娘《むすめ》であるアリスのために、即興《そっきょう》で作った物語がもとになっている。教訓や教育ではなく、少女をただ楽しませたいという作者の思いが核《かく》にある。

明るく、勇敢《ゆうかん》なアリスと、小心者で上司に従順、時間に追われている白ウサギは対照的だ。この対比は子どもと大人の違《ちが》いに重なる。未来をたくさん抱《かか》えた子ども時代。その魅力《みりょく》を伝える物語にも思えてくる。

自然の力による再生の奇跡

秘密の花園

フランシス・バーネット、
土屋京子訳

光文社古典新訳文庫

（2021年05月21日・472回）

インド生まれのメアリは、かわいげのない子どもだった。父は当時インドを統治していた英国の軍人で忙《いそが》しく、母は娘《むすめ》に関心を持たず、インド人の乳母《うば》に育児を任せきりにしていた。誰《だれ》にも愛されずに育ったのだ。

そんなメアリは両親や乳母をコレラで失い、英国・ヨークシャーの屋敷《やしき》に住む叔父《おじ》に引き取られる。大きな屋敷はムーアのはずれにある。ムーアとはエニシダやヒースなどしか生えない広大な土地のことだ。

メアリが屋敷に着いても、叔父は会おうともせずロンドンへ発《た》つ。彼《かれ》は10年前に妻を亡《な》くしてからずっと、ふさぎこんでいた。

一人ぼっちのメアリ。だが屋敷で働く若い女性のマーサと親しくなる。老庭師のベンと話をするようになり、コマドリとも友達になる。コマドリに導かれるように、なぞの庭の鍵《かぎ》を手に入れ、中に入る。そこは10年間、足を踏《ふ》み入れた人がないという場所だった。

庭との出会いが奇跡《きせき》の始まりだ。神秘的なその庭をメアリは「秘密の花園《はなぞの》」と名づける。マーサの弟で、キツネやカラスと意思疎通《いしそつう》ができるディコンと仲良くなったメアリは彼《かれ》をそこに招く。２人は庭の再生に熱中する。メアリは明るく、健康な少女に変わっていく。

ある夜、屋敷の中で泣き声を聞く。いとこのコリンだった。彼は生まれてすぐに母を亡《な》くし、隠《かく》れるように暮らしてきた。病弱で、自分が長く生きられないと思っていた。

メアリはコリンを外に連れ出す。彼が「秘密の花園」に入る日が来る。

フランシス・ホジソン・バーネット（１８４９〜１９２４年）の「秘密の花園」は、子ども同士の信頼《しんらい》と自然との交流による魂《たましい》の回復の物語。子どもの中に本来備わっている「善《よ》きもの」が「魔法《まほう》」を発動させ、新たな道をひらく原動力となる。

生きものの濃厚な息づかい

少年動物誌

河合雅雄

福音館文庫

（2021年07月30日・482回）

人と生きものとのかかわりは、世話をやいたり、かわいがったりするだけではない。仲間になったり、対決する相手になったり、畏敬《いけい》や恐怖《きょうふ》の対象になることもある。残忍《ざんにん》な気持ちを抱《いだ》くことさえあるのだ。

ニホンザルなど霊長類《れいちょうるい》の研究で知られた河合雅雄《かわいまさを》（1924〜2021年）の「少年動物誌」は、河合が生まれ育った兵庫・丹波篠山《たんばささやま》を舞台《ぶたい》に、少年と生きものの交流をつづる。その姿や動きだけでなく、においや音までも生き生きと伝える。

夏祭りで買ったモルモット2匹《ひき》。「子どもをたくさん産ませて、がっぽりもうける」つもりだった。弟と小屋を作って育てる。3年後、70匹まで増えた。小屋は大混雑し、修羅場《しゅらば》と化した。

台風の日、水浸《みずびた》しになってしまわないように、弟と「ぼく」はモルモットを何匹も胸に抱《かか》え、雨に打たれながら震《ふる》えていた。「みんな死んでしまえ」と願いながら「死ぬのはかわいそう」とも思う。人に売って40匹まで減るが、モルモットが食う大量の草を刈《か》り、運ぶ作業は大変だ。「ぼく」は憂鬱《ゆううつ》になる。

南の山麓《さんろく》には墓があるので近づかない。でもある日、めずらしい虫を求めて南麓を目指す。大きな甲虫《こうちゅう》を見つける。「なんだかよくわからないいらだたしさが、この虫の奇妙《きみょう》に長い首を、ちぎってしまいたいような衝動《しょうどう》に、ぼくを駆《か》りたてる」

かわいがっていたジュウシマツを食ったヘビへの報復。神出鬼没《しんしゅつきぼつ》のクマネズミとの戦い。大きなウナギとの格闘《かくとう》。病気で寝《ね》ているときにはイタチの気配に慰《なぐさ》められ、空気銃《くうきじゅう》を持って追い続けても仕留められないタヒバリの飛翔《ひしょう》に胸を突《つ》かれる。

生きものの濃厚《のうこう》な息づかいを感じる。本書を読むうち、人もまた自然の一部なのだという実感に包まれてゆく。

悪役の魅力で輝きを増す

宝島

スティーヴンスン、海保眞夫訳

岩波少年文庫

（2022年11月18日・549回）

読み始めたら一気に走り抜《ぬ》けるしかない。英国の作家、ロバート・ルイス・スティーヴンスン（１８５０〜94年）の冒険小説《ぼうけんしょうせつ》「宝島」。子どもから大人までどんな読者の心もわしづかみにして、宝の島へ強引《ごういん》に連れて行ってしまう。

舞台《ぶたい》は18世紀。少年ジムの父が営む宿屋に年老いた船乗りが現れ、長く滞在《たいざい》したことが始まりだ。男はジムに「一本足の船乗り」が来たら知らせろと命じる。

やがて父が病死。その後、男も死ぬ。男が残した衣類箱から海賊《かいぞく》が財宝を隠《かく》した島の地図が見つかる。ジムは、親切で勇敢《ゆうかん》な医師リヴシー、地域の名士トリローニらと島へ向かおうと決意する。

トリローニが船を手に入れ、スモーレット船長以下、船員も集まる。だが実は、船員の多くが財宝をねらう海賊だった。中でも料理人として加わったシルヴァーは、宿屋で死んだ男がおそれていた「一本足の船乗り」だった。

島への航海の終盤《しゅうばん》、ジムは偶然《ぐうぜん》、シルヴァーの凶悪《きょうあく》なたくらみを知る。リヴシーやトリローニ、スモーレット船長ら味方に伝えるが、敵の方が多い。どう戦えばいいのか。

島に着く。ジムは大胆《だいたん》な行動に出て大人たちをしのぐ活《かつ》躍《やく》をする。機転がきくし、勇気がある。敵のシルヴァーさえも「おれはおめえがいつだって好きだった」と言う。実際、海賊たちにつかまったときに助けてくれたのはシルヴァーだった。彼《かれ》は巧《たく》みに海賊たちをあやつり、事態がどう変わっても自分だけは助かるように計算している。

この邪悪《じゃあく》でずるがしこいシルヴァーこそが、物語の真の主人公だという気もしてくる。不正義のかたまりで強くもない。でも、なぜか憎《にく》めない。そして、周囲の人たちをまんまとあざむく。

悪役の魅力《みりょく》が、作品の輝《かがや》きを増している。

眠っていた力が覚醒する

オズの魔法使い

ライマン・フランク・ボーム、
麻生九美訳

光文社古典新訳文庫

（2022年12月16日・553回）

少女ドロシーは、カンザスの大平原にヘンリーおじさんとその妻のエムおばさん、犬のトトと暮らしていた。ある日、竜巻《たつまき》が来る。逃《に》げ遅《おく》れたドロシーとトトは家ごと竜巻にのまれる――。米国の作家、ライマン・フランク・ボーム（1856〜1919年）の「オズの魔《ま》法《ほう》使い」は、のっけからダイナミックな展開で読者を異世界へ運ぶ。

家が降り立ったのは田園地帯。おばあさんが「北の魔女」だと名乗り、ここはオズの世界だと説明する。このあたりはマンチキンの人々が住む東の地で、魔女が人々を支配していた。北と南の魔女は善良だが、東と西の魔女は邪《じゃ》悪《あく》だ。でも家が東の魔女の上に落ちたことで退治できたという。

青い帽子《ぼうし》をかぶったマンチキンの人たちに感謝されるが、ドロシーはやっぱりカンザスに帰りたい。北の魔女が言う。エメラルドの都にいる魔法使いのオズに会えば「力になってくれるでしょう」。エメラルドの都へは黄色いれんがの道を行けばいい。東の魔女のものだった銀の靴《くつ》をはき、トトと歩き始める。

脳みそがほしいというかかし、心を取りもどしたいブリキのきこり、勇気が足りないと思っているライオンと出会い、旅の友となる。それぞれ脳みそ、心、勇気をオズにもらおうというのだ。

ようやくオズと面会できる。オズが聞く。「どうしてわしが、おまえの望みをかなえてやらねばならんのだ」。ドロシーが答える。「あなたは強いけれど、わたしは弱いから」。オズが条件を出す。西の魔女を退治してくれたら力になろうと。みんなでまた旅に出る。

描《えが》かれる世界は実に色彩《しきさい》豊か。物語はおおらかで躍動感《やくどうかん》にあふれる。ドロシーと仲間たちは助け合いながら進む。自分の中に眠《ねむ》っていた力が徐々《じょじょ》に覚醒《かくせい》していく。

本当のチームになる瞬間

クローディアの秘密

E・L・カニグズバーグ、
松永ふみ子訳

岩波少年文庫

（2023年03月24日・566回）

「これは、わたしの遺言状《ゆいごんじょう》に少し変更《へんこう》したいところができたので、その理由を説明するために書いたものです」。E・L・カニグズバーグ（1930〜2013年）の「クローディアの秘密」は、高齢《こうれい》で裕福《ゆうふく》な女性が弁護士あてに書いた手紙が冒頭《ぼうとう》に置かれ、物語の構造がまず示される。そして、わくわくする都会的な冒険譚《ぼうけんたん》が始まる。

11歳《さい》の少女クローディアは家出をもくろんでいる。理由の一つは「不公平」だ。弟たちと違《ちが》って自分だけが手伝いをさせられる。もう一つは「毎週毎週が同じ」こと。すべてにあきあきしていた。

でも虫がいっぱいいるような所で不便な思いをするのはごめんだ。だから行き先はニューヨークのメトロポリタン美術館に決めた。注意深く計画を練る。仲間は3人の弟のうちの下から2番目、9歳のジェイミーを選ぶ。口が堅《かた》いし、お金を貯《た》め込《こ》んでいるからだ。

下着や服をバイオリンケースやトランペットケースに詰《つ》め込み出発するが、すぐにけんかが始まる。美術館に隠《かく》れる計画を聞き「ぼろくさい」と言う弟。弟の言葉のあげ足取りをする姉。でも2人でいると心強い。

美術館に入るのは簡単だが、大人に見つからずに居続けるのは難しい。夜の美術館でどう過ごし、どこで寝《ね》るのか。お金が足りなくなった時は……。知恵《ちえ》が試《ため》される。

心が通じ、本当のチームになる瞬間《しゅんかん》が訪れる。2人は力を合わせて困難を乗りこえる。ミケランジェロ作とされる「天使の像」のなぞを追い、やがて冒頭の高齢女性が登場する。クローディアが家に帰ろうと思えるようになるのはなぜか——。

秘密を持つことの魅力《みりょく》が語られ、家出の物語は幕を閉じる。後日談まで楽しい。「子どもの時間」の豊かさがぎっしり詰まっている。

コラム③　庭を見に行く

ずっと庭が見たかった。そこに、庄野潤三《しょうのじゅんぞう》さんの文学が凝縮《ぎょうしゅく》されている。そんな気がしていた。

庄野さんの担当編集者から、自宅にお邪魔《じゃま》してインタビューをしませんかと、声をかけられたとき「庭が見られるかもしれない。お願いしてみよう」とひそかに決意した。２００４年5月下旬《げじゅん》、いい季節だ。編集者が手土産《てみやげ》にアジサイの鉢《はち》を持っていたことを覚えている。当時、庄野さんは83歳《さい》だった。

文芸記者として作家のインタビューを重ねてきたが、自分からサインをお願いしたのは、この時だけだと思う。福武《ふくたけ》文庫の『ザボンの花』が自宅の本棚《ほんだな》にあったので、持参した。見せると庄野さんが喜んでくださったので、その流れでサインを求めたのだ。

１９２１年大阪《おおさか》市生まれ。教師や会社員の仕事と並行して書いた初期の作品には、日常に潜《ひそ》む不安や危うさがじわじわとにじみ出すような作品が多い。「家庭の危機というものは、台所の天窓にへばりついている守宮《やもり》のようなものだ」という文章で始まる『舞踏《ぶとう》』は

50年に発表された。55年に芥川賞《あくたがわしょう》を受けた『プールサイド小景』は、夫婦に生じる亀裂《きれつ》を描《えが》く。

　作風が変わったのは、56年出版の『ザボンの花』からだろう。子どもの成長を中心にした家族小説はあたたかく、ふくよかな味わいがある。文体もやさしい。だが、主人公の不安が消えたわけではない。代表作『夕べの雲』（65年）の父親は、何もさえぎるもののない丘《おか》の上に家を建て、しきりに「風よけの木を植えなければ」と考えている。ささやかだが大切な日常を懸命《けんめい》に守ろうとしていた。

　書かれているのは暮らしの細部であり、こまやかな感情の動きだ。作家の視線は人間だけでなく、鳥や虫、木や草花にも注がれる。同じようでいて、二度と同じ日はない。「夕べの雲」に、同じ形の雲がないように。過ぎ去ったとき、それがどれほどかけがえのない日々だったのかに気づく。

　その後、庄野さんの文体はさらに平明になる。「子どもが独立し、2人になった夫婦の暮らしを書きたい」と95年から文芸誌に連載《れんさい》を始めた小説は、出版社をかえながら書き継《つ》がれた。庭でさえずる鳥、季節を告げる草花、孫からの手紙、時折顔を見せてくれる子どもたち。「ありがとう」「よかった」「うれしい」といった肯定的《こうていてき》な言葉がしきりに出てくる。

日常を淡々《たんたん》と描く連載はどんどん書籍《しょせき》化され、静かなブームとなる。「癒《い》やされる」と若い女性読者が増えたのだ。私が川崎《かわさき》市の自宅を訪ねたのは、シリーズ9作目の『メジロの来る庭』が出版されたタイミングだった。

「世の中には嫌《いや》なことがいっぱいある。そこからは、身をそらすわけです。それで自分の庭に来る鳥のこととか、庭で咲《さ》いた花のこととか、自分を喜ばせてくれることだけを取り上げる。そういう態度を貫《つらぬ》くんです」。作家としての強固な意思だった。

「この自宅は？」と問いかけると「築40年です」と言った後、続けた。「こんなふうに丘の上に立っているから、東西南北から吹《ふ》いてくる風がまともに当たる。ここに越《こ》してきた年の秋に初めて台風が来た。ひどい風で雨戸がしなるんです。それで風よけの木を植えて大きくしなければ、と思って植木屋さんに頼《たの》みました」。『夕べの雲』のエピソードに重なった。「最初に植えたのはシイの木で8本ほど。それから井伏鱒二《いぶせますじ》先生がウバメガシを郷里の広島《ひろしま》県福山《ふくやま》市の植木屋に頼《たの》んで送ってくれました」

庄野さんと庭に出た。シイやウバメガシの木はしっかりと根づき、バラやウメの木も青い葉を茂《しげ》らせている。鳥の声も聞こえる。穏《おだ》やかな初夏の日が降り注いでいた。

第9章

外国の物語に浸る

悲しくて、美しい友情

老人と海

ヘミングウェイ、福田恆存訳

新潮文庫

（2013年05月17日・60回）

キューバの漁師サンチャゴは年老いても舟《ふね》を出し、漁をしている。だが、魚がまったくとれない日が84日も続いた。はじめは少年といっしょだったが、40日を過ぎたころ、少年は親の言いつけに従い、別の舟に乗り込《こ》んでいくようになった。

老人は毎日、空《から》の舟で帰ってくる。少年はそれを見るのがつらい。少年に魚をとるすべを教えたのは老人だった。少年は老人を慕《した》っていた。

85日目。えさに巨大なマカジキが食いつく。でも老人は体力が落ちているうえ、ひとりだ。左手がつる。背中も痛みだす。何度も「あの子がいたらなあ」と口にする。

「漁師なんかにならなければよかった、老人はそう思う。いや、ちがう、おれは漁師に生《うま》れついているんだ」。孤独《こどく》な死闘《しとう》。3度目の太陽がのぼる。気を失いかけながらも、魚をものにする。

　魚は大きすぎて、舟に引き上げることができない。舟の横にしばりつけて港へもどる途中《とちゅう》、サメに襲《おそ》われる。老人は再び闘《たたか》うが、サメは次々に襲ってきて、獲物《えもの》が食われていく。

　米国の作家、アーネスト・ヘミングウェイ（1899～1961年）の「老人と海」はシンプルな物語だが、生に対する深い洞察《どうさつ》がある。人は生まれ、老い、死んでいく。その間ずっと生き物を殺して食べ、命をつなぐ。その罪を作者はまっすぐに見つめる。老人はぼろぼろになっても誇《ほこ》りを失わない。獲物がサメに食われて骨だけになっても、負けたわけではないのだ。

　少年と老人の友情が悲しくて、美しい。小説はこう結ばれる。

「道のむこうの小屋では、老人がふたたび眠《ねむ》りに落ちていた。依然《いぜん》として俯伏《うつぶ》せのままだ。少年がかたわらに坐《すわ》って、その寝姿《ねすがた》をじっと見まもっている。老人はライオンの夢を見ていた」

もっと知りたい

「老人と海」の主人公サンチャゴは大魚に向かって幾度も語りかける。「おれは死ぬまで、お前につきあってやるぞ」「おれはお前が大好きだ、どうしてなかなか見あげたもんだ。だが、おれはかならずお前を殺してやるぞ」。自然に対するむき出しの闘争心と敬意が同居する。1952年刊行の世界的名作。ヘミングウェイは54年、ノーベル文学賞を受賞した。

痛烈な風刺、人間への絶望

ガリヴァ旅行記

ジョナサン・スウィフト、中野好夫訳

新潮文庫

（2020年07月24日・430回）

「ガリヴァ旅行記」を小人《こびと》の国にまぎれこんだ男の冒険譚《ぼうけんたん》だと思っている人は、本書を通読して驚《おどろ》くはずだ。小説を貫《つらぬ》くのは痛烈《つうれつ》な風刺《ふうし》であり、人間への絶望である。

特に後半では不快な思いになるかもしれない。それでも、どうか読み通してみてほしい。ジョナサン・スウィフト（1667〜1745年）が苦しみながらも、人と社会の本質を見つめようとした傑作《けっさく》だからだ。

英国人医師のガリヴァが乗りこんだ船が暴風雨にあい、どこかの岸に流れ着く。疲《つか》れ果てて眠《ねむ》り、目が覚めたら体が動かない。手も足も、髪《かみ》の毛までも大地にしばりつけられていた。身のたけが15センチほどの人間たちがごそごそ動いている。リリパット

（小人国《しょうじんこく》）だった。

彼《かれ》らは好戦的だ。卵を大きい方の端《はし》から割るか、小さい方から割るかで対立があり、近くのブレフスキュという国とも争っている。このエピソードは当時の英国内の政治的対立やフランスとの戦争を皮肉っている。

次に訪《おとず》れるブロブディンナグ（大人国《たいじんこく》）では、逆にガリヴァは小人になり、人々の見せ物にされる。だが聡明《そうめい》な国王に救われ、厚遇《こうぐう》される。国王に英国について聞かれ、正直に答える。国王は「君の同胞《どうほう》の大多数というものは（略）最も忌《いま》わしい害虫の一種」だとあきれる。火薬兵器の話をしようとして、聞きたくないと拒否《きょひ》される。

大人国の次は天空に浮《う》く島、ラピュタへ。その後の不死人間ストラルドブラグの挿話《そうわ》は悲劇的だ。

最後に出てくるフウイヌム国も強烈な印象を残すだろう。人間は醜悪《しゅうあく》で愚《おろ》かな存在とされ、ヤフーと呼ばれて、家畜《かちく》として飼われている。国を支配する理性的動物は、馬の姿をしたフウイヌムである。彼らの気高い精神と美徳に触《ふ》れたガリヴァは、人間の世界に戻《もど》りたくないとさえ思うのだ。

もっと知りたい

「ガリヴァ旅行記」は4編から成る。第1編「小人国」と第2編「大人国」は有名だが、第3編の最後に日本に立ち寄ったことは意外に知られていない。ガリヴァが訪れた場所の中で唯一実在するのが日本なのだ。エド（江戸）やナンガサク（長崎）などの地名のほか「踏み絵」の話も出てくる。読んでいると、他の架空の場所と同じぐらい不思議な国に思えてくる。

これは私のことだ

82年生まれ、キム・ジヨン

チョ・ナムジュ、斎藤真理子訳

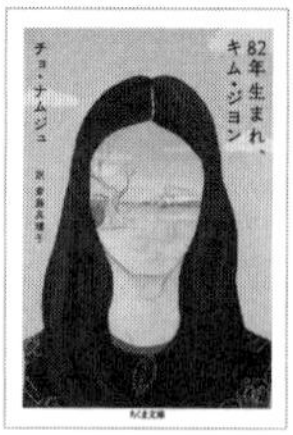

ちくま文庫

（2023年03月10日・564回）

　女性が生きていると、これほど多くの困難に直面するのか。そう気づいて社会に絶望するかもしれない。韓国人《かんこくじん》チョ・ナムジュ（1978年〜）の小説「82年生まれ、キム・ジヨン」のことだ。

「キム・ジヨン氏、三十三歳《さい》。三年前に結婚《けっこん》し、昨年、女の子を出産した。（略）初めて異常な症状《しょうじょう》が見られたのは九月八日のことである」。最初の「二〇一五年秋」の章は、こう始まる。本書は精神科医のカウンセリング記録という体裁《ていさい》で書かれているのだ。

　まず母親オ・ミスクの苦難が記される。最初に産んだのは女の子。2番目のキム・ジヨンも女。オ・ミスクはどちらの時も泣いた。次も娘《むすめ》だったら「あなたどうする?」。

夫に問うと「縁起《えんぎ》でもない」と言う。一晩中泣いた後、3番目に妊娠《にんしん》した女の子を「消し」た。

キム・ジヨンが育つころには男女が同じように教育を受けられる時代になっていた。でも出席簿《しゆつせきぼ》は男子が先で、学級委員も男子。露出狂《ろしゆつきよう》の男を取りおさえた勇敢《ゆうかん》な女子たちは「女の子が恥《は》ずかしげもなく」としかられた。

就職時、男性がどんどん入社試験に合格する中、女性は取り残される。やっとの思いで入った会社は男性が優遇《ゆうぐう》されていて、ひどいセクシュアル・ハラスメントもある。結婚し、子どもが生まれると退社せざるを得ない状況《じようきよう》に追い込《こ》まれた。

子どもを連れて公園でコーヒーを飲んでいたとき、ベンチにいた男性が「ママ虫もいいご身分だよな」と言った。「ママ虫」とは、ろくに育児をせず遊び回る害虫のような母親という意味だ。

本書は韓国で発行130万部をこえる大ベストセラーになり、日本でもよく読まれた。平凡《へいぼん》で、どこにでもいるような女性だからこそ「これは私のことだ」と思う人が大勢いて、荒涼《こうりよう》としたその歩みに共感の涙《なみだ》を流した。

もっと知りたい

本作は2016年に韓国で出版された。ライターの伊東順子は「解説」で、この作品は「過去の伝統的な男尊女卑」と「現在の韓国で問題になっている女性嫌悪（ミソジニー）」の「両者をつなぐ小説」だとみる。前者は、女性が「劣った性」とみなされ、後者は「不当に恵まれている」と思われて攻撃される。どちらにしても不条理な女性差別である。

問い突きつける犯罪小説

罪と罰（1〜3巻）

ドストエフスキー、亀山郁夫訳

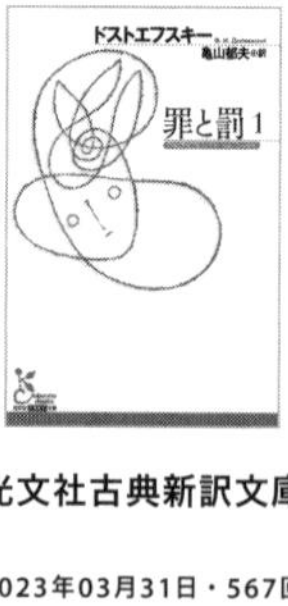

光文社古典新訳文庫

（2023年03月31日・567回）

人はなぜ人を殺してはいけないのか。罪の意識はどんなふうに人をさいなむのか。殺人者が人間性を取り戻《もど》すことは可能か——。ロシア帝国《ていこく》末期の文豪《ぶんごう》フョードル・ドストエフスキー（1821〜81年）の代表作「罪と罰《ばつ》」は、そんな根源的な問いを突《つ》きつけ、世界中の人々に影響《えいきょう》を与《あた》えた犯罪小説である。

舞台《ぶたい》は真夏のペテルブルグ。貧しさゆえに大学に通い続けられなくなった青年ラスコーリニコフは自分の殻《から》に閉じこもり、陰惨《いんさん》な町への嫌悪《けんお》感《かん》や不条理へのいらだちをつのらせている。

彼《かれ》は、年老いた金貸しの女性を殺して金を奪《うば》うという計画にとりつかれていた。偶然《ぐうぜん》が重なり、運命に背中を押《お》されるように実行に移す。

斧《おの》を女性の頭にふり下ろす。そして予想に反して現れた彼女《かのじょ》の義理の妹まで殺してしまう。あやうく露見《ろけん》しそうになるが、うまく逃《に》げることができる。だが本当の苦悩《くのう》はここから始まる。

彼はもともとある思想を持っていて、それを論文として書いていた。人は凡人《ぼんじん》と非凡人に分類され、非凡人は多くの人を救うために人を殺す権利があるという内容だ。予審《よしん》判事《はんじ》のポルフィーリーはこれを読み彼を疑うが、決定的な証拠《しょうこ》がない。「これが罪だっていうのか！」と思っていたラスコーリニコフだが、結局自ら罪を告白する。それはなぜか。聡明《そうめい》な妹ドゥーニャや気のいい友人ラズミーヒンは彼の犯罪を知ってどう感じるのか。そして売春婦ソーニャの愛を受け、彼はどう変わるか。登場人物たちの複雑な心理の陰影《いんえい》を、作家は丹念《たんねん》に照らしだす。

読者は自分が主人公となって人を殺して血に触《ふ》れ、脅《おび》えながら逃亡《とうぼう》し、追及《ついきゅう》されて恐《きょう》怖《ふ》する。極度の緊張《きんちょう》や絶望に同伴《どうはん》しながら、この長い物語の海を泳ぐことになる。

もっと知りたい

訳者の亀山郁夫によると、「罪と罰」の舞台となった1865年夏のロシア社会は「深刻な危機」におちいっていた。ペテルブルグは「善と悪の定めもつかぬ犯罪都市、黙示録の記述さえ思わせる終末の、グロテスクな相貌を露わにしつつあった」。「借金で八方ふさがり」だったドストエフスキーは、実際にあったいくつかの事件を参考に、この小説を書いた。

生々しいザムザの苦悩

変身

フランツ・カフカ、高橋義孝訳

新潮文庫

（2012年04月13日・3回）

部屋を一歩も出たくないと思う朝がある。やらなければならないこと、与《あた》えられた役割について考えているうちに、それらにがんじがらめになっている。

動きたくない。部屋から出られない……。そして、私もザムザなのかもしれないと気づく。フランツ・カフカ（1883〜1924年）著「変身」の主人公だ。

文庫本で100ページ余りの短い小説は次のように始まる。

「ある朝、グレーゴル・ザムザがなにか気がかりな夢から目をさますと、自分が寝床《ねどこ》の中で一匹《ぴき》の巨大《きょだい》な虫に変《かわ》っているのを発見した」

ザムザは自分が虫になったことを知っても、ほとんど動《どう》揺《よう》しない。それより、汽車に乗り遅《おく》れたこと、仕事に行けなくなったことを気にして、クビになることを恐《おそ》れる。そして、彼《かれ》が養っている両親や妹の生活を心配する。それでも、ザムザは部屋から出られない。

ザムザの変身により、家族の形も変容していく。ザムザは家族から食べ物を与えてもらう立場になり、それまで働かなかった父親が急にしゃんとして働き始める。やがて、父親が敵意をむき出しにしてザムザにリンゴを投げつけ、ザムザは重傷を負う――。

なぜザムザは虫になったのか。家族への責任や仕事の重圧に押《お》しつぶされそうになり、今の自分を本当の自分だと思えなかったのか。あるいは自分から逃避《とうひ》したいという思いが、そのまま虫への変身に結び付いたのか。

彼はいみ嫌《きら》われるようになり、攻撃《こうげき》される。リンゴを投げるのは父親だ。「父と息子《むすこ》の対立」という普《ふ》遍《へん》的な主題を読み取ることも可能だろう。

カフカは出口も救いも用意しない。奇妙《きみょう》な設定だが、不思議なリアリティーと滑稽《こっけい》味がある。

優《すぐ》れた小説は、時代も国境も軽々と超《こ》える。ザムザの苦《く》悩《のう》は今も、生々しい。

ルーツへの深い思い

停電の夜に

ジュンパ・ラヒリ、小川高義訳

新潮文庫

（2016年12月23日・247回）

インド出身の両親のもとロンドンに生まれ、米国で育った作家ジュンパ・ラヒリ（１９６７年〜）。短編集「停電の夜に」に収められた9編には自身のルーツ、インドへの深い思いがにじむ。

表題作は、米国で暮らすインド系移民2世の夫婦の物語。ある日、電力会社から通知が届く。吹雪《ふぶき》による損傷復旧のため、5日間だけ夜1時間、停電になるという。夫婦は結《けっ》婚《こん》3年。半年前に妻が死産してから、関係がぎくしゃくしている。

停電初日、夫がロウソクを灯《とも》すと妻が「インドみたいだわ」と言い、「いままで黙《だま》ってたこと」を言い合おうと提案する。暗い中で過去がゆっくり、はがされてゆく。

「ピルザダさんが食事に来たころ」の舞台《ぶたい》は71年秋の米国。10歳《さい》の「わたし」の家にダッカ出身のピルザダさんがたびたび訪れる。インド出身の両親が招いているのだ。

ダッカは今バングラデシュの首都だが、当時はパキスタン領で、内乱のさなかにあった。彼《かれ》はダッカにいる妻や娘《むすめ》の安否が心配でならない。

「わたし」は、いつもお菓子《かし》をくれるピルザダさんの家族の無事を祈《いの》る。親しくなった彼を通して「はるかに遠い人を思う」ということを知る。

「三度目で最後の大陸」はインドを出て英国に、さらに米国へと移り住んだ青年の「私」が主人公。生活習慣や文化、歴史が違《ちが》う国で暮らす戸惑《とまど》いや苦労、そして１０３歳の女性との出会いが活写される。

やがて「私」は息子を持つ。彼が落胆《らくたん》したとき言ってやろうと思う。「俺《おれ》は三つの大陸で生きたのだ。おまえだって越《こ》えられない壁《かべ》があるものか」。移民1世への敬愛にあふれる力強い一編だ。

亀《き》裂《れつ》、すれ違い、心が通い合う瞬間《しゅんかん》。ラヒリはそんな繊《せん》細《さい》な感情を鮮《あざ》やかにすくい取る。

幸福な時間が流れてゆく

虫とけものと家族たち

ジェラルド・ダレル、池澤夏樹訳

中公文庫

（2017年04月14日・262回）

地球には多種多様な生きものがいる。それぞれの命に個性がある。ジェラルド・ダレル（1925〜95年）の「虫とけものと家族たち」は、そんな当たり前のことを思い出させてくれる。

　英国に住んでいたダレル一家はある夏、日の光を求めてギリシャのコルフ島に移住する。一家の中心の母親はおっとりした性格だ。長男ラリーは23歳《さい》、小説を書いている。次男のレズリーは19歳、銃《じゅう》マニアだ。長女マーゴは18歳、おしゃれと美容に関心がある。そして語り手の「ぼく」は動物や虫が大好きな10歳だ。

「ぼく」は飼い犬のロジャーとともに近所に探検に出る。気に入ったり、さらに観察したいと思ったりした生きものは連れて帰る。例えばアキレスと命名されたカメにはユーモアのセンスがあり、家族にも愛される。

　だが無数の赤《あか》ん坊《ぼう》を連れたサソリを、家にあるマッチ箱に入れたときには悲劇が起きた。ラリーがタバコを口に、マッチ箱を手に取る。開けた途《と》端《たん》、サソリがはね上がり、赤ん坊たちが散らばる。悲鳴があがり、皿が割れ、犬がほえる。家中が大混乱に陥《おちい》った。

　フクロウ、カササギ、ミズヘビ……。「ぼく」は次々に家に持ちこむ。セグロカモメを譲《ゆず》り受けたときは「天使をもらったような」気分になった。

「ぼく」の部屋で繰《く》り広げられた決闘《けっとう》は圧巻だ。「ジェロニモ」と名づけたヤモリと「シセリー」という名のカマキリが殺し合う様子をつぶさに観察する「ぼく」。決して美化せず、生きもののありのままの姿を、敬意を持って受け止める。

　風変わりな一家が、コルフ島で暮らした5年間の物語。島の人たちも愉《ゆ》快《かい》で、自然もすばらしい。読んでいる間中、クスクス笑ったりドキドキしたり。幸福な時間がゆっくり流れてゆく。

個性豊かな４姉妹の成長

若草物語

オルコット、麻生九美訳

光文社古典新訳文庫

（2018年05月04日・316回）


　米国の作家、ルイーザ・メイ・オルコット（１８３２〜88年）の「若草物語」は、クリスマスに始まる約1年間、個性豊かな4姉妹の成長する姿を生き生きと描《えが》く。

　父は南北戦争の従軍牧師として戦場にいるため不在。その父は「友人の力になろうとして」財産を失った。一家は豊かとはいえない暮らしだ。

　そのことを一番苦にしているのは裕福《ゆうふく》なころを知る16歳《さい》の長女メグで、家庭教師をして家計を助けている。妹思いのしっかり者だが、虚栄心《きょえいしん》が強い。パーティーで分不相応なドレスで着飾《きかざ》り、かえって恥《はじ》をかく。

　次女のジョーは15歳。少年のような言葉遣《ことばづか》いや行動力が特徴《とくちょう》だ。読書を愛し、物語を書いている。創作ノートを燃やしてしまった四女のエイミーを許すことができず、結果的に命の危険にさらした時は、激しく自らを責める。父が戦場の前線で病気になり母が看病に向かうことになると、旅費の足しにと、自慢《じまん》の髪《かみ》をばっさり切って金にかえた。隣家《りんか》の少年ローリーと友情をはぐくんでいる。

　ピアノを弾《ひ》くのが好きな三女ベスは13歳。学校に行くことができないほど内気だが、自分より他人を思いやる優《やさ》しい少女。12歳のエイミーはおしゃまな性格で、鼻を少しでも高くしようと、洗濯《せんたく》ばさみでつまんだまま寝《ね》て、姉たちに笑われる。

　女ゆえの葛藤《かっとう》も書きこまれている。「貧しい家の娘《むすめ》は、出しゃばらなければ結婚《けっこん》のチャンスはないってベルが言ってたわ」と不安をもらすメグに、ジョーがずばりと言う。

「そんなら結婚しなくてもいいじゃない」

　結婚か自立か。女が幸せに生きるとはどういうことか。今に通じるこの命題は、２００年近く前に米国に生まれた作者にとっても切実なものだったのか。ジョーのモデルは作者自身、本書は自伝的小説だといわれている。

無人島に持っていく本

星の王子さま

サン＝テグジュペリ、河野万里子訳

新潮文庫

（2019年08月16日・382回）

無人島に1人で暮らさなければならなくなって、でも1冊だけ本を持っていっていいと言われたら、私はこれを選ぶ。そんな気がする。

サン＝テグジュペリ（1900〜44年）の「星の王子さま」。この物語は、人はみな孤独《こどく》であると教えてくれるから。そして、矛盾《むじゅん》するようだけれど、誰《だれ》かと一度でも絆《きずな》を結んだら決して孤独には陥《おちい》らないと訴《うった》えているから。

1人で飛行機に乗っていた「僕《ぼく》」は砂漠《さばく》に不時着する。飲み水は1週間分ほど。その間に難しい修理をやりとげなければ生還《せいかん》できない。「僕」はそこで男の子に出会う。

自分の星を去り、六つの星をめぐった後で、7番目の星「地球」にたどり着いた王子さまだ。彼《かれ》は言う。「おねがい……ヒツジの絵を描《か》いて！」

「僕」は王子さまから、彼の星の話や旅の話を聞く。彼の星はとても小さい。そこにはわがままだけれど気高い心を持ち、彼を愛してくれる花が咲《さ》いていた。でもその花を置いて出て来たのだ。

王子さまは地球でキツネに出会う。「遊ぼう」と声をかけると「きみとは遊べない」「なついていないから」と断られる。「『なつく』って、どういうこと？」と聞くとキツネは「それはね、『絆を結ぶ』ということだよ」「もしきみがぼくをなつかせたら、ぼくらは互《たが》いに、なくてはならない存在になる」と言う。

そしてキツネは大事なことを教えてくれる。「いちばんたいせつなことは、目に見えない」

キツネとの別れはつらい。大切な存在であればあるほど、悲しみは深いのだ。そして、王子さまと「僕」にも、別れが待っている。王子さまは、花が待つ星に帰るのだろうか。

6年たった今も「僕」が星を見上げると、王子さまが笑っている気がする。悲しいけれど、温かい気持ちになる。

違いをこえて人とつながる

なにかが首のまわりに

チママンダ・ンゴズィ・アディーチェ、くぼたのぞみ訳

河出文庫

（2019年10月25日・392回）

ナイジェリア生まれの女性作家、チママンダ・ンゴズィ・アディーチェ（1977年〜）の「なにかが首のまわりに」は、母国や米国を舞台《ぶたい》にした12の小説を収める。ジェンダーや人種、民族、宗教の違《ちが》いを乗りこえて、人と人がつながることの難しさとすばらしさがぎっしり詰《つ》まっている。登場人物たちの心情が繊細《せんさい》な筆致《ひっち》で描《えが》かれる。

「ひそかな経験」はナイジェリア・カノの市場で買い物をしていた時に暴動に巻きこまれた女子医学生、チカの視線で物語が進む。チカは逃《に》げる途中《とちゅう》で出会った女に連れられ廃屋《はいおく》の店に隠《かく》れる。

　女はどうやらハウサ人でイスラム教徒らしい。チカはイボ人のキリスト教徒。民族も宗教も異なる２人がともに息をひそめる。後にチカは、女とそこにいたとき、外でハウサ人がイボ人を長刀でめった切りにしていたと知る。だが２人はいま、たがいの存在に励《はげ》まされている。チカは暴動ではぐれた姉の身を案じ、女は娘《むすめ》のことが心配だ。

「女が泣き出す。静かに泣いている。（中略）女が泣くのはその人だけのひそかなもので、やらねばならない儀式《ぎしき》を、他人には関係のない儀式を執《と》り行なっているよう」

　表題作は、ナイジェリアから米国へ移住した若い女性の苦難を浮《う》き彫《ぼ》りにする。頼《たよ》りにしていたおじさんから性的暴行を受けかけて逃《に》げ出し、レストランで働き始める。「夜になるといつも、なにかが首のまわりに巻きついてきた」。やがて米国人の男性と知り合い、理解を深めてゆく。首に巻きついていたものがゆるみ始める。

「震《ふる》え」はナイジェリアで航空機が墜落《ついらく》した日、米国で祈《いの》るために出会った２人のナイジェリア人の話。失恋《しつれん》したばかりの女性とゲイの男性が不器用に、少しずつ友情をはぐくんでゆく。

信頼に対する賭け

鉄の時代

J・M・クッツェー、
くぼたのぞみ訳

河出文庫

（2020年10月23日・443回）

南アフリカ共和国には1994年までアパルトヘイトという名の人種差別制度があった。ケープタウンにオランダ系白人として生まれたジョン・マクスウェル・クッツェー（40年〜）は小説「鉄の時代」で、アパルトヘイトが断末魔《だんまつま》にあえいでいた86年を舞《ぶ》台《たい》に物語をつむいだ。

70歳《さい》の元大学教授で白人女性の「わたし」は末期がんを宣告された日、家のそばにホームレスの男性ファーカイルが居ついてしまったことに気づく。「わたし」の娘《むすめ》は10年前、母国に絶望して米国に移住、家庭を持った。死を身近に感じた「わたし」は娘に手紙を書き始める。それがこの物語だ。

「わたし」はファーカイルに食事と仕事を与《あた》え、家の中に招き入れる。がんの痛みに苦しみ、死を直視している「わたし」は彼《かれ》に頼《たよ》るようになる。そして自分が死んだら、この手紙を娘に送ってほしいと頼《たの》む。彼は手紙を届けてくれるのか。それは賭《か》けでもあった。

留守にしていた黒人のメイド、フローレンスが幼い娘2人と15歳の息子《むすこ》ベキを連れて戻《もど》ってきた。黒人居住区があまりに危険になったからだ。ベキやその友人の少年ジョンは人種差別との闘いに身を投じる。「わたし」も巻《ま》き込《こ》まれてゆく。

「わたし」は強圧的な警察官に反発するが、フローレンスら黒人の知人はどうやら本名を明かしていない。彼らとの溝《みぞ》はあまりにも深い。

「わたし」は抑圧《よくあつ》する側に生まれ育った。だから自らの立場を恥《は》じている。「恥のなかで生き、恥にまみれて死ぬ、惜《お》しまれることもなく」と書く。その責任をどう取ればいいのか。

病苦や死と直面しているからこそ、遠くにいる娘ではなく、そばにいる人たちとの信頼《しんらい》関係を築こうともがく。困難な時代に、運命にあらがおうと格闘《かくとう》し続ける。

最後に響く斧の音

桜の園

アントン・チェーホフ、
小野理子訳

岩波文庫

（2021年01月29日・456回）

世界屈指《くっし》の戯曲家《ぎきょくか》、アントン・チェーホフ（１８６０～１９０４年）。「桜の園《その》」は19世紀末、農奴解放令《のうどかいほうれい》が出た後のロシアを舞台《ぶたい》にした彼《かれ》の最後の戯曲で、今も多くの人々に愛されている。

　時は5月。美しい花を咲《さ》かせている桜の園に、女性の地主、ラネーフスカヤがパリから帰って来る。5年ぶりだ。兄のガーエフ、養女ワーリャらが彼女《かのじょ》の帰還《きかん》を喜ぶ。

　ラネーフスカヤをパリまで迎《むか》えに行き、いっしょに戻った17歳《さい》の娘《むすめ》アーニャがワーリャに言う。「ママはほんとに一文無《いちもんな》し。あたしだって文無しで、たどり着くのがやっとだったのに、ママにはそれがわからないの」

　ラネーフスカヤはもう裕福《ゆうふく》ではないのに、散財を続けている。桜の園は借金返済のため8月に競売にかけられると決まった。実業家ロパーヒンから、一部を別荘地《べっそうち》として貸せばいいと助言されても受け入れない。時代の変化に適応できないのだ。

　彼女はどんな人物か。貴族ではない「弁護士風情《ふぜい》」と結《けっ》婚《こん》、その夫は亡《な》くなった。別の男を好きになる。長男が川でおぼれて死に、自分への天罰《てんばつ》だと思う。打ちのめされてパリへ行き、男と暮らす。その男にも捨てられ、ロシアに戻った。

　そんな彼女だが、美しさや優《やさ》しさに魅《み》せられ、慕《した》う人たちがいる。

　競売の日。桜の園を買ったのはロパーヒンだった。彼の祖父や父は、この家の農奴だった。彼は興奮して言う。「祖父《じい》さんや親父《おやじ》が奴隷《どれい》だった、台所にさえ入れてもらえなかった、その領地をわたしは買った」。アーニャは母を励《はげ》ます。「ママの人生はまだこれから」

「ああ、わたしのいとしい、なつかしい、美しい桜の園！」。ラネーフスカヤがそう言って桜の園を去り、物語は終わる。桜の木に斧《おの》を打ちつける音だけが響《ひび》く。

記憶と忘却の意味を問う

忘れられた巨人

カズオ・イシグロ、土屋政雄訳

ハヤカワepi文庫

（2021年06月04日・474回）

覚えているべきか、忘れた方がいいのか――。日本生まれの英国人作家、カズオ・イシグロ（1954年～）の小説「忘れられた巨人《きよじん》」は、6世紀ごろのブリテン島（現在の英国）が舞台《ぶたい》。竜《りゅう》や鬼《おに》、騎士《きし》が登場するファンタジー色豊かな物語で、共同体や個人にとっての記憶《きおく》と忘却《ぼうきゃく》の意味を問う。

ブリトン人の老夫婦、アクセルとベアトリスが住む村には奇妙《きみょう》な現象が起きている。人々の物忘れがあまりにひどいのだ。どうやら霧《きり》が関係あるらしい。村で不遇《ふぐう》をかこつ2人は息子《むすこ》に会いに行くことにする。でも息子の顔も、どこに住んでいるのかも思い出せない。

アクセルはベアトリスを「お姫様《ひめさま》」と呼ぶ。2人は仲むつまじい。相手を思いやり、助け合いながらの旅だ。途中《とちゅう》でサクソン人の村に寄るが様子がおかしい。村人が悪鬼《あっき》に襲《おそ》われて殺され、少年がさらわれたのだ。

通りかかったサクソン人の戦士ウィスタンが悪鬼と戦い、少年の救出に成功する。老夫婦の旅に、この少年エドウィンとウィスタンが加わる。

4人の行く手にさらに老騎士が現れる。彼《かれ》は凶暴《きょうぼう》な竜を殺す任務を亡《な》きアーサー王から受けたというが、同じ目的を持つウィスタンとなぜか手を組もうとしない。やがてその竜こそが、記憶を奪《うば》う霧の元凶《げんきょう》だと分かる。

竜を殺せば人々の記憶は戻《もど》る。だが、かつて争ったブリトン人とサクソン人の間の遺恨《いこん》がよみがえったとき、何が起こるのか。昔の日々を思い出した老夫婦は、絆《きずな》を保っていられるか。

「かつて地中に葬《ほうむ》られ、忘れられていた巨人が動き出します」。忘れられた巨人とは「共同体の記憶」や「国の歴史」の隠喩《いんゆ》だろう。私たちはそれとどう向き合えばいいのか。不安を抱《かか》えつつも冒険《ぼうけん》の旅を続けた老夫婦の勇気に学びたい。

偽りの告発、つぐなえるか

贖罪

イアン・マキューアン、小山太一訳

新潮文庫

（2021年10月01日・491回）

少女による偽《いつわ》りの告発が人々の運命を狂《くる》わせ、悲劇を招く。あまりに重大な結果をもたらしてしまったうそを、つぐなうことはできるか。英国の作家イアン・マキューアン（1948年〜）の小説「贖罪《しょくざい》」は、そんな問いを読者に投げかける。

第1部は1935年夏の出来事を描《えが》く。作家を夢見る13歳《さい》のブライオニーは兄の帰省に合わせて劇を書き、屋敷《やしき》に滞在中《たいざいちゅう》のいとこたちに演じさせようと計画する。でも15歳の少女ローラや、9歳のふたごの兄弟は思い通りに動いてくれず、憂鬱《ゆううつ》な気分になる。

大学生活を終えたばかりの姉セシーリアは自らの恋心《こいごころ》に気づく。幼なじみのロビーがその相手。一家の使用人の息《むす》子《こ》だが、前途《ぜんと》有望《ゆうぼう》な若者だ。ロビーもセシーリアへの思いを自覚する。

そんな2人が結ばれる場面をブライオニーが見てしまう。誤解が重なり、ブライオニーは好意を持っていたロビーに嫌悪感《けんおかん》を抱《いだ》くようになる。

その夜、敷地内でローラが何者かに襲《おそ》われる。暗くて分からなかったのに、ブライオニーは証言する。ロビーを見たと。

第2部は第2次世界大戦中のフランスが舞台《ぶたい》。3年半の刑務所《けいむしょ》暮らしの後、英国軍の兵士となったロビーが敗走している。心の支えはセシーリアからの手紙だ。「待っています。戻《もど》ってきて」。彼女《かのじょ》はロビーの無実を信じ、家族と縁《えん》を切って看護師になっていた。

第3部では、見習い看護師となったブライオニーが戦争負傷者を手当てしている。そして過去の罪を告白するため、セシーリアに会いに行く。そこで何が起きるのか。

残酷《ざんこく》な運命を生きる登場人物たちの意識の流れが鮮《あざ》やかに記される。そしてエピローグとなる99年の場面、作家となったブライオニーが読者に衝撃《しょうげき》の事実を伝える。

軽妙な語りが魅力

外套・鼻

ゴーゴリ、平井肇訳

岩波文庫

（2022年02月25日・511回）

皮肉たっぷりに語られるのは、一人の貧しい下級役人の運命である。だが、人々にさげすまれる男のことを物語る口調は徐々《じょじょ》に変化していく。ゴーゴリ（1809〜52年）の小説「外套《がいとう》」は独特な読後感を残す。

舞台《ぶたい》はロシアのペテルブルグ。男の顔にはあばたがあり、目はしょぼしょぼしていて、額が少しはげあがっている。十年一日のごとく書類を写す仕事をしていて、誰《だれ》からも敬意をはらわれず、からかう者もいる。あまりにひどいとき、彼《かれ》は言う。「構わないで下さい！　何だってそんなに人を馬鹿にするんです?」

ミスをしない。そして仕事に満足している。「熱心に勤めていたと言うだけでは言い足りない。（略）彼は勤務に熱愛をもっていたのである」

だが生活は苦しい。彼のうすっぺらな外套では寒さをしのぐのは容易ではない。一大決心をして大金を工面し、外套を新調する。新しい外套を着て出勤する場面がいい。「彼は束《つか》の間も自分の肩《かた》に新しい外套のかかっていることが忘れられず、何度も何度も、こみあげる内心の満足からにやりにやりと笑いを漏《も》らしさえした」

それなのに、追いはぎに外套を奪《うば》われてしまう。有力者に窮状《きゅうじょう》を訴《うった》えるが、叱責《しっせき》され追い返される。ショックを受け、吹雪《ふぶき》の中を歩く。

家にたどり着いて寝込《ねこ》み、とうとう亡《な》くなる。やがて、橋の近くに夜な夜な役人の姿をした幽霊《ゆうれい》が現れ、人々から外套をはぎとっていくといううわさがたつ――。

物語が進むにつれ、愚直《ぐちょく》に勤めを果たす者への、作者の共感がにじんでくる。さげすまれ、ひっそりと死んでいく男の尊厳を、作家は守ろうとしたのだろうか。本書のもう1編「鼻」も含《ふく》め、語り口の軽妙《けいみょう》さが最大の魅力《みりょく》の2編である。

孤独がふたつ補いあう

ペンギンの憂鬱

アンドレイ・クルコフ、沼野恭子訳

新潮社

（2022年07月15日・531回）

舞台《ぶたい》はソ連が崩壊《ほうかい》し、独立したウクライナの首都キーウ（キエフ）。作家のヴィクトルは、動物園からもらい受けたコウテイペンギンに深い愛情を抱《いだ》いている。「ヴィクトルは孤独《こどく》だったけれど、ペンギンのミーシャがそこへさらに孤独を持ちこんだので、今では孤独がふたつ補いあって、友情というより互《たが》いを頼《たよ》りあう感じになっている」

ヴィクトルは書き上げたばかりの小説を新聞社に持ちこむ。2日後、編集長から電話で呼ばれて仕事を依頼《いらい》される。まだ生きている重要人物の追悼記事《ついとうきじ》を書いてほしいというのだ。やがて記事に書いた人が死んでいく。

知人の男性が4歳《さい》の娘《むすめ》ソーニャをヴィクトルに預けて姿を消す。ソーニャを世話してくれる女性、ニーナも好意を示して同居する。ソーニャ、ニーナ、ミーシャとの生活は、彼《かれ》にいっときの幸福感をもたらすが、それが空疎《くうそ》であやういものだということも感じている。

「あまりものを知らないほうが長生きできる」と編集長が言う。「大事なのは生き残るということ」とヴィクトルは思う。不可解なことが次々に起き、危険がひたひたとしのび寄る。何か大きな組織がうごめき、自分もその中に組みこまれているようだ。諦《あきら》めて受け入れるしかないのか――。

ロシア語で書くウクライナの作家、アンドレイ・クルコフ（1961年〜）の小説「ペンギンの憂鬱《ゆううつ》」を読んでいると、なかなか目覚めない悪夢の中にいるような気分になる。そして陰謀《いんぼう》や混乱、恐怖《きょうふ》が漂《ただよ》う国で生きることの過酷《かこく》さが実感として迫《せま》ってくる。

「憂鬱症」だというミーシャは部屋の中をペタペタと歩き回り、鏡で自分の姿を観察する。甘《あま》えるようなしぐさを見せることもある。ミーシャとの関係が最後にヴィクトルを突《つ》き動かす。

■「復讐せよ」と告げる亡霊『ハムレット』（シェイクスピア、松岡和子訳）
2021年04月02日・465回

■「生きていきましょう」『ワーニャ伯父さん／三人姉妹』
（アントン・チェーホフ、浦雅春訳）2022年04月01日・516回

■豪邸に住む男の執着心『グレート・ギャツビー』
（スコット・フィッツジェラルド、野崎孝訳）2022年09月09日・539回

■非凡なる魂の持ち主『ソーネチカ』
（リュドミラ・ウリツカヤ、沼野恭子訳）2022年09月30日・542回

もっともっと読みたい

■共同体の運命、哀愁漂う『予告された殺人の記録』
（G・ガルシア＝マルケス、野谷文昭訳）2014年07月25日・122回

■強烈な個性が魅力『緋色の研究』
（アーサー・コナン・ドイル、日暮雅通訳）2014年10月10日・133回

■人間の崇高な精神を刻む『夜間飛行』（サン＝テグジュペリ、堀口大學訳）
2015年04月24日・161回

■愛と憎悪と復讐と『嵐が丘』（エミリー・ブロンテ、小野寺健訳）
2015年09月04日・180回

■忘れられない一撃に『脂肪のかたまり』（モーパッサン、高山鉄男訳）
2016年09月09日・232回

■けなげに生きる人々の哀歓『オー・ヘンリー傑作選』
（オー・ヘンリー、大津栄一郎訳）2017年09月29日・286回

■うんざりするほど嫌な男『地下室の手記』（ドストエフスキー、安岡治子訳）
2018年04月13日・313回

■砂ぼこりに消える足跡『ガラスの街』（ポール・オースター、柴田元幸訳）
2018年08月31日・333回

■傷ついた魂の言葉『ナイン・ストーリーズ』
（J・D・サリンジャー、野崎孝訳）2018年12月21日・349回

■時代の波に翻弄される『浮世の画家』（カズオ・イシグロ、飛田茂雄訳）
2019年04月19日・365回

■不条理な生の断片『愛について語るときに我々の語ること』
（レイモンド・カーヴァー、村上春樹訳）2019年09月27日・388回

■6月のある日、生の輝き『ダロウェイ夫人』
（バージニア・ウルフ、土屋政雄訳）2019年11月08日・394回

■最強の敵は人間『シートン動物記（1）』
（アーネスト・トムソン・シートン、阿部知二訳）2019年11月22日・396回

■太いのどをふるわせて歌う『野性の呼び声』
（ジャック・ロンドン、深町眞理子訳）2020年06月05日・423回

ミニコラム③
最後の手紙

末期がんで、いまホスピスにいる――。詩人で作家の稲葉《いなば》真《ま》弓《ゆみ》さんに近しい人から連絡《れんらく》を受けた。2014年の夏のことだ。携《けい》帯電話《たいでんわ》を耳にあてたまま、私は泣いた。ひどくやせてしまったので会いたくないと言っている。そう聞いて、また涙《なみだ》が出てきた。手紙を書いていいかと聞くと、いいという返事だったので、手紙を書いた。最後の手紙を。

私は何を書いたのだろう。出会えてよかったということ。稲葉さんの作品が、その文章が、大好きだということ。とても感謝しているということ。私はちゃんと書けただろうか。連載《れんさい》「本の世界へようこそ」に稲葉さんの作品を入れるとしたら何がいいか聞いてもらった。『半島へ』という返事をもらった。でも、いつか書こうと思いながら、私は結局書かなかった。好きすぎて書けなかった。解釈《かいしゃく》しないまま作品ごと胸にしまっておきたかった。

その夏の終わりに稲葉さんは逝《い》った。手紙はひつぎに入れてもらったと後から聞いた。

詩『連作・志摩《しま》――ひかりへの旅』や小説『半島へ』を今も時折ひもとく。独特なハスキーボイスやお茶目な笑顔を思い出す。舞台《ぶたい》の志摩半島を歩く稲葉さんの姿が浮《う》かんでくる。

第10章

文学という愉楽

優しくて、泣きたくなる

博士の愛した数式

小川洋子

「博士は決して急《せ》かさなかった。じっと考え続ける私と息子《むすこ》の顔を見つめるのを、何よりも愛した」。小川洋子《おがわようこ》（１９６２年～）の小説「博士の愛した数式」は、主人公の「私」が過去のいとしい日々を振《ふ》り返る形で進む。92年、20代の「私」は、64歳《さい》の元大学教授の家政婦になる。数学者の彼《かれ》を「私」は「博士」と呼ぶ。

博士の背広には「僕《ぼく》の記憶《きおく》は80分しかもたない」と書いた紙がとめられている。47歳のとき交通事故で頭を打ち、新しいことを覚える能力を失った。事故前のことは全部わかるが、昨日会った人のことは忘れてしまう。

博士にとって「私」は常に初対面の家政婦で、だから毎朝、靴《くつ》のサイズや電話番号を

新潮文庫

（2013年12月20日・91回）

聞かれる。何を話せばいいか分からないとき、博士は数字を持ちだす。

やがて「私」の10歳の息子「ルート」が加わる。一人で留守番していると知った博士が、連れてくるように言ったのだ。放課後やって来る彼を、博士は心から歓迎《かんげい》する。か弱い者をかばおうとするいたわりにあふれていた。

博士は「私」とルートに数学を教えてくれた。友愛数、完全数、素数……。博士はとりわけ素数を愛した。2、3、5、7、11、13、17、19……。「1と自分自身以外では割り切れない、一見頑固《がんこ》者風《ものふう》の数字」だが、その魅力《みりょく》は「どういう秩序《ちつじょ》で出現するか、説明できないところにある」と「私」は思う。

ルートは野球が好き。博士も同じで、お気に入りは江夏豊《えなつゆたか》だが、92年当時、江夏はすでに引退していた。博士はそれを知らない。「私」とルートはそれを隠《かく》そうとする。

3人でプロ野球観戦をする場面は特に輝《かがや》いている。博士がすべてを忘れてしまうのだとしても。

誰《だれ》もが優《やさ》しくて、だから、泣きたくなる。記憶と数学と野球をめぐる、奇跡《きせき》のように美しい愛の物語である。

もっと知りたい

「博士の愛した数式」は、数学の奥深い魅力も伝えている。たとえば0について。0を「発見」したのはインドの数学者。「無いんだから、数字で書き表すことも不可能」という論理をひっくり返した。「無を数字で表現したんだ。非存在を存在させた。素晴らしいじゃないか」と博士は言う。この小説には、そんなおもしろい授業がたくさん、紛れ込んでいる。

生の悲しみが胸を打つ

雪の練習生

多和田葉子

新潮文庫

（2017年02月24日・255回）

「耳の裏側や脇《わき》の下を彼《かれ》にくすぐられて、くすぐったくて、たまらなくなって、身体《からだ》をまるめて床《ゆか》をころがりまわった」

軽《かろ》やかな文章で始まる物語に引きこまれてすぐ、語り手の「わたし」がどうやら白い毛の大きな動物らしいと分かる。

「わたし」は旧ソ連に生まれサーカスで芸をしていたが、膝《ひざ》を痛めて裏方に回る。やがて自伝を書き始め、作家になる。

だが書くという仕事は「玉乗りよりもっと危険な芸」のようだ。「わたし」は西ドイツに亡命し、カナダへ向かい、さらに東ドイツへ行く。「わたし」は未来を夢見る。生まれてもいない娘《むすめ》のトスカ、その息子のクヌートに思いをはせる――。

多和田葉子《たわだようこ》（1960年〜）の「雪の練習生」は、自伝を書く「わたし」、サーカスで女曲芸師と踊《おど》りキスをする芸を披露《ひろう》するトスカ、ベルリンの動物園で大人気となるクヌートというホッキョクグマ3代の物語だ。

いくつもの深遠なテーマがひそんでいる。クマの視点から描《えが》かれるのは人間の滑稽《こっけい》と悲哀《ひあい》だ。時代は冷戦時代からベルリンの壁《かべ》の崩壊《ほうかい》とその後。激動の世界史への批評的表現でもある。動物と人間の共存のあり方を問い、「書く」ことの意味にも迫《せま》る。そして、生きることの根源にある悲しみが胸を打つ。

クヌートが世界を知っていく過程がすばらしい。飼育員マティアスを待ちわびているときの遅《おそ》さを「時間」と定義する。マティアスが現れた瞬間《しゅんかん》に時間は消え、いなくなるとまた時間が始まる。「生きる」ことは「外へ出たいという気持ち」のことで、「死」は「もう絶対に逢《あ》えない」ということだ。

言葉遊びや比喩《ひゆ》といった表現のダンスに酔《よ》い、クマに託《たく》された物語の豊饒《ほうじょう》さに心が震《ふる》える。読み終えたときにはもう、最初からゆっくり読み直したいと願っている。

もっと知りたい

クヌートはドイツのベルリン動物園に実在したホッキョクグマ。2006年12月に生まれ、母グマが育児放棄したため人工飼育された。かわいい姿が公開されるとたちまち人気者に。「地球温暖化が進めばシロクマを見ることができなくなる」として環境保護問題の「大使」に任命された。動物園のあり方にも一石を投じる存在だったが、11年3月に急死した。

別れの痛みを乗り越える

ひとり日和

青山七恵

河出文庫

（2017年06月23日・272回）

出会いと別れを繰《く》り返すのが人生だと知っていても、別離《べつり》は時にひどくつらい。別れを予感した瞬間《しゅんかん》から心の痛みに襲《おそ》われ、どうやり過ごせばいいのかわからず戸惑《とまど》う。

青山七恵《あおやまななえ》（1983年〜）の小説「ひとり日和《びより》」を読むとその痛みがよみがえり、少し苦しくなる。でも安心してほしい。この小説には、読み手をも優《やさ》しく励《はげ》ましてくれる人物が登場する。71歳《さい》の吟子《ぎんこ》さん。おそらくたくさんの別離を経て、今がある。一人を楽しんでもいる。そんな女性だ。

アルバイトを転々としていた20歳の知寿《ちず》は親元を離《はな》れ、親戚《しんせき》の吟子さんの家に居候《いそうろう》する。吟子さんに初めて会ったとき思う。「あの人、もうすぐ死にそう」

吟子さんの家には2匹《ひき》の猫《ねこ》がいる。かもいの上にはかつて飼っていた猫の生前の写真がずらりと並んでいる。駅に近く、家にいると電車の中の人と目が合うこともある。

相手の浮気《うわき》が原因で恋人《こいびと》と別れた知寿は、新しいバイト先で再び恋をする。相手は藤《ふじ》田《た》君。吟子さんも、社交ダンス仲間のホースケさんに恋をしている。4人で花火をしたこともある。だが、知寿と藤田君は徐々《じょじょ》にうまくいかなくなる。

失恋《しつれん》した知寿は「死にたいな」と思う。でも、こうも考える。「こういう抜《ぬ》き差しならない状況《じょうきょう》から知らず知らずのうちに回復していく段取りは、きっとうんざりするほど同じパターンなのだ」

別れの痛みを乗り越《こ》えるすべを学ぶ知寿に、吟子さんがそっと寄りそう。「楽しいときだってあったでしょう」「一人暮らしは、いいものよ」。そう言ってくれる吟子さんの過去を知寿が知ることはない。

やがて知寿が吟子さんの家を出る時が来る。走る電車の中から吟子さんの家を見るラストシーン。知寿もまた、一人で歩き始めたのだ。

もっと知りたい

吟子さんの家は駅のすぐ近くにあり、電車の音やアナウンスの声が聞こえてくる。家に遊びに来たホースケさんが電車で帰るときには、吟子さんは縁側から、駅のホームに立つ彼を見送る。「吟子さんは手を振った。ホームからは、あの老人が手を振っている。（略）三途の川のあっちとこっちみたいだなあ、なんて思いながら、視界はまだぐらぐらと揺れていた」

世界の正常な部品になる

コンビニ人間

村田沙耶香

文春文庫

(2018年10月05日・338回)

「コンビニエンスストアは、音で満ちている」。そう語り始める「私」は36歳《さい》の独身女性。18年間、コンビニでバイトを続けている。18歳のとき、新しい店がオープンするのと同時に働き始めた。「いらっしゃいませ！」と声をはりあげて会釈《えしゃく》する。「そのとき、私は、初めて、世界の部品になることができたのだった。私は、今、自分が生まれたと思った。世界の正常な部品としての私が、この日、確かに誕生したのだった」

「私」は奇妙《きみょう》がられる子どもだった。小鳥が死んで友だちが泣いているときに「食べよう」と言ったり、男子2人がけんかしているのを「誰《だれ》か止めて！」と言われて、スコップで頭をなぐって止めたり。両親は困惑《こんわく》し、悲しんだ。「私」は、みんなをまねるか指示に従うかして、自ら動くのをやめた。

だからバイトの研修でトレーナーのお手本通りに表情をつくり、声を出すのはたやすかった。マニュアルに従えば世界の歯車になれる。「正常な人間」として扱《あつか》われた。

しかし36歳にもなると事情が変わる。正社員ではなくバイト、結婚《けっこん》もせず、恋人《こいびと》もいない。そんな「私」はいつのまにか「異物」と見なされるようになっていた。そこで「私」は、勤務態度が悪くてクビになった白羽《しらは》という男と暮らし始める。「普通《ふつう》」の人間になるために——。

村田《むらた》沙耶香《さやか》（1979年〜）の「コンビニ人間」は、21世紀初頭の日本を象徴《しょうちょう》するような小説だ。同質であることを無言のうちに強要する現代社会を告発する書であり、そんな世間を生き延びる方法を示した希望の物語としても読める。

読み終えたとき、あなたはコンビニという場所をグロテスクだと思うか、良き場所だと感じるか。社会と人間、そして自分自身を見つめさせる作品である。

もっと知りたい

「コンビニ人間」には、実際にコンビニ店員として長く働いた作者、村田沙耶香の「コンビニ愛」がつまっている。2016年、第155回芥川賞に決まったとき、村田はこう話した。「コンビニは小さいころから不器用だった自分が初めて何かをまともにできた場所。愛着のある場所を小説家として見つめ直すとグロテスクなものになるという感じが面白かった」

不器用に、誠実に生きる

雪沼とその周辺

堀江敏幸

新潮文庫

（2015年11月13日・190回）

地元の食材が豊富にあり、おいしい水が飲める。規模は大きくないが、雪質の良さで知られるスキー場がある。互《たが》いの顔が見え、さびれつつあるが、温かい。

そんな架空《かくう》の町「雪沼《ゆきぬま》」近辺で、不器用に、誠実に生きる人たちの小さな物語7編が収められている。堀江《ほりえ》敏幸《としゆき》（1964年〜）の短編集「雪沼とその周辺」は、ゆっくり味わいたい一冊だ。

「スタンス・ドット」はきょうを最後に、ボウリング場を廃業《はいぎょう》しようとしている男が主人公。一人の客も現れないまま静かに幕を引こうとしていたとき、手洗いを借りたいという2人が店に立ち寄る。男が2人に言う。「これも、なにかのご縁《えん》です。よろしければ、終業までゲームを楽しんでいってください」

2人とのやりとりの合間に、男は自らの半生を振《ふ》り返る。昔出会った元プロボウラーの「ハイオクさん」。彼《かれ》が投げた球がピンをはじく音は特別だった。「レーンの奥《おく》から迫《せ》り出してくる音が拡散しないで、おおきな空気の塊《かたまり》になってこちら側へ匍匐《ほふく》してくる。ほんわりして、甘《あま》くて、攻撃《こうげき》的《てき》な匂《にお》いがまったくない、胎児《たいじ》の耳に響《ひび》いている母親の心音のような音」だ。そのハイオクさんも、ボウリング場を始めたときから苦労をともにした妻も、亡《な》くなった。

「送り火」は書道教室を開いている夫婦の話。自転車に乗るのが好きな元気な息子がいたが、事故で死んだ。この夏、十三回忌《じゅうさんかいき》をすませたばかりだ。悲しみを共有してきた夫婦の思いやりに満ちた日々が心にしみる。

古い物や過ぎ去った日々、死者たちを大切にしながら生きる雪沼の人々。その暮らしにそっと立ち会うことができる。音や匂い、味といった表現しにくいものも描写《びょうしゃ》する文章の繊細《せんさい》さ、確かさに触《ふ》れてほしい。

記憶と時間の揺らめき

きことわ

朝吹真理子

新潮文庫

（2016年09月02日・231回）

昨夜、父の夢を見た。存命だが、離《はな》れて暮らすようになって四半世紀以上になる。めったに会わない。だからなのか。夢の中の父はとても若く、そして苦境に陥《おちい》っていた。目が覚めても、しばらく心がざわめいた。

時間は規則正しく流れているようで、人は想念や夢では時間の中を自在にたゆたう。遠い記憶《きおく》は、本当にあったことか、夢で見たことなのか、はたまた単に想像しただけのことだったのか。

朝吹真理子《あさぶきまりこ》（１９８４年〜）の小説「きことわ」は、時間や記憶のあいまいさと揺《ゆ》らめきを描《えが》く。主人公は貴子《きこ》と永遠子《とわこ》。２人は七つ年が離れている。

貴子は子どものころ、母親の春子《はるこ》、叔父《おじ》の和雄《かずお》に連れられ、神奈川県の葉山《はやま》の別荘《べっそう》をよく訪《おとず》れた。別荘の管理人の娘《むすめ》である永遠子も加わり、４人でゆるゆるとした時間を過ごした。

「きこちゃん」「とわちゃん」。そう呼び合っていた２人が最後に会ったのは、貴子が８歳《さい》、永遠子が15歳の夏。別荘の解体を機に、２人は25年ぶりに再会する。春子はすでに他界していた。

小説の冒頭《ぼうとう》、永遠子が25年前の夏の日を夢で見る。三浦《みうら》半島の突端《とったん》まで行って遊んだこと。帰りに寄った水族館。車の後部座席で聞いた春子と和雄の会話。貴子と永遠子は体をくっつけ、からまり合ううちに、腕《うで》や足、髪《かみ》、影《かげ》までがどちらのものかわからなくなる。

大人になって再会した２人。思い出を語り合い、覚えていることが違《ちが》うと気づく。同じ場所の記憶も微妙《びみょう》にずれる。そして別荘は、死んだ春子の気配に満ちている。「瞬間《しゅんかん》と永遠とがもつれてふとしたうちに百年千年と経《た》つようだった」

瞬間と永遠。夢とうつつ。昔と今。記憶と時間の物語はむしょうに甘《あま》く、切ない。

放浪の果てに

冬の旅

辻原登

集英社文庫

（2016年10月21日・238回）

「二度と戻《もど》って来るなよ」と声をかけられ、やせた男が刑《けい》務《む》所《しょ》を背に歩きだす。懲役《ちょうえき》5年の満期出所。彼《かれ》が引きずるキャリーバッグには、3年前に死んだ母の位《い》牌《はい》が入っている。辻原登《つじはらのぼる》（1945年～）の長編小説「冬の旅」の冒頭《ぼうとう》シーンだ。

主人公は緒方隆雄《おがたたかお》。まず大阪へ向かうが、3日間で17万円ほどの持ち金をほとんど使い果たす。

兵庫県に生まれた。中学1年のとき父が女をつくって家を出て行った。母は保険の外交員をしながら緒方を育てた。

最初に就職した会社でひどい誤解を受け、辞めさせられた。新興宗教の教団に再就職し、阪神大震災《はんしんだいしんさい》の被災者《ひさいしゃ》の救《きゅう》援《えん》中に知り合った看護師と結婚《けっこん》するが、その妻は失踪《しっそう》してしまう。仕事や住まいを失う経験を繰《く》り返す。理《り》不《ふ》尽《じん》と不運の連続だ。

認知症《にんちしょう》の妻を殺した男が獄中《ごくちゅう》、つぶやいたことがある。「宿業《しゅくごう》、必然の糸で世界は編まれとるんや」。緒方は言った。「どうして悪いほうへ悪いほうへ傾《かたむ》くのか、とずっとおかしいと思うてきた。（略）これが宿業やったら、逃《に》げ道はないな」

阪神大震災のほか、オウム真理教による地下鉄サリン事件や、東京・秋葉原《あきはばら》の無差別殺傷事件など、実際に起きた出来事が背景に描《えが》かれ、運命の波に翻弄《ほんろう》される人間の無力さを際立《きわだ》たせる。

著者は登場人物の心理に立ち入らない。ただ彼らの行動を追い、描写《びょうしゃ》し、その言葉を拾う。放浪《ほうろう》の果てにたどり着いた和歌山の村で緒方が見るのは、地獄《じごく》か浄土《じょうど》か。緒方は再び罪を犯《おか》すのか。

「おれの最初の躓《つまず》きは何だったのか」。緒方の自問が悲しく響《ひび》く。人の生とは、絶対に逃《のが》れることのできない「死」という終着駅へ向かう旅だ。その旅の途中《とちゅう》で私たちは、ほんの少しの自由と運命とのはざまで木の葉のように揺《ゆ》れ動く。

世界がひっくり返るかもしれない

告白

町田康

中公文庫

（2017年05月05日・265回）

殺人という重罪を犯《おか》すような人間と自分は全く関係ないと思っているあなたも、この本を読んだら世界がひっくり返るかもしれない。なぜ人は人を殺すのか。町田康《まちだこう》（1962年～）の「告白」は、この命題に愚直《ぐちょく》ともいえるほどの真摯《しんし》さで取り組んだ小説である。

江戸《えど》時代末期、今の大阪府東部にあたる河内国《かわちのくに》の農家に生まれた熊太郎《くまたろう》は思弁《しべん》的な子どもだった。理屈《りくつ》っぽいことを延々と考えているのだ。だがその思考を説明する言葉を持たないから内向的になる。気弱でどんくさい子にしか見えない。

悪ガキたちで相撲《すもう》をとっていると、強烈《きょうれつ》な悪臭《あくしゅう》を放つ知らない子が交じる。その子の腕《うで》を折ってしまった熊太郎はその後、その子の兄を殺してしまったと思い込《こ》む。30歳《さい》を過ぎるころには「飲酒、賭博《とばく》、婦女に身を持ち崩《くず》す、完全な無頼《ぶらい》者となり果てていた」。罪の意識が彼《かれ》を追い込み、転落させていく。

乱暴者だが、純粋《じゅんすい》で優《やさ》しい。憎《にく》めない男だ。賭博場で助けた弥五郎《やごろう》が弟分になり、2人でつるむようになる。だが、熊次郎《くまじろう》というあくどい男に金を巻き上げられ、ほれ抜《ぬ》いて所帯を持った縫《ぬい》にも裏切られる。誇《ほこ》りを傷つけられ、自暴《じぼう》自棄《じき》になった熊太郎の転落は止まらない。読者は破滅《はめつ》への道に同行することになる。

明治《めいじ》時代に実際に起きた大量殺人事件を下敷《したじ》きにした物語。この事件は「河内音頭《おんど》」の定番「河内十人斬《ぎ》り」としても歌い継《つ》がれている。「告白」には、この陽気な節回しが通奏低音のように流れている。

うねるような河内弁を取り込んだ語り口は滑稽《こっけい》さと高揚《こうよう》感《かん》を生み出す。読者は文庫本で840ページをこえる物語を駆《か》け抜け、人間存在の根源的な罪と悲しみにたどり着く。そして最後に、熊太郎の魂《たましい》の咆哮《ほうこう》を聞く。

過去か未来か現在か

呪文

星野智幸

河出文庫

（2018年09月28日・337回）

描《えが》かれているのは過去か、未来か、それとも現在なのか。星野《ほしの》智幸《ともゆき》（1965年〜）の小説「呪文《じゅもん》」を読み終わったとき、そんな問いを抱《いだ》いた。

舞台《ぶたい》は東京のさびれた商店街。新しい店がオープンしてもすぐにつぶれてしまう。半年前にメキシコのサンドイッチ「トルタ」の店を始めた霧生《きりゅう》も窮地《きゅうち》にあった。仕事は楽しいが、売り上げが計画を大幅《おおはば》に下回っている。生活は苦しくなるし、自信も失われていく。

そんなとき商店街の若きリーダー、図領《ずりょう》の居酒屋に悪質な客が来て、図領の店の悪口をインターネット上にまき散らす。図領は「間違《まちが》った要求やクレームや暴力には、絶対に屈《くっ》しません」と反論、クレーマーを撃退《げきたい》する。

これを機に図領は商店街改革に着手する。自警団「未来系」が組織され、霧生も取り込《こ》まれる。未来系は暴力的な空気をまとい、商店街にふさわしくないと見なした人々を排斥《はいせき》していく。やがて未来系の暴走が始まる。

未来系には、自己評価が低いが、生きがいを見いだしたい若者が集まっている。「クズ」である自分が世間のためになる存在に転化するには、集団の中で潔《いさぎよ》く自死するしかない。「クズ道というは死ぬことと見つけたり」という言葉を得た彼《かれ》らは、どこへ向かうのか。霧生がこの〝呪文〟から逃《のが》れる方法はあるのか。

「お国のため」「天皇陛下万歳《ばんざい》」と唱えて多くの若者が死んでいった戦前の日本の風刺《ふうし》のようであり、近未来を描いた作品とも読める。他人から認められたいという思いは強いが、自信が持てない者があふれる現代を映しているともいえる。

社会からの排除におびえる個のもろさと集団の狂気《きょうき》があらわになる。呪文から自由でいるには自分の言葉を持つしかない。借り物でない、地に足の着いた言葉を。

地霊が語る街の来歴

東京自叙伝

奥泉光

集英社文庫

（2018年11月30日・346回）

語り手の「私」は東京の地霊《ちれい》。奥泉光《おくいずみひかる》（1956年〜）の小説「東京自叙伝《とうきょうじじょでん》」は地霊に取りつかれた6人が、江戸《えど》後期の1845年から東日本大震災《だいしんさい》後まで、東京の来歴をリレー式に語りつなぐ。

第1章の主人公、柿崎幸緒《かきざきさちお》は幕末から明治《めいじ》へと時代が移る中、幕府側から新政府側へ転向する。勝ち馬に乗ったのだ。「これも歴史の流れ。誰《だれ》にも逆らえるもんじゃない」「大事なのは意地より新時代の建設だ」。軽妙《けいみょう》で、少し無責任な語り口である。

「私」はある時は陸軍の参謀《さんぼう》本部で戦争へ向かう世論の醸《じょう》成《せい》に関わる人物に、ある時は政財界のフィクサーになる。原子力の平和利用キャンペーンを担《にな》ったのも、友成光宏《ともなりみつひろ》だった時の「私」だ。本当は原発を東京に誘致《ゆうち》したかった。「東京の繁栄《はんえい》を願いながら、他方で破滅《はめつ》を望む」という矛《む》盾《じゅん》した心情があったからだ。しかし強く反対されて断念。結局、茨城県や福島県に建てられる。

明治維新《いしん》、関東大震災、東京大空襲《だいくうしゅう》、安保《あんぽ》闘争《とうそう》、バブル経済の崩壊《ほうかい》、東日本大震災……。東京という土地が経験した出来事に、裏側から光を当てる。

どの時代の「私」も東京の街を歩くのが趣味《しゅみ》であり、息抜《ぬ》きだ。「イデオロギーと云《い》うものに関心がない」「ドウ足《あ》掻《が》いたって万事なるようにしかならぬ」と言いながら、ひょうひょうと生きる。

最終章の主人公、郷原聖士《ごうはらきよし》は原発労働者として福島の原発事故に遭遇《そうぐう》した後、東京へ向かう。そして東京の未来、壊滅《かいめつ》した街を幻視《げんし》する。

「私」は人間だけでなく、ネズミやネコ、ミミズやカゲロウとして生きていることもある。だからこそ人間の愚《おろ》かさが浮《う》き上がって見えてくる。

人間が去った後も土地は残る。そこではネズミが元気に走り回っているのかもしれない。

南洋の国に働く不思議な力

マシアス・ギリの失脚

池澤夏樹

新潮文庫

（2020年01月24日・404回）

池澤夏樹《いけざわなつき》（１９４５年〜）の小説「マシアス・ギリの失《しっ》脚《きゃく》」の舞台《ぶたい》はナビダード民主共和国、架空《かくう》の国家だ。西太平洋の三つの大きな島といくつかの離島《りとう》から成る。

同じサンゴ礁《しょう》に囲まれて並ぶ二つの島が政治や経済の中心だが、2島から３００キロ離《はな》れているメルチョール島がこの国の精神的な支柱である。

マシアス・ギリはメルチョール島出身の孤児《こじ》だった。戦争中にこの国に進出してきた日本軍兵士と仲良くなり、戦後になって日本に渡《わた》る。そこで学んだことが生きる。ナビダードに戻《もど》って商売を始めて成功、初代大統領に取り立てられて2代目に。選挙で1度は親米派のタマングに負けるが、彼《かれ》の不慮《ふりょ》の死の後、大統領に返り咲《ざ》いた。

日本との太いパイプがあり、政敵はいない。マシアスの地位は安泰《あんたい》だ。だが信頼《しんらい》できる部下はおらず、孤独《こどく》でもある。

ある日、47人の日本人が来る。ここで戦死した兵士の霊《れい》を慰《なぐさ》めるための慰霊団《いれいだん》だ。彼らを乗せたバスがこつぜんと消える。

やがて島のあちこちでバスが目撃《もくげき》されるようになる。海の上を走っていたり、空を飛んでいたり。なにか不思議な力が働いているようだ。

日本から使者が来て、近くの環礁《かんしょう》に日本の石油備蓄《びちく》の基地を建設したいと提案される。受け入れるべきか。大国のはざまで、南洋の小国はどう振《ふ》る舞《ま》うべきなのか。迷うマシアスは、霊力のある女性を近くに置き、意見を聞こうとするが……。

時々現れる亡霊、広場で交わされる島民の議論、あやしい2人組、巫女《みこ》たち。私たちは現実の政治や経済、国際関係だけでなく、土地の歴史や自然、呪術的《じゅじゅつてき》な力や死後の世界、幻想《げんそう》からも影響《えいきょう》を受けて生きている。

豊かな物語世界に包まれ、ゆったりとした時間をたゆたう。

魅惑的な「時間」の物語

離陸

絲山秋子

文春文庫

（2020年01月31日・405回）

読者は生々しいリアリズムの物語の上を歩くと同時に、不可思議な時空に放り込《こ》まれてさまよう。絲山秋子《いとやまあきこ》（1966年～）の「離陸《りりく》」は魅惑的《みわくてき》な味わいの小説である。

国土交通省から群馬県の矢木沢《やぎさわ》ダムに出向していた佐藤《さとう》弘《ひろむ》のところに、ある冬の夜、黒人の男性が訪ねてくる。イルベールという名のフランス人で、佐藤に「女優を、探してほしい」と言う。

「女優」とは佐藤のかつての恋人《こいびと》で、突然《とつぜん》別れを告げて去っていった乃緒《のお》のこと。イルベールは佐藤に、乃緒がパリで息子《むすこ》のブッゾウを産んだ後、失踪《しっそう》したと伝える。乃緒の友人のイルベールは、4歳《さい》のブッゾウと2人で、パリに住んでいる。

佐藤は異動でパリのユネスコ本部で働くことになる。パリで暮らし始めた佐藤はイルベールと再会し、乃緒の失踪の謎《なぞ》に巻《ま》き込《こ》まれてゆく。

イルベールから渡《わた》された暗号文書「未来から来たと自称《じしょう》するマダム・アレゴリの記録」を解読すると、信じがたいことが記されていた。乃緒は1930年代のパリで多くの人々の亡命を手伝っていたようなのだ。乃緒はタイムスリップしたのか。

佐藤はパリで知り合ったフランス人女性との結婚《けっこん》を決めるが、乃緒の謎から逃《のが》れることはできない。イルベールの病死、妻の急死と悲劇が重なる。舞台《ぶたい》はパリから熊本・八《やつ》代《しろ》、長崎・五島《ごとう》列島、佐賀・唐津《からつ》と移ってゆく。乃緒の謎を抱《かか》えながら。

作中、死は滑走路《かっそうろ》から空に向かう離陸にたとえられる。生者はみな、滑走路に行列をつくって並び、離陸を待っている。

物語は過去を振《ふ》り返る口調で始まり、終わる。全てが回想なのだ。「悲しいことに、ぼくはしばしば自分に近しかったひとの面影《おもかげ》すら忘れてしまう」

描《えが》かれているのは、時間そのものなのかもしれない。

孤独に慣れ親しむレッスン

おらおらでひとりいぐも

若竹千佐子

河出文庫

（2020年07月10日・428回）

テーマは老いと孤独《こどく》。そう聞くと、もの悲しくて静かな作品を想像するかもしれない。だが若竹千佐子《わかたけちさこ》（1954年〜）の「おらおらでひとりいぐも」は、にぎやかな小説である。饒舌《じょうぜつ》でユーモアにあふれている。読者は楽しみながら、孤独に慣れ親しむためのレッスンを受けているような気持ちになる。

桃子《ももこ》さんは70代半ば。2人の子どもを育てあげ、孫もいる。15年前に夫の周造《しゅうぞう》に先立たれ、いまは一人暮らしだ。

ズズ、ズズ。家でお茶をすすっている。背後からカシャカシャとネズミが動く音。脳内から声が聞こえてくる。「だいじょぶだ、おめには、おらがついでっから」「おらだば、おめだ。おめだば、おらだ」。たくさんの声が東北弁で話しかけてくる。

娘《むすめ》が来たり病院に行って人間観察をしたり。墓参りも一大イベントだ。その間も過去を思い起こし、脳内の声と対話しながら思索《しさく》を深める。孤独と向き合い、自分を再発見し、未来を見すえる。

50年前、24歳《さい》の時に故郷を離《はな》れ、都会を目指した。周造と出会い、結婚。周造のため、子どものために身をささげた。

夫が死んだときの衝撃《しょうげき》。のたうち回った。でも今は思う。「周造が亡《な》くなってからの数年こそ、自分が一番輝《かがや》いていた時ではなかったのか」。体が引きちぎられるような悲しみを知った。目に見えない世界があってほしいと願った。自分の内側から「自由に生きろ」と励《はげ》ます声が聞こえた。

墓参りの場面がなんともステキだ。途中《とちゅう》で足を痛めるが、歩き続ける。子どものころの桃子さん、若いころや中年の桃子さんたちが、いつのまにか現れて道連れになる。墓に着くと、カラスウリの赤色に出合い、こう思う。

「赤に感応する、おらである。まだ戦える。おらはこれからの人だ」

渾然一体となる記憶

百年泥

石井遊佳

新潮文庫

（2020年10月16日・442回）

石井《いしい》遊佳《ゆうか》（１９６３年〜）の小説「百年泥《ひゃくねんどろ》」の主人公「私」は、インド・チェンナイのＩＴ会社で技術者に日本語を教えている。１００年に１度の大洪水《だいこうずい》が起きるが、３日目にやっと地面が見えて、会社に向かう。

　外に出ると名状しがたいにおいに襲《おそ》われ、気が遠くなる。気づいたときには、ひとことも分からなかったはずのタミル語が理解できるようになっていた。川にかかる橋を渡《わた》り始める。だが橋の上には、膨大《ぼうだい》な量の泥がある。百年泥だ。

「それは一世紀にわたって川に抱《だ》きしめられたガラクタやら何やら、あらゆる有象無象《うぞうむぞう》がいま陽《ひ》の目を見たということだ。都会のドブ川の、とほうもない底の底まで攪拌《かくはん》され押《お》しあいへしあい地上に捧《ささ》げられた百年泥」

　熊手のような道具で泥を片づけていたディーヴァラージに声をかけられる。日本語クラスの一人で、最も苦手な生徒である。優秀《ゆうしゅう》だが「私」をばかにしているからだ。

　泥の中からさまざまな物や人が引っ張り出される。ウイスキーのボトルや〝人魚〟のミイラ、大阪万博《ばんぱく》の記念コインも出てきて、「私」とディーヴァラージの過去が交錯《こうさく》しながら語られていく。

「私」の母はほとんど口をきかない〝人魚〟だった。「私」もことばを通して他者と関わるのが苦手な子どもだった。心に屈託《くったく》を抱《かか》えているとき、母と背中で押《お》し合いをする。大事なのは「話されなかったことば」だ。

　ディーヴァラージの物語も鮮烈《せんれつ》だ。母が死んだ後、ガンジス河に遺骨をまくための火葬《かそう》代金を出してくれた日本人がいた。その日本人が口にした「供養《くよう》」ということばを彼《かれ》は手放さずにいた。

　泥の中には記《き》憶《おく》が埋《う》まっている。その記憶は自分のものか、他人のものか。それらは渾然《こんぜん》一体となり、混沌《こんとん》と化す。

天皇制の影のような存在

JR上野駅公園口

柳美里

河出文庫

（2020年11月06日・445回）

主人公の「私」は、上野《うえの》恩賜《おんし》公園《こうえん》に住むホームレスの男性で、前の天皇と同じ1933年生まれ。福島県八《や》沢《さわ》村、今の南相馬《みなみそうま》市の出身だ。この公園のホームレスは東北出身者が多いという。

柳美里《ゆうみり》（68年〜）の小説「JR上野駅公園口」は、上野公園で聞こえる音を拾う。電車の音、信号機の誘導音《ゆうどうおん》、人々の会話。ホームから聞こえる音もある。「まもなく2番線に池袋《いけぶくろ》・新宿《しんじゅく》方面行きの電車が参ります……」

終戦時は12歳《さい》、7人もいる弟や妹を食べさせるために働いた。結婚《けっこん》し、長男の浩一《こういち》が生まれると北海道に出稼《でかせ》ぎに行った。東京五輪前年の63年には東京に向かい、競技場の建設に従事した。福島にはめったに帰らず、働きづめだった。

浩一が21歳で死んだ日は雨が降っていた。浩一は浩宮徳《ひろのみやなる》仁親王《ひとしんのう》（今の天皇）と同じ60年2月23日生まれ。「私」は遺体に対面し、息子《むすこ》が生まれた日のことを思い出す。

息子の死はとうてい納得《なっとく》できない。「驚《おどろ》きと悲しみと怒《いか》りが余りにも大きくて、泣くことなどでは釣《つ》り合わない気がした」

福島に戻《もど》ったが妻に先立たれた。孫の麻里《まり》としばらく暮らしたが、再び東京に向かい、上野でホームレスになった。

上野公園では、天皇家の方々が美術館などを観覧する前に特別清掃《せいそう》する。いわゆる「山狩《やまが》り」だ。ホームレスはテントをたたまされ、公園の外へ追い出される。

その日も山狩りだった。冷たい雨が降っていた。それでも「私」は天皇の車に手を振《ふ》る。47年夏、福島県の原ノ町《はらのまち》駅に昭和天皇が現れた日のことがよみがえる。

天皇制の影《かげ》のような存在として主人公を造形した作者は物語の後半、東日本大震災《だいしんさい》で津波《つなみ》の被害《ひがい》にあう福島を描《えが》く。上野と福島から日本の戦後を見つめた。

喪失を抱えて生きる

真鶴

川上弘美

文春文庫

（2021年06月11日・475回）

「歩いていると、ついてくるものがあった。まだ遠いので、女なのか、男なのか、わからない。どちらでもいい、かまわず歩きつづけた」

川上弘美《かわかみひろみ》（1958年〜）の小説「真鶴《まなづる》」はそんなふうに始まり、夫の失踪《しっそう》を受け止めきれずにいる女の魂《たましい》の遍歴《へんれき》が記される。喪失《そうしつ》の痛みが、孤独《こどく》が、全編に漂《ただよ》う。生と死の、存在と不在の境界があいまいになる。

主人公の京《けい》は物書きである。夫は12年前に突然《とつぜん》、姿を消した。いまは、実母と中3の娘《むすめ》との女3人で暮らしている。

編集者の恋人《こいびと》がいる。家庭のあるその人をいとおしいと思う。でも、いくら逢瀬《おうせ》を重ねても、心の空洞《くうどう》は埋《う》まらない。

夫が残した日記に「真鶴」と書かれていた。失踪する1カ月ほど前の日付にあった。京は東京と神奈川県の真鶴の間を行き来する。過ぎ去った日々を追想する旅に「ついてくるもの」がある。

京はいつしか「ついてくるもの」と話をするようになる。それは濃《こ》くなったり、薄《うす》くなったりする。遠くなったり、近くなったりする。

娘は成長し、少しずつ離《はな》れてゆく。母は老いてゆく。恋人との関係も変わる。やがて京は夫の「失踪宣告」の申し立てをする。公示をして6カ月後に死亡が認められるとの説明を受ける。

物語の終わり近く、女だけの家で寒天を溶《と》かし、杏仁豆《あんにんどう》腐《ふ》を作る場面が温かく描写《びょうしゃ》される。「ついてくるもの」もいなくなった。痛みにもなじんだ。

「これからは、ほのぐらいところをあるいてゆくのだ。ほのぐらさの果てには、この家に差しているような光がまた、あらわれるのだろうか」

「ついてくるもの」は京の分身だったのかもしれない。大きな喪失を抱《かか》えるとき、人は自身と対話しながら、ゆっくりと歩くしかないのだ。

揺らぐ「私」の実体

ある男

平野啓一郎

文春文庫

（2022年03月11日・513回）

「私」を形づくるものは何か。顔や体か。性格か。それとも過去の総体なのか。

それらはすべて移ろいゆく。実は「私」の実体はあやうく揺《ゆ》らいでいる。平野《ひらの》啓一郎《けいいちろう》（1975年〜）の小説「ある男」を読むと、そんなふうに思えてくる。

横浜《よこはま》に住む弁護士の城戸《きど》章良《あきら》は、かつて離婚調停《りこんちょうてい》の代理人を務めたことのある里枝《りえ》から、奇妙《きみょう》な相談を受ける。

里枝は離婚後、息子《むすこ》の悠人《ゆうと》を連れて故郷の宮崎県に戻《もど》り、林業に従事する谷口大祐《たにぐちだいすけ》と再婚した。娘《むすめ》も生まれ幸せに暮らしていたが、大祐が仕事中に事故死する。一周忌《いっしゅうき》が過ぎたころ、大祐の兄が訪ねて来て、夫は谷口大祐ではないと分かる。

何者かが大祐になりすまして里枝たちと生活していたのだ。谷口大祐は実在する人物で、大祐の兄によると、行方《ゆくえ》が分からなくなっていた。

里枝が3年9カ月間ともに暮らした男は誰《だれ》か。里枝に依《い》頼《らい》された城戸は男の素性《すじょう》を調べつつ、「愛にとって、過去とは何だろうか」と考える。そして自らの過去や、いま抱《かか》えている問題と向き合う。

城戸は在日韓国人《かんこくじん》3世で、排外主義《はいがいしゅぎ》的《てき》なデモを見ると気持ちがざわつく。妻との関係は破《は》綻《たん》しかけている。東日本大震災《だいしんさい》後のボランティアや死《し》刑《けい》についての考え方の違《ちが》いが影響《えいきょう》しているようだ。

里枝が夫から聞かされていた過去は、谷口大祐のものだった。里枝は困惑《こんわく》し、苦《く》悩《のう》する。遺《い》影《えい》を見ても、呼びかける名前さえない。夫との愛は真実だったのか。

やがて男が別人になろうとした理由が分かる。里枝や悠人はそれを受け止め、前を向く。

私たちはみな「私」という殻《から》に閉じこめられている。どうもがいても、他人にはなれない。だからこそ他者と交わり、移ろい揺らぎ、変わっていくのかもしれない。

シンプルでしたたかな生

飛族

村田喜代子

文春文庫

（2022年07月29日・533回）

生と死、海と空と陸、魚と鳥と人……。それらのあわいを漂《ただよ》いながら暮らす高齢《こうれい》の女性2人の姿がユーモラスに、かつ鮮《あざ》やかに描《えが》かれる。村田喜代子《むらたきよこ》（1945年〜）の小説「飛族《ひぞく》」は国境に近い「養生島《ようじょうじま》」が舞台《ぶたい》だ。

最年長のナオが97歳《さい》で亡《な》くなり、島には92歳のイオと88歳のソメ子《こ》が残された。2人とも1人暮らしで、助け合って生きている。物語はナオの葬式《そうしき》に出席するため島に帰省したイオの娘《むすめ》、65歳のウミ子《こ》の視点で進む。

ウミ子は本土の高校に進み、今は大分県の山あいの町でコイやヤマメ料理の店を経営している。子どもたちは独立、夫も死んで自由の身だ。この機会に母のイオを連れて大分に戻《もど》り、いっしょに暮らそうと思ったが、きっぱり断られる。ウミ子は母の本心をつかみかね、しばらく島に残る。

イオとソメ子は海女《あま》だった。ソメ子は今もアワビをとりに海にもぐることがある。海では水死体と遭遇《そうぐう》することがあるという。

イオの夫とソメ子の弟はクエ漁の際に荒波《あらなみ》にのまれ帰らぬ人となった。イオやソメ子は、海で死んだ漁師は鳥になると信じているようだ。2人で鳥になる練習のようなことをする。「ふわりふわりと宙を踏《ふ》むように歩いている」

役所に勤める若者が言う。「海の魚は高い空の鳥になりたくて、空の鳥はもっと高く天使なんかになりたくて、地を這《は》う人間はせめて自由な鳥になりたいんじゃないですかね」

彼《かれ》によれば、付近の島々には密航船が時折現れる。だからたった2人でも、島に人が住み続けることには意味がある。

終盤《しゅうばん》、島が台風に襲《おそ》われる場面がすさまじい。自然の脅威《きょうい》に対する人間の小ささ、非力さ。それでも、生きることは悪くないと感じさせる。シンプルでしたたかな老人の生が躍動《やくどう》している。

独特な語りが魅力

高架線

滝口悠生

講談社文庫

（2022年08月26日・537回）

誰《だれ》かが何かを思い出しながら語っている。話の流れは行きつ戻《もど》りつするし、脱線《だっせん》やごまかしもあるだろう。そんないいかげんさが、語りの本質なのかもしれない。

滝口悠生《たきぐちゆうしょう》（1982年〜）の「高架線《こうかせん》」は、語りによる小説である。東京の西武池袋《せいぶいけぶくろ》線・東長崎《ひがしながさき》駅近くのおんぼろアパート「かたばみ荘《そう》」を舞台《ぶたい》に、その住人や住人と関わりのあった男女7人が話をリレーしていく。2001年に始まり、11年の東日本大震災《だいしんさい》をはさんで16年間の物語だ。

語り方が独特だ。「新井田千一《あらいだせんいち》です」などと名乗って登場し、話の途中《とちゅう》でも繰《く》り返し名乗る。「私は話をするのがたぶん下手で、人によく回りくどいとか冗長《じょうちょう》だとかと言われる」と自分の語りに言及《げんきゅう》することもある。

かたばみ荘には4室あり、家賃は月3万円と格安だ。住人は部屋を出るとき、次の入居者を連れてきて大家に紹介《しょうかい》する。だから同じ部屋の住人たちはゆるやかにつながっている。

前半の核《かく》は2号室の住人だった片川三郎《かたがわさぶろう》の失踪《しっそう》をめぐるなぞだ。三郎の前に2号室にいた新井田千一、三郎の幼なじみの七見歩《ななみあゆむ》やその妻の視点から三郎の不器用な生き方が映し出される。三郎だけではない。語り手たちはみな不器用さゆえの不満や怒《いか》りを抱《かか》えていて、それが語りににじむ。

後半、大きな地震《じしん》に脅《おび》え、日常を揺《ゆ》さぶられる。最後の方にはなぜか映画「蒲田行進曲《かまたこうしんきょく》」のあらすじを延々と説明する人物が登場する。読み手もついつい引きこまれる。

本書の最大の魅力《みりょく》は語りそのものであり、話の中に出てくる風景や音といった細部の描写《びょうしゃ》だ。高架線の下に広がる町に、平凡《へいぼん》だが愛すべき者たちの営みがある。彼《かれ》らの冗長なおしゃべりの中のこだわりや屈託《くったく》にゆったりと耳を傾《かたむ》けたい。

ささやかだが確かな生

人質の朗読会

小川洋子

中公文庫

（2017年02月10日・253回）

特別なことがあったわけではないのに、なぜか忘れられない場面がある。色や匂《にお》い、そこにいた人のしぐさや表情。細部が鮮《あざ》やかによみがえり、心が温まる。小川洋子《おがわようこ》（1962年～）の「人質《ひとじち》の朗読会」は、そんな記憶《きおく》をそっとたぐりよせたくなる小説だ。

ニュースは地球の裏側の村からもたらされた。日本人観光客を乗せたバスが反政府ゲリラに襲撃《しゅうげき》され、8人が拉致《らち》された。ゲリラは仲間の釈放《しゃくほう》と身代金《みのしろきん》を要求。人質になった8人は山岳《さんがく》地帯の小屋に閉じこめられ、ゲリラと政府の交渉《こうしょう》が水面下で続く。100日が過ぎて軍と警察が小屋に突入《とつにゅう》、人質全員が死亡した。

2年後、事件が再び脚光《きゃっこう》を浴びる。当時ゲリラの動向を探《さぐ》るため、盗聴器《とうちょうき》によって録音されたテープが公開されたのだ。そこには、8人が自ら書いた話を朗読する声が残っていた。一人一人が自分の物語を語っていた。

60歳《さい》女性の「私」は若き日、ビスケット工場で働いていたころの思い出を朗読した。親元を離《はな》れ、アパートで暮らし始めた。偏屈《へんくつ》な大家さんは「整理《せいり》整頓《せいとん》」が信条で、綱紀《こうき》を乱す者を糾弾《きゅうだん》した。

その大家さんがけがをした。「私」は不良品のビスケットを持って部屋を訪ねる。大文字や小文字のアルファベットの形をしたビスケットで言葉をつくり、食べる。彼女《かのじょ》の好きな言葉「sEIrIseITOn」の文字も2人で分けて並べた。

一度だけ一緒《いっしょ》に動物園へ行った。大家さんはまっすぐゾウのもとへ向かい、金網《かなあみ》をつかんで見つめている。雨が降っても動かない。「私」は彼女に傘《かさ》をさしかけた――。

どの朗読も、ささやかだが、確かな「生」を伝えていた。それは「遠いどこかにいる、言葉さえ通じない誰《だれ》かのもとに声を運ぶ、祈《いの》りにも似た行為《こうい》」だった。

[redacted]

■分類されることへの違和感『N/A』（年森瑛） 2022年11月25日・550回

■人を好きになっていく日々『すべて真夜中の恋人たち』（川上未映子）
2023年03月17日・565回

もっともっと読みたい

■不安定さと陶酔の快楽『村の名前』（辻原登）2017年06月09日・270回

■小鳥の歌は愛の歌『ことり』（小川洋子）2017年10月27日・290回

■読むことの愉楽味わう『容疑者の夜行列車』（多和田葉子）2017年11月10日・292回

■分析的で自意識過剰な語り『アメリカの夜』（阿部和重）2017年12月15日・297回

■地方で生きる意味『薄情』（絲山秋子）2019年02月22日・357回

■下町の風景、人々の暮らし『いつか王子駅で』（堀江敏幸）2019年07月05日・376回

■死者が眠るための物語『ピスタチオ』（梨木香歩）2019年12月13日・399回

■移民として町をさまよう『百年の散歩』（多和田葉子）2020年03月27日・413回

■「わたし」の不確実さ『ヒナギクのお茶の場合／海に落とした名前』（多和田葉子）2020年10月09日・441回

■「ここだった」という感覚『模範郷』（リービ英雄）2020年11月20日・447回

■団地という場の本質を活写『千の扉』（柴崎友香）2020年12月18日・451回

■閃光のような非日常『感光生活』（小池昌代）2021年05月28日・473回

■過去を知り、未来を選ぶ『彼岸花が咲く島』（李琴峰）2021年08月20日・485回

■朝は誰の上にもやってくる『かもめの日』（黒川創）2021年11月19日・498回

■遠くへ行きたかった『ブラックボックス』（砂川文次）2022年04月29日・520回

■火が燃え難くなった世界『飛ぶ孔雀』（山尾悠子）2022年07月01日・529回

■むかつく気持ちを繊細に『おいしいごはんが食べられますように』（高瀬隼子）2022年09月23日・541回

おわりに――「本の虫」というほどではないけれど

ロシアの女性作家、リュドミラ・ウリツカヤが書いた『ソーネチカ』という小説がある。私が11年間、毎週書き続けた連載《れんさい》「本の世界へようこそ」の中で唯一《ゆいいつ》、「本の虫」という言葉を使って登場人物を紹介《しょうかい》した作品だ。残念ながら本書にも、前著『いつか君に出会ってほしい本』にも再録できなかったのだが、最後に少し触《ふ》れたい。

幼いときから「本の虫」だったソーネチカは、図書館で働くようになり「稀《まれ》に見る幸せ者になった」。そして、本を借りに来た男性との出会いをきっかけにした彼女《かのじょ》の紆余《うよ》曲折《きょくせつ》が描《えが》かれていく。

私がとりわけ気に入ったのは、物語の閉じ方だった。「本の世界へようこそ」では、記事の後半でこう書いた。

「ソーネチカのしなやかさと強さに舌を巻く。貧困や裏切りといった厳しい現実に直面しても、誰かを恨《うら》んだり、不幸を嘆《なげ》いたりしない。彼女は人生の後半ひとりになり、また読書をして過ごす。その時間の豊かさが心に残る」

そして、記事の末尾《まつび》に小説の最後の一文をそのまま引いた。

「ソーネチカは、甘《あま》く心地よい読書の深遠に、ブーニンの暗い並木道に、ツルゲーネフの春の水に、心を注ぐのだった」（沼野《ぬまの》恭子《きょうこ》訳）

私も幼いころから読書が好きだったが、「本の虫」というほどではなかった。小学校の何年生のときだったか、クラスの一人一人が読んだ本の数を棒グラフにして教室に貼っていたのだが、私はせいぜい2番。トップだったのは、聡明で、どこか大人びていて、でもおとなしい女の子。体が弱かったのか、体育は見学していることが多かった。家が近く、彼女の家に時々遊びに行った。部屋にはものすごい数の本があった。彼女の本棚《ほんだな》を私はうっとりと眺めた。

『ソーネチカ』を読みながら、私は彼女のことを思い出していた。

私自身が本好きになったのは、両親の影響があるかもしれない。父は司馬《しば》遼太郎《りょうたろう》や宮《みや》城《ぎ》谷昌光《たにまさみつ》といった作家が書いたお気に入りの歴史小説を何度でも繰《く》り返し読む。母は若いころは松本清張《まつもとせいちょう》や夏樹《なつき》静子《しずこ》といった作家の推理小説のほか、瀬戸《せと》内晴美《うちはるみ》（寂聴《じゃくちょう》）や佐藤愛子《さとうあいこ》の作品を好み、中年を過ぎたころからは南木佳士《なぎけいし》のファンになった。両親が夜、本を読んでいる姿を間近に見ていた。

読書の習慣を獲得《かくとく》できて、本当によかった。一生飽《あ》きない人生を送れることが約束されたようなものだ。本書を手に取られたみなさんも、そうあってほしいと願う。

本を読んでいる間、読者は著者と一対一で向き合う。でも読み終わったら、同じ本を読んだ仲間と分かち合うことができる。親しい人と感想を言い合うのもいいが、複数の人と読書会をするともっと深まる。格別で忘れられない時間となること、請《う》け合《あ》いだ。

「はじめに」にも書いたように、本書は『いつか君に出会ってほしい本』の続編である。この2冊の本は、２０１２年3月から23年3月まで週に1回出稿《しゅっこう》した新聞用の記事「本の世界へようこそ」を再構成し、書籍化したものだ。といっても、連載５６７回の全てが入っているわけではない。厳選して分類し、文章を手直しし、コラムを何本か書いた。11年間続けた営みは今から1年近く前に終わったわけだが、この2冊の本づくりが残っていたので、まだ連載を続けている気分だった。しかしそれも、まもなく終わる。連載も、この2冊の書籍づくりも、幸せな時間だった。

これからの人生でも、私は本を読み続けるだろう。だから、どんなときも、きっとそれほど寂しくない。ソーネチカのように「甘く心地よい読書の深遠」がこの先もずっと続くはずだ。

最後に、連載と2冊の本で紹介させていただいた作品の作者たち全員に感謝を捧《ささ》げたい。

もう亡くなった人も含《ふく》めて、私たち読者は、あなたと、あなたの作品を忘れないと伝えたい。

2冊の本づくりの間、ずっと伴走してくれた編集者の尾《お》形《がた》龍《りゅう》太郎《たろう》さんと窪《くぼ》田《た》香《か》織《おり》さん、イラストの森《もり》佳《か》世《よ》さんにも感謝を。長い間、お疲《つか》れさまでした。やっと、できるね。

2024年2月4日　田村　文

山田太一『終りに見た街』…230［＊］
山田風太郎『戦中派不戦日記』…210［＊］
山本周五郎『さぶ』…40［＊］
山本美香『戦争を取材する』…114

ゆ

柳美里『JR上野駅公園口』…256
柚木麻子『本屋さんのダイアナ』…64［＊］
柚木麻子『BUTTER』…84［＊］
湯本香樹実『夏の庭』…174［＊］

よ

横山秀夫『クライマーズ・ハイ』…240［＊］
横山秀夫『64（ロクヨン）』…164
与謝野晶子、今野寿美訳注『みだれ髪』…91
吉岡忍『墜落の夏』…257［＊］
吉田修一『横道世之介』…108［＊］
吉野弘『吉野弘詩集』…89
吉村昭『戦艦武蔵』…222［＊］
吉村昭『三陸海岸大津波』…259［＊］
吉村昭『破獄』…168
吉本ばなな『TUGUMI』…113［＊］
吉本ばなな『キッチン』…156［＊］

ら

ライマン・フランク・ボーム、麻生九美訳『オズの魔法使い』…208

り

リービ英雄『星条旗の聞こえない部屋』…148［＊］

る

ルイス・キャロル、河合祥一郎訳『不思議の国のアリス』…204

れ

レイチェル・カーソン、青樹簗一訳『沈黙の春』…131
レイ・ブラッドベリ、宇野利泰訳『華氏451度』…60

わ

若竹千佐子『おらおらでひとりいぐも』…254
和合亮一『詩の礫』…242［＊］
渡辺一史『こんな夜更けにバナナかよ』…130
渡辺淳一『花埋み』…70［＊］
綿矢りさ『蹴りたい背中』…142［＊］

丸谷才一『笹まくら』…36

み

三浦綾子『塩狩峠』…158［＊］
三浦しをん『風が強く吹いている』…115［＊］
三浦しをん『舟を編む』…178
三崎亜記『となり町戦争』…176
三島由紀夫『金閣寺』…22［＊］
南杏子『いのちの停車場』…192［＊］
宮内悠介『カブールの園』…55［＊］
宮尾登美子『仁淀川』…68［＊］
宮沢賢治『グスコーブドリの伝記』…238［＊］
宮沢賢治『新編　銀河鉄道の夜』…41
宮下奈都『スコーレ No.4』…121［＊］
宮下奈都『羊と鋼の森』…146
宮部みゆき『火車』…49［＊］
宮部みゆき『蒲生邸事件』…62
宮部みゆき『ペテロの葬列』…160
宮本輝『錦繡』…164［＊］
宮脇俊三『時刻表2万キロ』…108

む

向田邦子『父の詫び状』…190［＊］
向田邦子『思い出トランプ』…40
村上春樹『ノルウェイの森』…172［＊］
村上春樹『海辺のカフカ』…215［＊］
村上春樹『アンダーグラウンド』…261［＊］
村上龍『コインロッカー・ベイビーズ』…145［＊］
村田喜代子『飛族』…259
村田沙耶香『しろいろの街の、その骨の体温の』…62［＊］
村田沙耶香『コンビニ人間』…244

め

目取真俊『水滴』…225［＊］

も

森絵都『宇宙のみなしご』…138［＊］
森絵都『カラフル』…176［＊］
森鷗外『高瀬舟』…32
森見登美彦『ペンギン・ハイウェイ』…200
モンゴメリ、村岡花子訳『赤毛のアン』…98［＊］

や

椰月美智子『しずかな日々』…96［＊］
山崎豊子『ぼんち』…228［＊］

平田オリザ『幕が上がる』…100［＊］
平野啓一郎『ある男』…258
広瀬正『マイナス・ゼロ』…64

ふ

フィリップ・K・ディック、浅倉久志訳『アンドロイドは電気羊の夢を見るか?』…66
深沢潮『緑と赤』…53［＊］
深沢七郎『楢山節考』…37
藤沢周平『蟬しぐれ』…177
藤野千夜『少年と少女のポルカ』…80［＊］
フランク・パヴロフ、ヴィンセント・ギャロ絵、藤本一勇訳『茶色の朝』…67
フランシス・バーネット、土屋京子訳『秘密の花園』…205
フランソワーズ・サガン、河野万里子訳『悲しみよ　こんにちは』…151［＊］
フランツ・カフカ、高橋義孝訳『変身』…222
ブレイディみかこ『ぼくはイエローでホワイトで、ちょっとブルー』…123［＊］

へ

ベアテ・シロタ・ゴードン、平岡磨紀子構成・文『1945年のクリスマス』…118
ヘミングウェイ、福田恆存訳『老人と海』…214
ベルンハルト・シュリンク、松永美穂訳『朗読者』…216［＊］
辺見じゅん『収容所（ラーゲリ）から来た遺書』…221［＊］
辺見庸『もの食う人びと』…103

ほ

星新一『ボッコちゃん』…63
星野智幸『焰』…69
星野智幸『呪文』…250
星野道夫『ぼくの出会ったアラスカ』…104
堀江敏幸『雪沼とその周辺』…246
堀川恵子『原爆供養塔』…226［＊］
本田靖春『誘拐』…129

ま

マーガレット・アトウッド、斎藤英治訳『侍女の物語』…56
マーク・トウェイン、土屋京子訳『ハックルベリー・フィンの冒険』…28［＊］
万城目学『かのこちゃんとマドレーヌ夫人』…180［＊］
又吉栄喜『豚の報い』…50［＊］
又吉直樹『火花』…134［＊］
町田康『告白』…249
町田そのこ『52ヘルツのクジラたち』…191［＊］
松井今朝子『非道、行ずべからず』…152
松浦理英子『最愛の子ども』…85［＊］
松本清張『或る「小倉日記」伝』…44［＊］
松本侑子『みすゞと雅輔』…80
真山仁『そして、星の輝く夜がくる』…244［＊］

ドリアン助川『あん』…45［＊］

な

中勘助『銀の匙』…201
中沢けい『楽隊のうさぎ』…43［＊］
中島敦『山月記』…22
中島京子『やさしい猫』…38［＊］
中島京子『長いお別れ』…166［＊］
中島京子『イトウの恋』…177［＊］
中島京子『夢見る帝国図書館』…183
中田永一『くちびるに歌を』…120［＊］
長野まゆみ『野川』…94［＊］
中村安希『インパラの朝』…96
中村哲『天、共に在り』…125
中村文則『掏摸（スリ）』…175
中脇初枝『世界の果てのこどもたち』…81［＊］
梨木香歩『西の魔女が死んだ』…130［＊］
夏目漱石『こころ』…24

に

西加奈子『まく子』…128［＊］
西川美和『永い言い訳』…184［＊］

の

野坂昭如『火垂るの墓』…200［＊］
野田正彰『喪の途上にて』…254［＊］
乃南アサ『凍える牙』…173

は

灰谷健次郎『太陽の子』…198［＊］
葉室麟『蜩ノ記』…185［＊］
林京子『長い時間をかけた人間の経験』…224［＊］
原田マハ『楽園のカンヴァス』…149
原民喜『夏の花』…202［＊］
ハリエット・アン・ジェイコブズ、堀越ゆき訳『ある奴隷少女に起こった出来事』…56［＊］

ひ

東直子『いとの森の家』…102［＊］
東野圭吾『手紙』…52［＊］
東山彰良『流』…42［＊］
東山魁夷『日本の美を求めて』…140
干刈あがた『ウホッホ探険隊』…79［＊］
日髙敏隆『世界を、こんなふうに見てごらん』…116
姫野カオルコ『彼女は頭が悪いから』…76［＊］
ヒュー・ロフティング、井伏鱒二訳『ドリトル先生航海記』…105

そ

宗田理『ぼくらの七日間戦争』…122［＊］
ソルジェニーツィン、木村浩訳『イワン・デニーソヴィチの一日』…26［＊］

た

高木敏子『ガラスのうさぎ』…223［＊］
髙樹のぶ子『マイマイ新子』…190
高橋たか子『誘惑者』…38
高村光太郎『智恵子抄』…83
滝口悠生『高架線』…260
太宰治『人間失格』…147［＊］
太宰治『斜陽』…30
田辺聖子『ジョゼと虎と魚たち』…189［＊］
田辺聖子『私の大阪八景』…227［＊］
田辺聖子『ひねくれ一茶』…90
ダニエル・キイス、小尾芙佐訳『アルジャーノンに花束を』…178［＊］
谷川俊太郎『自選　谷川俊太郎詩集』…85
種田山頭火『山頭火句集』…86
田部井淳子『それでもわたしは山に登る』…106
多和田葉子『雪の練習生』…240
俵万智『サラダ記念日』…72

ち

崔実『ジニのパズル』…152［＊］
チママンダ・ンゴズィ・アディーチェ、くぼたのぞみ訳『なにかが首のまわりに』…227
チョ・ナムジュ、斎藤真理子訳『82年生まれ、キム・ジヨン』…218

つ

辻原登『冬の旅』…248
津島佑子『ナラ・レポート』…39
辻村深月『かがみの孤城』…140［＊］
辻村深月『ぼくのメジャースプーン』…198
筒井康隆『時をかける少女』…61
津村記久子『君は永遠にそいつらより若い』…60［＊］
津村記久子『ポトスライムの舟』…86［＊］

て

寺山修司『寺山修司詩集』…82
照井翠『龍宮』…252［＊］
天童荒太『悼む人』…162［＊］
天童荒太『ムーンナイト・ダイバー』…248［＊］

と

ドストエフスキー、亀山郁夫訳『罪と罰』…220
トニ・モリスン、大社淑子訳『青い眼がほしい』…30［＊］

後藤正治『奇蹟の画家』…148
小松左京『日本アパッチ族』…52

さ

佐々木健一『辞書になった男』…126
佐々涼子『エンジェルフライト』…181［＊］
佐々涼子『紙つなげ！　彼らが本の紙を造っている』…122
佐藤さとる『だれも知らない小さな国』…188
佐藤多佳子『しゃべれども　しゃべれども』…112［＊］
佐藤多佳子『明るい夜に出かけて』…181
佐藤泰志『海炭市叙景』…44
佐野洋子『100万回生きたねこ』…175［＊］
サマセット・モーム、金原瑞人訳『月と六ペンス』…142
沢木耕太郎『深夜特急』…94
サン＝テグジュペリ、河野万里子訳『星の王子さま』…226
サンドラ・シスネロス、くぼたのぞみ訳『マンゴー通り、ときどきさよなら』…51［＊］

し

椎名誠『岳物語』…182［＊］
ジェラルド・ダレル、池澤夏樹訳『虫とけものと家族たち』…224
J・D・サリンジャー、野崎孝訳『ライ麦畑でつかまえて』…32［＊］
篠田節子『女たちのジハード』…87［＊］
ジュール・ルナール、中条省平訳『にんじん』…46［＊］
ジュール・ヴェルヌ、波多野完治訳『十五少年漂流記』…199
ジュンパ・ラヒリ、小川高義訳『停電の夜に』…223
庄野潤三『ザボンの花』…26
ジョージ・オーウェル、高橋和久訳『一九八四年』…58
ジョディ・カンター、ミーガン・トゥーイー、古屋美登里訳『その名を暴け』…88［＊］
ジョナサン・スウィフト、中野好夫訳『ガリヴァ旅行記』…216
J・M・クッツェー、くぼたのぞみ訳『鉄の時代』…228
白岩玄『野ブタ。をプロデュース』…41［＊］
新川和江『新川和江詩集』…76
真藤順丈『宝島』…150［＊］
眞並恭介『牛と土』…255［＊］

す

スヴェトラーナ・アレクシエーヴィチ、三浦みどり訳『戦争は女の顔をしていない』…212［＊］
スティーヴンスン、海保眞夫訳『宝島』…207

せ

青来有一『爆心』…206［＊］
瀬尾まいこ『あと少し、もう少し』…110［＊］
瀬川深『チューバはうたう』…150
瀬戸内寂聴『美は乱調にあり』…132

恩田陸『蜜蜂と遠雷』…138
恩田陸『夜のピクニック』…171

か

カート・ヴォネガット・ジュニア、伊藤典夫訳『スローターハウス5』…65
開高健『パニック・裸の王様』…43
角田光代『八日目の蟬』…162
角幡唯介『極夜行』…98
柏葉幸子『霧のむこうのふしぎな町』…194
カズオ・イシグロ、土屋政雄訳『わたしを離さないで』…50
カズオ・イシグロ、土屋政雄訳『忘れられた巨人』…230
門井慶喜『銀河鉄道の父』…180
角野栄子『魔女の宅急便』…118［*］
神谷美恵子『生きがいについて』…179［*］
河合雅雄『少年動物誌』…206
川上弘美『真鶴』…257
川上未映子『乳と卵』…78［*］
河﨑秋子『颶風の王』…188［*］
川名壮志『謝るなら、いつでもおいで』…127

き

菊池寛『恩讐の彼方に』…34
北村薫『スキップ』…116［*］
北村薫『八月の六日間』…107
北杜夫『どくとるマンボウ航海記』…102
金時鐘『朝鮮と日本に生きる』…34［*］
木村紅美『あなたに安全な人』…262［*］
清武英利『しんがり』…120
桐野夏生『夜の谷を行く』…72［*］
桐野夏生『OUT』…83［*］
桐野夏生『グロテスク』…182

く

草野心平『草野心平詩集』…84
熊谷達也『邂逅の森』…179
黒柳徹子『窓ぎわのトットちゃん』…104［*］

け

玄侑宗久『光の山』…246［*］
ケン・リュウ、古沢嘉通編・訳『紙の動物園』…136［*］

こ

小泉八雲、上田和夫訳『小泉八雲集』…33
幸田文『崩れ』…258［*］
ゴーゴリ、平井肇訳『外套・鼻』…232

五木寛之『青春の門　筑豊篇』…146［*］
いとうせいこう『想像ラジオ』…236［*］
伊藤比呂美『父の生きる』…183［*］
伊藤比呂美『道行きや』…100
絲山秋子『沖で待つ』…186［*］
絲山秋子『離陸』…253
稲葉真弓『ミーのいない朝』…168［*］
乾ルカ『向かい風で飛べ!』…106［*］
井上荒野『生皮』…74［*］
井上ひさし『父と暮せば』…214［*］
井上ひさし『手鎖心中』…151
井上靖『しろばんば』…192
茨木のり子、谷川俊太郎選『茨木のり子詩集』…87
井伏鱒二『黒い雨』…217［*］
李良枝『由煕　ナビ・タリョン』…36［*］
岩城けい『Masato』…203

う

ヴィクトール・E・フランクル、池田香代子訳『夜と霧』…208［*］
宇佐見りん『推し、燃ゆ』…153［*］
冲方丁『天地明察』…170

え

エーリヒ・ケストナー、丘沢静也訳『飛ぶ教室』…132［*］
エーリヒ・ケストナー、池田香代子訳『点子ちゃんとアントン』…196
E・L・カニグズバーグ、松永ふみ子訳『クローディアの秘密』…209
遠藤周作『深い河（ディープ・リバー）』…170［*］
遠藤周作『海と毒薬』…219［*］
遠藤周作『沈黙』…28

お

大江健三郎『芽むしり仔撃ち』…47［*］
大江健三郎『個人的な体験』…35
大岡昇平『野火』…204［*］
大崎善生『聖の青春』…114［*］
大島真寿美『渦』…154
大城立裕『カクテル・パーティー』…48［*］
小川糸『にじいろガーデン』…82［*］
小川洋子『密やかな結晶』…68
小川洋子『博士の愛した数式』…238
小川洋子『人質の朗読会』…261
荻原浩『神様からひと言』…166
奥泉光『東京自叙伝』…251
奥田英朗『オリンピックの身代金』…172
オルコット、麻生九美訳『若草物語』…225

索引

★『いつか君に出会ってほしい本』（2023年3月刊）で
紹介された本はノンブルに［＊］を付記

あ

逢坂冬馬『同志少女よ、敵を撃て』…229［＊］
青山七恵『ひとり日和』…242
赤坂真理『東京プリズン』…220［＊］
赤染晶子『乙女の密告』…45
阿川佐和子『聞く力』…124
阿川弘之『雲の墓標』…218［＊］
芥川龍之介『蜘蛛の糸・杜子春・トロッコ』…42
朝井まかて『ボタニカ』…133
朝井まかて『眩』…144
浅田次郎『鉄道員（ぽっぽや）』…160［＊］
あさのあつこ『バッテリー』…117［＊］
朝吹真理子『きことわ』…247
芦原すなお『青春デンデケデケデケ』…119［＊］
アストリッド・リンドグレーン、大塚勇三訳『長くつ下のピッピ』…66［＊］
浅生鴨『伴走者』…54［＊］
阿部和重『ニッポニアニッポン』…149［＊］
安部公房『箱男』…46
彩瀬まる『暗い夜、星を数えて』…260［＊］
有川浩『図書館戦争』…54
有吉佐和子『華岡青洲の妻』…187［＊］
アルベール・カミュ、窪田啓作訳『異邦人』…144［＊］
アルベール・カミュ、宮崎嶺雄訳『ペスト』…250［＊］
アンドレイ・クルコフ、沼野恭子訳『ペンギンの憂鬱』…233
アントン・チェーホフ、小野理子訳『桜の園』…229
アンネ・フランク、深町眞理子訳『アンネの日記』…196［＊］
安野光雅『絵のある自伝』…153

い

イアン・マキューアン、小山太一訳『贖罪』…231
池井戸潤『下町ロケット』…174
池内了『科学は、どこまで進化しているか』…128
池澤夏樹『双頭の船』…256［＊］
池澤夏樹『マシアス・ギリの失脚』…252
石井桃子『幼ものがたり』…202
石井遊佳『百年泥』…255
石垣りん『石垣りん詩集』…74
石川啄木『一握の砂・悲しき玩具』…88
石田衣良『うつくしい子ども』…143［＊］
石原吉郎『石原吉郎詩文集』…78
石牟礼道子『苦海浄土』…24［＊］

著者紹介

田村文（たむら・あや）

1965年埼玉県生まれ。89年共同通信社に入社。大阪支社社会部、長野支局、名古屋支社編集部、本社社会部を経て97年末より文化部。文芸担当を長く務めた。現在は編集委員室編集委員。共著書に『少年事件──暴力の深層』、単著書に『おばけになりたい！　保健室に逃げこむ子どもたち』『いつか君に出会ってほしい本』、共編著書に『マスコミ・セクハラ白書』。

14歳の世渡り術
WORLDLY WISDOM FOR 14 YEARS OLD

いつかあなたに
出会ってほしい本
面白すぎて積読《つんどく》できない160冊

2024年4月20日　初版印刷
2024年4月30日　初版発行

著　者　田村文

カバー、本文イラスト　森佳世
ブックデザイン　高木善彦（SLOW-LIGHT）

発行者　小野寺優
発行所　株式会社河出書房新社
〒151-0051　東京都渋谷区千駄ヶ谷2-32-2
電話　(03)3404-1201（営業）／(03)3404-8611（編集）
https://www.kawade.co.jp/

印刷　TOPPAN株式会社
製本　加藤製本株式会社

ISBN978-4-309-61761-9

気持ちをかえる、未来を考える

最前線に立つ研究者15人の白熱!講義
生きものは不思議

河出書房新社 編

身近なスズメ、チョウ、アザラシ、霊長類から新種の生物、深海の鯨骨生物群集まで…「もっと知りたい」をエネルギーに飛び回る15人が、奇想天外な日常と研究の魅力を綴ったアンソロジー。

栗山魂

栗山英樹

最強にして最高のチーム・北海道日本ハムファイターズ監督の自叙伝。苦悩の連続を経て日本一の監督になるまで。夢は見るものではなくつかみとるもの。夢を叶えて熱く生きたいすべての人へ。

昆虫たちの世渡り術

海野和男

奴隷をこき使うサムライアリ、子育てはアリ任せのシジミチョウ、求愛にプレゼントは欠かさないオドリバエ……生態系の下位にいる昆虫たちが、熾烈な世界で生き抜くユニークな生存戦略を伝授!

お金に頼らず生きたい君へ
廃村「自力」生活記

服部文祥

山村の古民家を利用して、手間を惜しまず、ライフラインや食料を自給自足する暮らしを一から実践し、試行錯誤している登山家が、自らの体験をもとにまとめた記録。

「心」のお仕事
今日も誰かのそばに立つ24人の物語

河出書房新社 編

精神科医、カウンセラー、臨床心理士から科学者まで、「心」の不思議に魅せられて、あるいは必要に駆られ誰かのために、今日も奮闘する24人がその面白さと苦労、今にいたる道のりを綴る。

「死にたい」「消えたい」と思ったことがあるあなたへ

河出書房新社 編

つらい、死にたい、もう消えてしまいたい……。そんな気持ちを持つあなたへ、作家、YouTuber、アーティスト、精神科医など、各界の25名が様々な言葉を届けます。

いつかすべてが君の力になる

梶裕貴

『進撃の巨人』エレン・イェーガー役など数々の話題作で主役を務める実力派声優が、下積み時代の苦悩から「声優」という仕事への思いまでを語る。夢に向かう全ての人にエールを送る!

生き抜くためのごはんの作り方
悩みに効く16人のレシピ

河出書房新社 編

第一線で活躍する料理研究家たちが、中学生が生き抜くためのとっておきのレシピをエッセイとともに紹介。さまざまな悩みを解決するための糸口を見つけるキッカケにぜひ。

生きのびるための「失敗」入門

雨宮処凛

失敗ばかりでも弱いままでも生きてます——作家、ロボット研究者、探検家、臨床心理士、オタク女子、元ひきこもり、元野宿のおじさんたちなどに聞く、「失敗」や「弱さ」と生きていくためのヒント。

大丈夫! キミならできる!
松岡修造の熱血応援メッセージ

松岡修造

「ポジティブ勘違い、バンザイ!」「『ビリ』はトップだ!」「カメ、ナイストライ!」。勝負を挑むときや何かに躓いたとき……人生の岐路に立ったとき勇気が湧く、松岡修造の応援メッセージ!

いつか君に出会ってほしい本

何度でも読み返したい158冊

田村文

「本を読むことの面白さを知ったなら、
あなたの人生、しめたものだ」
共同通信社の記者による連載
「本の世界へようこそ」の書籍化第一弾!
「面白い本を読みたいけど何を読めば良いかわからない」
「読書って退屈そう」
そう思っているあなたに出会ってほしい、
最高の158冊を紹介。

目次

はじめに　本には読むべき「とき」がある

第１章　この世界を生きのびろ

第２章　私らしい「性」と「生」

第３章　今があり明日がある

第４章　孤独な魂を抱いて歩く

第５章　生と死と愛、感動の物語

第６章　戦争という名の暴力

第７章　災厄の中で

おわりに　本の話をしよう